SDGs

用今天拯救明天

改變世界實踐指南

永續發展 **100+** 經典行動方案

李盈・李小敏／著

獻給摯愛 李萬章 先生

目錄 CONTENTS

推薦序
我們的共識

李鴻源（台灣大學土木工程系教授）

　　氣候變遷是人類面臨的最大危機，近年來極端氣候在全球各地不斷發生，而且越來越頻繁。各式各樣的國際公約不斷的被制定出來，從京都議定書到最近的 Cop27， 其中聯合國倡議的 SDGs 指標更是這些公約的核心價值。

　　本書提出永續發展 100+ 經典行動方案，將是用今天拯救明天的具體實踐指南。希望喚起大家的共識，在各自崗位上為地球的未來共同努力。

推薦序

今天不做，明天會後悔！

鄭家鐘（台新銀行文化藝術基金會董事長）

這本書《用今天拯救明天》是聯合國 SDGs17 項指標的實務指南，每個目標有精彩的總體分析圖文，視覺極佳，又搭配全球實踐中的具體個案，凸顯出破解人類危機的迫切性與方法論，分門別類，以「如何做」為核心解析成功的案例，言之有物，大開讀者的眼界！

其中有很多創意，例如解決糧食不足的尼日地下森林農法、及黎巴嫩「我的土地，你的土地」計畫，除了用於振興社區，更是一個可連貫從種子到餐桌的渠道系統。

它支持農業生技，改善濫用蟲藥的問題，通過農民與研究人員的知識交流提高產量，又藉由培訓、品質控制和市場聯繫，提高當地的適應力，最後通過支持當地農民、生產者與消費之間的合作關係。

至於金融機構也可以透過普惠金融及異業合作來有助於善的循環。

孟加拉最大的銀行聯合商業銀行 (United Commercial Bank, UCB) 與行銷公司 Grey Dhaka 聯手推出「農業金融」(Agro Banking) 專案。該專案宣告，只要農民帶來新鮮蔬菜或水果，UCB 便能直接為他們開戶，並存入當日透過銷售平台收購的金額，幫助他們建立信用紀錄，為往後的金融貸款鋪路。

UCB 更與當地最大零售商 Shwapno 超市及相關網購系統合作，分銷購入的新鮮蔬果。UCB 通過 Shwapno 在每個村莊設立的收購點作為行動據點，藉由 Shwapno 既有的通路，把收購的蔬果運輸到最近的零售商店。沒有據點的地方，UCB 則會利用廂型車做為移動據點，如此大規模的助農計畫令人印象深刻。

　　至於利用科技改善環境如秘魯的案例，生產可以用來淨化河流的肥皂 (AWA)、肯亞可以負擔的家用太陽能系統 M-KOPA 及利用重力發電的重力燈 (Gravity Light) 都令人驚艷！

　　在最熱門的碳排放議題上，我也發現更多的解方，例如：

1、塞爾維亞「液態樹」的淨化作用能媲美兩棵樹齡十年的樹木或是 200 平方公尺大的草坪，它藉由在 600 公升水箱中行光合作用的淡水藻類，吸收二氧化碳，產生氧氣，效率為一般樹木的 10 倍～ 50 倍。

2、巴拿馬：可以吸收二氧化碳的綠色混凝土 (Partanna) 等……

　　還有個人認為相當經典的聞名案例：

　　荷蘭的歷經挑戰的海洋吸塵器、澳洲的創造新海洋生態的活海堤 (Living Seawall)、波蘭的最後一棵聳立的樹 (To the Last Tree Standing)，這些都一再被提及。

　　還有全球第一個自然環境法人化，厄瓜多的自然代表 (#Nature Represented) ，賦予自然生態系統與物種存在、再生、進化並永續生存的法律權利。

　　都是足以改變現狀的好辦法！

　　雖然如此，但單一案例的成功足以扭轉整個系統的趨向嗎？金融體系是一個關鍵力量！怎樣讓金融替永續效力？

　　大家探索的重點是影響力投資的協同概念。

　　世界最主要的影響力投資推動機構「GIIN 全球影響力投資聯盟」（Global Impact Investing Network）指出影響力投資是指：

1、投資在解決「全球性社會或環境項目」。

2、使用證據與影響力數據於投資設計，並具有最佳化機制。

3、有內建機制進行管理。

4、分享資訊並明示等級。

　　所有影響力投資的主流共識，73% 的機構採用聯合國的永續發展目標 SDGs 作為影響力衡量的標準！

　　儘管如此，經過全球影響力投資的努力與發展，還是有人質問：10 年過去了，全球暖化有無停滯？塑料垃圾是否氾濫？貧富差距更形兩極？答案仍然令人心虛、問題的確嚴峻。

　　由此可知，由知道，到做到，由行動到形成正向循環，路還很長！

　　我常常說，永續就要打無限賽局，而且每一局都能擴大正向循環！這是所有好辦法的目的！

　　本書鋪陳了這個可能性，值得任何關心永續的人作為實踐的案頭指南！

推薦序

{買少 × 選好 × 珍愛不棄}
＝「用今天拯救明天」的時尚方程式

石靈慧（首任 Louis Vuitton 台灣區總經理）

》誰能不焦慮？

兩天前，利比亞爆洪水……2 萬人亡。

三天前，摩洛哥地震滅村，估 3 千人亡。

八月以來中國洪患處處，超過 3 千人亡。

人亡、家滅、城毀、村沒、山走、田崩、林焚、湖瀉、河枯，夏有冰刨、冬有焚風，氣候狂翻臉、一切亂了套，誰能不焦慮？

CNBC 說，2023 截至九月，氣候天災已經為為美國造成 570 億美元（1.8 兆台幣）的災難……

全球第二大瑞士再保險公司指出，極端天氣造成的經濟損失，至今年上半年已達 1,200 億美元！2023 的地震、乾旱、風暴、洪水、森林野火等等自然災害，寫下了 2011 年以來的最高紀錄。

誰能不焦慮？

我們不僅僅是天災的受害者，同時也是這飽受蹂躪地球的「加害者」，因為我們都是「消費者」！

》誰能不焦慮？

當數據指出：持續「過度生產」的時裝產業，是舉世第二大汙染源，佔全球碳排量的 8%、造成全球水汙染總量的二成，這還不包含棉麻種植的耗水量，沒計算在內的，是 80 億人口日常服飾的洗滌排汙，也沒包含在內的、是從衣物掉落、排入海洋的無數石化纖維微粒…… 也

沒計算那些等待被掩埋、填海、焚化的，等同於每分鐘塞滿 60 輛大卡車、巨量被拋棄的服飾……

「過度生產」誘引著「過度消費」，這兩個「過度」、全盤定義了 21 世紀的時尚文化：快時尚 Fast and Super Fast Fashion，快速上架的最新流行服飾就像拋棄式隱形眼鏡，在一、二次上身後、成了 disposable fashion 立可拋服飾！

以時尚之名，巨量的「服飾消費」就是關鍵性的生態毀滅源頭……這就是「時尚的共業」？你說對了！你是否也發現了：風格、創新、設計、精緻工藝的時尚文化的榮耀……連同時尚生態體系 Fashion System，也與地球生態環境、與我們的美好生活的夢想一樣、一起都在崩壞之中…… too depressing, and yet 誰能不焦慮？ 那麼、明天呢？明天的希望、能有什麼？

》「用今天拯救明天」的時尚方程式

對於自己已然無辜的參與了這份「共業」，除了勇敢地出來自首之外……你、我原本只能說、自己僅僅是一個小小消費者，解救世界的責任太沉重了、實在承擔不起……接著，悄悄地將頭轉向不刺眼的……另外一邊。

有幸，此際螢幕上穿著 T 恤、秀「Buy less」大字報的 Vivian Westwood 點燃了……希望！ 我讚：「用今天拯救明天」有解、有希望了……

被暱稱為龐克時尚西太后的英國設計師 Westwood，以「Buy Less, Choose Well, Make It Last」，也就是買少×選好×持久擁有，珍愛不棄的行動呼籲，積極的支持著永續時尚的倡議，可不就是「解救世界」的妙方……

想像一下：若是能讓每分鐘塞滿 60 部大卡車的廢棄服飾、縮減至每分鐘塞滿 6 部，甚至 1 部大卡車，是多巨大的減碳幅度！所以，只要我們做到：少買少丟，就能大幅逆轉災難、拯救明天！

「少買 × 選好 × 珍愛不棄」龐克西太后簡單卻智慧的行動呼籲裡，最大的玄機就是：Make it last ！

怎麼作才能 Make it last ？

個中關鍵，就在「選好」！

若每個時尚消費，都是你精挑細選而非衝動血拚的心頭好物，而且是鍛鍊自己成為私人衣櫥經典品收藏家的美好投資，珍愛不棄之心自然就位。

如何用「心」創造 Make It Last 的效果？如何「妙有」（借一句靈學大師的說法）你的擁有呢？

想像一下，你的「妙有」珍貴化了這份擁有：悉心購入的服飾進入你的生活、與你親密聯結，有你的氣味和記憶，不再只是一件物品，你以珍愛不棄之心呵護著它。就像伊利莎白女皇的別針或邱吉爾的菸斗，因歲月而價值倍增。（我們訓練銷售員，在銷售經典款 LV 包包時，就是這麼說：你的包包即便不是唯一，卻因伴隨著你的生活體驗而與眾不同獨樹一格。）

相信龐克西太后會欣然同意，我們以「珍愛不棄」作為 Make It Last 更好的中文詮釋，也會支持我們持續延伸「買少 × 選好 × 珍愛不棄」的倡議，作為「用今天拯救明天」的時尚方程式，逆轉生態危機的力量。

藉機，也向 21 世紀最了不起的時尚傳奇 Vivian Westwood 致上最高敬意。(註：她 2022 年底離世，享年 81 歲)

推薦序
台灣尤努斯基金會以「三零」為志業

蔡慧玲（台灣尤努斯基金會董事長）

閱讀本書，尤其第一章，SDGs1 終結貧窮範例中孟加拉格萊珉銀行 (Grameen Bank) 的故事，格外親切熟悉。看見各國實踐 SDGs 的案例，敬佩感油然而生，近年來，SDGs、ESG、淨零永續等均為各界熱切關注的議題，本書 SDGs 改變世界實踐指南是值得推薦的好書。

2006 年諾貝爾和平獎得主——穆罕默德·尤努斯教授，被世人定位為「微型信貸之父」，幫助無數負擔家計的貧窮婦女，改變了她們的命運。受到尤努斯教授在孟加拉及全球推展格萊珉銀行的大愛感召，我與王絹閔女士召集了 108 位先鋒天使擔任發起人，共同組建了發揚尤努斯精神的基金會，並在 2014 得到尤努斯教授正式授權，成立了台灣尤努斯基金會。作者李小敏先鋒天使即是我們的發起人之一。

我們期盼運用國際成功經驗，幫助台灣消弭貧窮、降低貧富差距，逐步實現尤努斯教授的理想：「有一天，我們的子孫只會在博物館見識到貧窮！」並以其提出的三零願景：零貧窮、零失業、零淨碳排放！為永續行動目標。

台灣尤努斯基金會引進了格萊珉銀行模式，於 2020 年與中華民國儲蓄互助協會合作成立「台北市格萊珉儲蓄互助社」，照顧弱勢建立夥伴關係，提供無擔保品、免保證人的小額創業貸款，協助弱勢家庭透過創業或擴充現有的小生意，脫離貧困創造新興人生。

台灣尤努斯基金會多次拜訪孟加拉進行考察，發現教育、儲蓄等因素是格萊珉銀行幫助窮人脫貧的關鍵。為貫徹尤努斯教授的助人精神，2023 年我們在社區成立「格萊珉學校」(Grameen School)，成員組

成來自社會住宅、社區中高齡、近貧者等……基金會扮演串聯資源的角色，邀請講師傳授創業相關技能，培養「學習、儲蓄、互助」精神。首屆格萊珉學校以食品在宅加工的創業途徑出發，並由相同興趣或專長的學員組成五人小組共同學習，建造友善合作的社區生態圈。

　　台灣尤努斯基金會秉持尤努斯教授格萊珉銀行精神，跳脫傳統社福機構的框架，積極鼓勵弱勢族群創業自立，不僅受助、自助也互助，讓善的循環永續。

　　若您想了解更多格萊珉模式在台實踐的現況，可關注台灣尤努斯基金會官方網站 https://www.yunustw.org/。

推薦序
永續行動現在就開始

趙政岷（時報文化出版董事長）

　　你還記得 2019 年《時代》雜誌的年度風雲人物嗎？獲選的是 16 歲的瑞典「氣候女孩」桑伯格（Greta Thunberg），她自從 2018 年開始在瑞典議會外進行長期的「為氣候罷課」抗議行動。還被聯合國氣候變遷會議邀請去演說，會場上她痛罵大人「你們怎麼敢！」（How dare you！）、「你們偷走了我們的夢想」，因此成為全球家喻戶曉的人物。

　　一直以來，台灣綠電都被台積電買光的傳言不斷，但台積電董事長劉德音在 2023 年 6 月 6 日股東會上喊冤，直說這是不對的，去年台積電買的綠電只佔台灣所有綠電約 4% 至 5%。既然如此，台灣的綠電都是誰買走了？根據國家再生能源憑證中心統計，自 2020 年起至 2023 年 6 月 19 日止，綠電交易平台共交易 261.7 萬張綠電憑證，若以每張憑證代表 1,000 度綠電來看，共交易了 26.1 億度綠電。其中台積電買了 230 萬張，佔綠電交易平台成立以來的交易比重 88%，但是主要只以風力發電為主，因此精準一點說台積電「掃貨」綠電憑證也沒錯。其實也不只台積電，盤點 2023 年其他綠電憑證的購買者，從製造業、金融業、電信業到服務業都有。買家包括李長榮化工、中租迪和、永豐商銀、國泰金、國泰人壽、國泰銀、北富銀、中華開發、凱基證、玉山商銀、台灣固網、台哥大、中華電、台達電、緯創、緯穎、世界先進、元太科技、睿能創意（Gogoro）、國貿大樓、櫃買中心、台灣優衣庫（UNIQLO）等各行各業。

　　從國外到國內，為什大家紛紛對環境議題敏感？是甚麼因素讓各大企業大張旗鼓恐慌「進貨」綠電？是因為自 2015 年聯合國宣布了「2030 永續發展目標」（Sustainable Development Goals, 簡稱 SDGs），而

這實施的時間點就已經到了，永續發展已成為企業與每個人的「必修課」，受影響的不只企業與消費大眾。同在一個地球村，永續發展當然是每個人共同的事。

雖然我們都腳踏在地球上，也知道永續發展目標的要求就來了，但事到臨頭真正搞懂它的人卻極其有限，也不知道項目與做法上可以做些什麼？好在有了李盈與李小敏寫的這本書《用今天拯救明天：SDGs改變世界實踐指南，永續發展100+ 經典行動方案》，這書難能可貴的把聯合國永續發展目標的源起、內容與意涵，淺顯明白的說清楚，更收集了各國的案例分門別類的放入17項目標中。這下我們知道要做什麼？怎麼做？不會做也沒藉口了，可以參考經典個案的做法就去做啊！這書也要感謝過去中國時報的老同事大主編陳映霞協助審稿，李林副總編輯的美術設計排版並親自操刀。

聯合國SDGs永續發展的17項目標，涵蓋了169項細項目標、230項行動目標，指引全球人類共同朝永續而努力。包括：終結貧窮；消除飢餓；健康與福祉；優質教育；性別平權；淨水及衛生；可負擔的潔淨能源；合適的工作及經濟成長；工業化、創新及基礎建設；減少不平等；永續城鄉；責任消費及生產；氣候行動；保育海洋生態；保育陸域生態；和平正義及健全制度；多元夥伴關係。 這些目標彼此環環相扣，任何一個項目的實現，都建立在他項的完善之上，都與我們息息相關，也為我們描繪了更美好的未來。

難道你不希望「明天會更好」？難道你不要你賴以存活的地球？難道你不關心別人、愛護自己？就從書中的一點一滴撿起吧！讓我們「用今天拯救明天」！作為出版社，傳達最新知識、趨勢、方法責無旁貸！每一本書都砍了些樹，才能有紙印刷出來。這本書的誕生我們無愧，做為傳承與學習，它一定能發揮最好的作用！

作者序

暗夜中的火光

聯合國大力推動 SDGs 的呼聲來到台灣。

SDGs 是什麼？ SDGs 為什麼重要？

SDGs 和你我有什麼關係？

為了幫助讀者做一次全面性的了解，我們對 SDGs 做了清楚的整理，搜尋了全球上百個關於 SDGs 的實踐指南。

調查彙整各國精粹的過程中，我們發現在這政客橫行的晦暗時代，仍有許多良善悲憫的人們，願意為處境慘烈，垂死掙扎的眾生，伸出援手，無怨無悔的付出財力、時間。

他們做的事可能很微小，卻影響深遠。他們就像印度俗諺說的：「每個人都有義務成為暗夜中的火光。」在絕境中為眾人帶來希望。

這些觸動人心、創意十足的案例，其實遠不只一百個，其中有不少獲得國際獎項肯定，但限於篇幅，我們只能取其經典做為範例。

在書寫的過程中，我們注視着世界彼端的角落，彷彿那些驚心動魄的事件就發生在眼前……一方面痛心人類的貪婪，腐蝕了美麗的星球，一方面發現台灣真是個幸福的地方，相對他人的苦難，我們真的是太幸運太值得感恩了。

其實台灣並非聯合國的一員，但在永續的推廣上從未缺席。

例如，創辦愛女孩國際關懷協會和房角石企業的楊怡庭，自 22 歲起就投身義工，率領夥伴遠赴東非深耕，教導當地貧窮女孩，用一塊布自製衛生棉，終結「月經貧窮」。

她和團隊花了 7 年時間，幫助仰賴沙地解決經期問題的 14 萬女孩，從沙地站起，回到學校和工作。又募集縫紉機，自衛生教育開始，培養婦女工作技能、興建訓練中心、修建教室、淨水掘井，甚至建立

貸款和農產品產銷制度，讓位於貧窮線下的非洲赤貧婦女能自食其力，改善生活。

　　楊怡庭團隊以有限的經費和人力，帶來的改變，受到世界矚目，在 2018 年與 2022 年兩度受邀到聯合國做第一綫的分享，非常了不起。

　　筆者期望未來有機會能深入發掘台灣這塊土地，分享更多對地球永續做出貢獻的動人故事。

　　在此深深感謝時報出版公司董事長趙政岷的信任，讓我們懷抱使命完成這本書的託付。

　　也格外感謝好友主編陳映霞的仔細校正，李林大師出色的美術設計，以及出版公司充滿活力的工作團隊。

　　「用今天拯救明天」，行動已經開始！

導言／認識 SDGs
聯合國永續發展 17 項目標

2015 年，聯合國宣布了「2030 永續發展目標」（Sustainable Development Goals, 簡稱 SDGs）。

SDGs 包含 17 項大目標，如減緩氣候變遷、消除貧窮、促進人權等，其中又涵蓋了 169 項細項目標、230 項行動目標，指引全球人類共同朝永續而努力。

SDGs 是什麼？

2015 年 9 月，聯合國在紐約總部「永續發展高峰會」上宣布了 SDGs，該目標以「不拋下任何人」為核心理念，致力於讓全人類積極面對全球規模的議題。193 個會員國於當日一致通過，在 2030 年前會遵守並達成這個目標。

SDGs 的 17 項目標

SDG 1	終結貧窮 No Poverty	消除各地一切形式的貧窮。
SDG 2	消除飢餓 Zero Hunger	確保糧食安全，消除飢餓。
SDG 3	健康與福祉 Good Health and Well-Being	確保各年齡層健康生活與福祉。
SDG 4	優質教育 Quality Education	確保公平及高品質的教育。
SDG 5	性別平權 Gender Equality	實現性別平等，並賦予婦女權利。

SDG 6	淨水及衛生 Clean Water and Sanitation	確保所有人都能享有淨水與衛生。
SDG 7	可負擔的潔淨能源 Affordable and Clean Energy	確保所有的人都可取得負擔得起的能源。
SDG 8	合適的工作及經濟成長 Decent Work and Economic Growth	促進包容且永續的經濟成長。
SDG 9	工業化、創新及基礎建設 Industry, Innovation and Infrastructure	建立具有韌性的基礎建設，促進包容且永續的工業。
SDG 10	減少不平等 Reduce Inequalities	減少各領域的不平等。
SDG 11	永續城鄉 Sustainable Cities and Communities	建構既安全又韌性及永續特質的城市與鄉村。
SDG 12	責任消費及生產 Responsible Consumption and Production	促進綠色經濟，確保永續消費及生產模式。
SDG 13	氣候行動 Climate Action	完備減緩調適行動，以因應氣候變遷及其影響。
SDG 14	保育海洋生態 Life Below Water	保育及永續利用海洋資源，以確保生物多樣性，並防止海洋環境劣化。
SDG 15	保育陸域生態 Life on Land	保育及永續利用陸域生態系，確保生物多樣性，並防止土地劣化。
SDG 16	和平正義及健全制度 Peace, Justice and Strong Institutions	促進和平多元的社會，確保司法平等，建立具公信力且廣納民意的體系。
SDG 17	多元夥伴關係 Partnership for The Goals	建立多元夥伴關係，協力促進永續願景。

　　顯而易見的，SDGs 的 17 項大目標彼此環環相扣，它們之間任何一個項目的實現，都是建立在他項的完善之上，這些都與我們息息相關，也為我們描繪了更美好的未來。

SDGs 的起源

　　1945 年聯合國建立，三年後，1948 年 12 月 10 日，SDGs 首度露出了一點端倪。當天，所有會員國一致通過了《世界人權宣言》（Universal Declaration of Human Rights）。（▲註 1）

　　從《世界人權宣言》可以看出，聯合國深信眾人享有各類權利時，同時身負有創造與維護社會和環境秩序的責任。但應如何執行，那時還沒有一個明確的輪廓。直到 1968 年，瑞典首度提出人類對環境造成的影響。

　　聯合國於 1972 年的 6 月 5 日起，於瑞典斯德哥爾摩舉行了第一次的聯合國人類環境會議（United Nations Conference on the Human Environment）。這是全球首個以環境為主要議題的國際會議，會員國發現，保護環境、扶貧濟弱是必須的，也認同面對全球性的議題應有嶄新而全面性的治理原則，因而誕生了另一項重要的宣言，也就是《人類環境宣言》（Declaration of the United Nations Conference on the Human Environment），或稱《斯德哥爾摩宣言》（Stockholm Declaration），該宣言闡明為了捍衛與維護國際環境的和諧，各國需公平的承擔責任，藉由國際合作募集資源，並協助開發中國家永續發展。這時候，我們已可看到一個更接近 SDG 的雛型。

　　會議結束，仍有一些全球性的環境問題沒有解決，已開發國家與開發中國家都不願意放棄經濟增長，導致各類汙染如酸雨、森林砍伐、土地沙漠化等問題持續發生。

1983 年 12 月，聯合國秘書長裴瑞茲（Javier Pérez de Cuéllar de la Guerra）委託前挪威總理布倫特蘭（Gro Harlem Brundtland）建立一個獨立於聯合國外的組織，好專注於為全球發展與環境議題提出解決方案。這個新組織就是後來知名的「世界環境及發展委員會」（World Commission on Environment and Development），別稱「布倫特蘭委員會」（Brundtland Commission）。任務是加強環境與發展方面的國際合作，重新審視環境與發展議題，制定具體的行動建議。

值得留意的是，布倫特蘭委員其實不贊成 1972 年的《人類環境宣言》的論點，他們主張以永續的態度來捍衛環境，而不是理性的評估如何分配資源。

1987 年，布倫特蘭在聯合國會議上發表了《我們共同的未來》（Our Common Future），或稱《布倫特蘭報告》（Brundtland Report）。提出以「永續發展」角度重新定義「經濟發展」的方式，並正式為「永續發展」做出了精闢的定義：

永續發展，是指既能滿足當代的需求，而同時又不損及後代滿足其需求的發展方式。

各國也於此時正式了解世界現在面對的許多危機是緊密相連的，一個危機是其他問題的不同面向，而為了彼此的未來，他們急需對永續發展做出新的決策與行動。

SDGs 的前身，是大家較耳熟能詳的「千禧年發展目標」（Millennium Development Goals, MDGs）。

2000 年 9 月 6 日，史上規模最大的世界領袖高峰會，又稱千禧年高峰會（Millennium Summit），於紐約的聯合國大樓正式舉行。在為期三天的會議中，聯合國的 193 個成員國和 23 個國際組織，一同設立並承諾 MDGs 將作為 21 世紀的共同目標。

如今就結果論而言，他們達成了大部分的目標，譬如順利讓幼童的死亡率大幅下降，使全球接受小學教育的兒童人數創下史上最高。

然而在世界最貧窮的地區，如撒哈拉以南的非洲區域，目標達成率依然遠遠落後其他區域。而其他項目如貧富差距、移民問題、貧窮與飢餓人口數量，以及持續惡化的氣候變遷問題，依然未完全改善。

2015 年，MDGs 接受驗收的這一年，剛好是聯合國成立的第 70 周年，聯合國大會通過了《轉型我們的世界：2030 年永續發展議程》（Transforming our world: the 2030 Agenda for Sustainable Development）文件，作為行動指標，並以此為架構，正式提出了「永續發展目標」，SDGs 誕生了。

SDGs 比 MDGs 更明確的強調了永續的三個關鍵面向，分別為經濟、社會與環境。它也獨立提出了幾項當初未被明確包含在 MDGs 中的項目，如該如何提高對氣候變遷的適應性、如何獲取可再生的能源；又如該如何面對「地球限度」（Planetary Boundaries）的問題，像是如何維護生物多樣性、如何永續使用海洋與生態資源；最後把和平與公正納入其中，像是如何減少跨國間的不平等、如何促進和平與維護社會正義。這些內容看似繁多，實則不難理解。

SDGs 的架構

　　SDGs 的結構其實由五個關鍵字所組成，也就是聯合國在《轉型我們的世界：2030 年永續發展議程》文件中提出的「5P」。

永續發展的「5P」

People（人）	使所有人都能平等的獲得應有的尊重與權力。
Prosperity（繁榮）	使所有人都能擁有富足的生活，確保經濟、社會發展能與自然和諧共存。
Planet（地球）	以永續的態度保護地球與自然資源，以共存的態度應對氣候變遷，調整既有消費與生產的模式。
Peace（和平）	以公正的態度，創造一個和平且沒有暴力的世界。
Partnership（夥伴關係）	能以更宏觀與開放的態度與他國政府、民間組織、聯合國組織等建立國際夥伴關係，共同面對與提升環境品質。

另一個值得注意的是，瑞典環境學家約翰・羅克斯特倫（Johan Rockström）和印度環境科學家帕萬・蘇克德夫（Pavan Sukhdev）所提出的「SDGs 婚禮蛋糕模型」，它很全面的詮釋了 SDGs 的 17 項大目標是如何的彼此依存，以及環境保護為何該被我們列為首要目標。（▲附圖 1）

從附圖 1 中我們可以看到這個模型分成三個主區塊，分別為：生物圈（Biosphere）、社會（Society）跟經濟（Economy）三層。

其實從圖示上來看，可以很清楚的理解，所有的基礎是建立在生物圈、也就是環境上，它直接對應到了我們所提的氣候、水資源、陸地與海洋生態，只有在它們的穩固之下，才能進而擴展我們的社會與經濟領域。若是不當的使用，只會加快生物圈的消亡。

各國的環境學家一再強調，自然資源已經無法再揮霍，全球急需以更創新更永續的方式生活。這也是為何 SDGs 如此重要的原因。

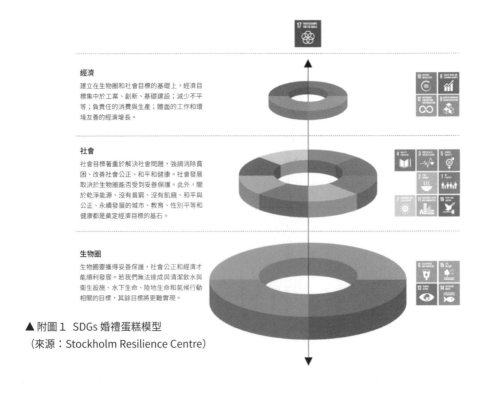

▲ 附圖 1 SDGs 婚禮蛋糕模型
（來源：Stockholm Resilience Centre）

SDGs 的影響

SDGs 看似僅有規範，但它實際上卻帶來了超乎想像的經濟效益。根據「商業和永續發展委員會」（Business and Sustainable Development Commission, BSDC）所提出的《更好的商業，更好的世界》（Better Business, Better world）報告，未來 SDGs 僅在「食品和農業」、「城市」、「能源和材料」及「健康與福祉」這四個領域上，便預期能於 2030 年創造將近 12 兆美元的商機與 3.8 億個工作崗位。這些工作機會將有 90% 會落於開發中國家。而中國、印度及其他亞洲發展中國家，預計將增加 2.2 億個工作機會，非洲則是增加約 8,500 萬個新崗位。（▲附圖 2、3）

另一個有趣的影響是，SDGs 改變了消費者的行為，增加了所謂的「倫理消費」。例如，消費者發現自己購買的服裝或是巧克力，竟然是來自於保育類動物的皮毛或童工的勞動產物，便會選擇拒買，轉而選購環境友善、重視人權價值的產品，這樣的行為就被稱為「倫理消費」。這也形成一股潮流，一些名人或網紅藉由推廣 SDGs，成功挖掘了新一代的消費者。

瑪麗娜・特斯蒂諾（Marina Testino）就是一個很好的例子。

模特兒出身的她痛恨時尚產業帶來的浪費，藉由自己經營的社群媒體 Instargam（@MarinaTestion）推廣環保活動，如 One Dress To Impress，她藉由連續兩個月只穿同樣的紅色褲裝，來對抗快時尚與服裝重複的汙名；又如 Yellow Like A Lemon，在兩個月裡，瑪麗娜只穿黃色的衣服，而這些衣服不是用再生材料做的、二手的，就是改造過的，她用這種方式證明時尚也可以把舊衣服穿出不同功能，依舊美麗性感。她的活動獲得全球幾乎 5.6 萬名粉絲的響應，也使她獲得了《Elle》的生態獎。

高達一半以上的SDGs新興商業機會將來自於發展中國家
SDGs新興商業機會在各區與各經濟系統中的百分比

■ 食品與農業　　　■ 城市　　　■ 能源和材料　　　■ 健康與福祉

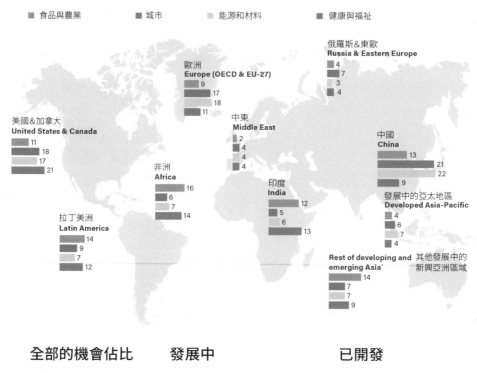

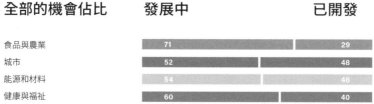

全部的機會佔比	發展中	已開發
食品與農業	71	29
城市	52	48
能源和材料	54	46
健康與福祉	60	40

▲ 附圖 2（來源：Better Business, Better world）

SDGs新興商業機會將藉由四大經濟系統
創造近3.8億個工作機會

SDGs新興商業在各區與各經濟系統中將提供的工作機會:(單位為百萬)

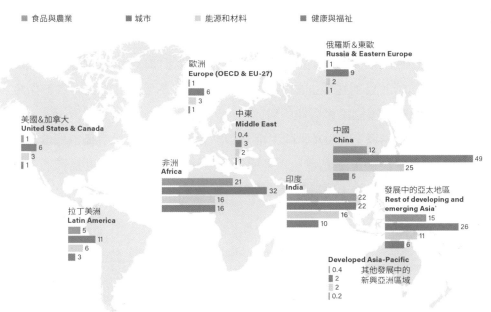

■ 食品與農業　　　■ 城市　　　■ 能源和材料　　　■ 健康與福祉

預計全部將帶來的工作機會:(單位為百萬)

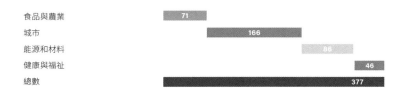

▲ 附圖 3 (來源:Better Business, Better world)

隨著消費行為改變，環保意識抬頭，消費者多半會優先選擇有環境友善標籤或宣傳的產品。然而，購買者無法分辨標籤與廣告的真偽，導致部分業者將環保宣言當作廣告宣傳，實則並未落實環保政策。

這種行為被歐美國家稱為「漂綠」（Green-washing），十分抵制，他們相信放縱這種行為，將會降低消費者對於產品的信任與保護環境的熱情。目前在亞洲國家「漂綠」的行為不多，可能也因為轉型速度尚不如歐美國家來得快所致。

總結以上，SDGs 除了提升各國對維護環境、社會價值與能源使用效率的認知，更底定了未來經濟體質轉型的方向，各企業若不把握機會，必然將被永續與創新的洪流所淘汰。

SDGs 能夠實現嗎？

由於新冠肺炎疫情、氣候變化和各國衝突增加的影響，SDGs 的 17 項大目標於全球與各區域推展的情況，可以明顯的看出進程緩慢，許多目標如貧困、糧食問題、剷除流行疾病與疫苗覆蓋，以及各地就業的情況皆惡化了。我們依然距離 2030 年「不拋下任何人」的目標十分遙遠。

▲註1：
聯合國《世界人權宣言》提出 30 項人權，
分別為：

1. 我們天生自由而平等；
2. 我們沒有差別待遇；
3. 我們有生存的權利；
4. 沒有奴隸制度；
5. 沒有折磨；
6. 不管到哪裡，我們都有權利；
7. 法律之前，人人平等；
8. 我們受到法律的保護；
9. 沒有不公正的居留；
10. 我們有審判的權利；
11. 直到被證明有罪之前，我們都是清
    白的；
12. 我們有隱私的權利；
13. 有行動的自由；
14. 我們能尋求安全居所；
15. 有國籍的權利；
16. 有結婚與家庭的權力；
17. 有擁有財產的權力；
18. 有思想和信仰的自由；

19. 有表達的自由；
20. 有公眾集會的自由；
21. 有民主的權利；
22. 有社會保障；
23. 有工作的權利；
24. 有玩與休息的權利；
25. 有食物與居所；
26. 有接受教育的權利；
27. 有著作權；
28. 人人能擁有一個自由而公平的世界；
29. 我們擁有社會責任；
30. 沒有任何國家、團體或個人能以任
    何理由剝奪我們的天賦人權。

35

第1章／SDG 1
終結貧窮 No Poverty：
消除各地一切形式的貧窮

當我們抱怨月領 28K、一盒 10 個雞蛋漲到快 200 塊錢時，你能想像就在此時此刻，有人一天只有不到新台幣 40 元可以生活嗎？

沒錯，就在我們生活的這個世界，現在，正有六、七億的人這樣過活。

所以，聯合國提出的第一個永續發展的目標，就是「消除各地一切形式的貧窮」。

SDG 1 終結貧窮・細項目標&行為目標

SDG 1 終結貧窮細項目標

1.1	在 2030 年前，消除世界各地所有人的極端貧窮（目前定義為每人每日生活費不足 1.25 美元）。
1.2	在 2030 年前，依據各國的界定標準，各年齡層的男女老少、兒童，貧窮人數，至少減半。
1.3	依各國國情，實施包括社會底層人民的全民社會保障制度和措施，到西元 2030 年，就能涵蓋大範圍的貧窮、弱勢族群。
1.4	到西元 2030 年，確保所有人、尤其是貧窮與弱勢族群，能享有平等獲得經濟資源的權利；涵蓋層面包含經濟資源、基本服務、土地和其他形式財產的所有權、控制權、繼承權、自然資源、新科技和金融服務（包括微型貸款）。
1.5	到西元 2030 年，提升貧窮與弱勢族群的韌性和災後復原能力，減少他們遭受極端氣候、經濟、社會和環境衝擊與災害。

SDG 1 終結貧窮行為目標

1.a	確保各個地方的資源能夠大幅動員，包括加強發展合作，為發展中國家、尤其是最低度開發國家（LDCs）（▲註1），提供妥善且可預測的方法，以實施計畫與政策來全面消除國內貧窮。
1.b	依據考量到貧窮與性別的發展策略，建立國家、區域、國際層級的健全政策框架，加速消除貧窮行動的投資。

SDG 1 終結貧窮・全球近況與問題

　　根據這份綱領，全球對「終結貧窮」做了什麼？

　　由進度表（▲附圖1）中我們可以看到，全球離 SDG 1 終結貧窮的達成，仍有一段距離。不論是在消除全球的極端貧困，或是實現大範圍的社會保障，我們還在過渡中，需要更大的努力。

　　過去二十五年來，全球減少貧窮的推廣進度一直穩定發展，並於 2015 年至 2018 年間，終於將每日生活費不足 1.90 美元的人數，從 7.4 億降至 6.56 億（極端貧困率從 10.1% 降至 8.6%）。（▲附圖2）

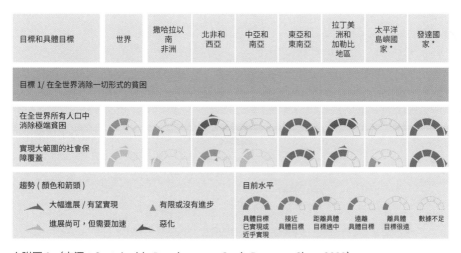

▲附圖1 （來源：Sustainable Development Goals Progress Chart 2022）

**每日生活費不到1.90美元的人口數，2015-2018年，
2019-2022年新冠肺炎前、後的預測 (百萬)**

▲ 附圖 2 （來源：The Sustainable Development Goals Report 2022）

每日生活費不到1.90美元的受僱人口所佔比例，2019-2021年 (百分比)

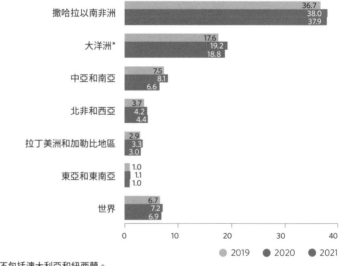

* 不包括澳大利亞和紐西蘭。

▲ 附圖 3 （來源：The Sustainable Development Goals Report 2022）

　　但由於新冠肺炎疫情的爆發，使極端貧困的人數首次不減反增，於 2019 年～ 2020 年大幅上升，從 8.3% 拔升到 9.2%。持續通膨的經濟壓力與俄烏戰爭的不可預測性，更延緩了國際上的減貧行動。

　　 全球陷入貧困的勞動人數，因為疫情影響於 2020 年增加到了 800 萬，這也是二十年來在極端貧困中的勞動者比例首次上升。

　　撒哈拉沙漠以南非洲與大洋洲（不含括澳大利亞和紐西蘭），是世界工作貧困率最高的兩個區域，在過去兩年中也有了大幅度的增長。（▲附圖 3）

　　在社會保障方面，截至 2020 年，全球仍有 41 億人無法享有任何社會保障。而至少享有一項社會福利的人口，全球僅有約 46.9%。在高收入國家約有 63% 的弱勢人群收到了現金救濟，但在低收入國家卻只有約 7.8%。

　　更讓人寒心的是，全球勞動力人口中被涵括於失業救濟金的，僅有 43.1%，其中確實收到救濟金僅 18.6%。而其他沒有任何社會保險的弱勢人口如兒童與老年人，也只有 28.9% 獲得了現金救濟。

　　如何增加社會保障的覆蓋率，依然是各國需要思考的一大課題。

▲註 1：
最低度開發國家（Least developed country, LDCs）：
也稱最不發達國家、未開發國家、低開發國家。根據聯合國 2015 年 3 月修訂的標準，人均所得在 1,035 美元以下，以及人力資產標準、經濟脆弱性標準不合格的國家，皆屬 LDCs。目前世界主要最低度開發國家集中在非洲，共有 33 國；次為亞洲有 9 國，大洋洲 3 國，美洲僅海地一國入列。

SDG 1 終結貧窮・國際案例分享

1. 尼日 Niger：
地下森林・農民管理自然再生法
Farmer Managed Natural Regeneration

涵蓋 SDGs 範圍：1,2,3,4,5,6,7,12,13,15,16,17

你相信在荒蕪的土地下，其實有一片繁盛的地下森林嗎？

澳洲農學專家東尼・芮納多（Tony Rinaudo）表示，他以前是不相信的，直到他與尼日共和國的農民一起研究出了「農民管理自然再生法」（Farmer Managed Natural Regeneration，簡稱 FMNR）。

FMNR 是一種古老、而且幾乎可說是零成本的農業技術，只有簡單的三個步驟：挑選最穩固的枝條、修剪主要枝條、追蹤枝條並持續管理。

透過單純的修剪植物並讓土地休息，便能重新復甦森林與灌木，進而恢復土地與植被，增加糧食與木材的產量，有效消除貧困和飢餓。

芮納多於 1981 年舉家搬遷至世界最貧窮的國家之一，位在西非的尼日，一個長年受乾旱與蟲害所苦的地方。

芮納多一肩扛起造林的計畫，在過度開墾而荒蕪的土地上，持續種了兩年的樹，但一棵都沒活下來，他慢慢感到自己陷入了絕望。

芮納多示意如何修剪枝條來複育植物。
（來源：World Vision International）

　　直到有一天，他在路上遠遠發現似乎有一小株荒漠灌木叢，走近一看，原來不是小樹叢，而是從被砍伐的大樹幹上重新長出來的嫩枝。這個發現讓他振奮，他發現了潛藏於荒蕪之下的「地下森林」系統——不用重新耕種，只要修剪便能自行繼續生長。

　　1983 年，他找了來自十個不同小村子的十位農民志工，在他們自己的農地上試種，重新復育樹木。當地居民一開始認為他瘋了，居然浪費農地來種樹，紛紛排斥。直到他們成功開發出了 FMNR，藉著就地取材，把地下森林「種」回地面，從最「根本」的角度解決了當地貧瘠的問題。

　　在乾旱時期，土地休養恢復是需要時間的。為了讓當地抗拒的居民有意願嘗試，他大力推動「種樹換糧食計畫」，每個接受糧食援助的家庭，就得承諾在自己的土地上每公頃養護或種植 40 棵樹。該計畫獲得 100 多個尼日村莊響應，他們成功讓 50 多萬棵樹重生，並帶來了穀物大豐收。

　　30 年後的今天，尼日約有 600 萬公頃的土地因 FMNR 再生，多了約 2.4 億棵樹迎風招展，為居民帶來超過 5 萬噸的糧食與經濟收成。

　　芮納多分享，早期農民多半認為樹木會搶奪農作物的養分，降低產值，事實卻相反。藉著 FMNR 的實行，樹木與灌木一旦被復育，它們會改變微型氣候，為鳥類、哺乳類、爬行動物與兩棲動物提供棲息地，成功恢復了生態系統與生物多樣性。隨著地力與植被恢復，不管是農作物或是牲畜，整體的產量都倍數成長。

　　隨著樹木增加，FMNR 也緩解了尼日的薪柴危機。資源採集變得容易，FMNR 減輕了婦女的工作負擔，她們有餘暇可以參加經濟活動增加收入，獲得更多決策的機會，進而提升社會地位。

在一片荒蕪之中重新長出的嫩枝。（來源：World Vision International）

　　目前 FMNR 的成功已經在全球許多國家獲得驗證，協助推動這項計畫的世界展望會（World Vision International）表示，FMNR 已被聯合國列為落實永續發展目標的最佳實踐方法之一，他們的目標，將在全球復育 10 億公頃的森林，以利永續地球。

2. 黎巴嫩 Lebanon：

我的土地，你的土地　Ardi Ardak

涵蓋 SDGs 範圍：1,2,3,5,10,12,17

一開始，許多人都認為大部分黎巴嫩的農業是無法永續的。

黎巴嫩的經濟制度不健全，農民工作量大工資卻低，農地濫用殺蟲劑，加上可耕地利用不足，導致黎巴嫩長年糧食嚴重不足。

當地居民習慣購買 Mouneth，這個詞來自阿拉伯語的 Mana，意思是「儲存」，通常多是醃漬的食物罐頭或是果醬。

而當黎巴嫩遇到社會與經濟的危機時，糧食不足的情況就變得更加嚴酷，有更多的人面臨失業，陷入貧困，讓不平等的差距更為拉大，社會底層的人民更沒有能力跟渠道能購買食物，有時就連 Mouneth 都無法負擔。

鑒於這個日益嚴重的危機，環境與永續發展組織（Environment and Sustainable Development Unit, ESDU）與黎巴嫩商業婦女聯盟、食品遺產基金會和 Zico House 合作，共同發起了「我的土地，你的土地」（Ardi Ardak）計畫，目標是通過支持弱勢社區與農民，振興糧食安全部門，並促進當地食品發展。

計畫團隊為社區居民示範如何培育蔬果。
（來源：Ardi Ardak official Website）

社區居民在計畫團隊的幫助下
將培育好的農作物送往市場。

「我的土地，你的土地」計畫除了用於振興社區，更是一個可連貫從種子到餐桌的渠道系統。

它支持農業生技，改善濫用蟲藥的問題，通過農民與研究人員的知識交流提高產量，又藉由培訓、品質控制和市場聯繫，提高當地的適應力，最後通過支持當地農民、生產者與消費之間的合作關係，加強了國內的社會凝聚力。它為小規模生產者提供進入市場的機會，並通過社區廚房如貝魯特中央社區廚房在內的行銷網路，為城市消費者提供新鮮健康的、負擔得起的當地產品。

其他的行銷網路還包括如移動商店、農業貿易市場、連結鄉村旅遊促進當地生產者的食品小徑、永續生產作物的銷售平台，以及他們藉由控管產品品質為小規模生產者成立的「食物與根」品牌。

「我的土地，你的土地」通過促進永續生產、推廣城市農業與社區花園，解決可耕地利用不足的問題，提供消費者轉化為生產者的機會，實現「自給自足」的理想，這對微觀經濟與家庭消費有很大的影響與幫助，也成功提高了當地社區與家庭的糧食安全，解決了經濟與糧食不足的問題。

根據統計，2020 年間，「我的土地，你的土地」計畫已訪問了許多黎巴嫩的村莊和城市如西貝卡、巴勒貝克、阿爾薩勒等。他們進行了超過一百多次的土地評估，向弱勢農民分發了超過 14 萬多株樹苗和 1.4 萬個種子袋，這些種子跟幼苗概括不同的品種如番茄、黃瓜、菠菜、歐芹等。準備了 1,500 多個醃漬食物罐與 7,000 多份熱飯，分發給當地最弱勢的家庭。

ESDU 與其他合作組織希望未來能透過「我的土地，你的土地」計畫，延伸出一個更大的經濟體系，藉由「食物與根」的品牌，他們能建立一個健康而穩固的傘狀結構，為所有小規模的生產者提供需要與支持，幫助當地可以更多元的發展。

3. 吉爾吉斯 Kyrgyz：
現金＋計畫 Cash Plus

涵蓋 SDGs 範圍：1,2,3,5,8

　　迪娜拉（Dinara Eshimbatova）是居住在吉爾吉斯南部的五個孩子的母親，2016 年秋天，一場泥石流摧毀了她和丈夫辛苦栽培的整片向日葵田，這個家庭瞬間一無所有。

　　「我們失去了所有預期的收入。」迪娜拉痛苦的回憶道：「我不知道該怎麼辦，該如何養活我的孩子。」將近絕望時，她選擇參與聯合國糧食及農業組織（Food and Agriculture Organization of the United Nations）在吉爾吉斯推行的「現金＋」（Cash Plus）計畫。

　　「現金＋」計畫，主要在提供綜合社會保護與農業干預措施，好改善農村弱勢家庭的糧食安全與營養狀況，提高他們的農業生產力，進而擺脫貧困。

　　該項計畫幫助了賈拉拉巴德州蘇札克區的 150 個家庭（約 840 人，其中一半是兒童）受益，其中有 22% 家庭是由女性做為戶主，19% 是單身母親。

吉爾吉斯的婦女們通過
「現金＋」計畫獲得
自給自足的機會。
（來源：FAO）

「現金＋」計畫中提供的隧道溫室，讓參與者
能全年不斷的種植農作物。（來源：FAO）

　　「現金＋」計畫給參與者三個生產性方案做選擇，這三個生產性
方案分別是：

　　方案一：提供通過飲食多樣化和一些營養食品的自給自足，來改
　　　　　　善家庭營養。

　　方案二：幫助無法正常獲得灌溉用水或勞動資源的家庭，實現飲
　　　　　　食多樣化，但不保證能實現自給自足。

　　方案三：幫助弱勢家庭參與創造收入的活動，發揮他們的勞動潛力。

　　其中，方案三是最受歡迎的。在所有參加的家庭中，就有 123 個家庭選擇了方案三。他們除了能獲得高價值的作物種子如花椰菜、黃瓜、扁豆、萵苣、菠菜和番茄，還能獲得一個中等大小的隧道溫室。這些溫室使他們能全年不間斷的生產不同作物，從而滿足了當地社區在農業淡季時對新鮮蔬菜的營養與經濟需求。

　　根據統計，有 74% 的家庭成功提高了農業生產力與收入，有 27% 的家庭終於超過了最低保障收入，有超過 70% 的家庭改善了他們的糧食安全，更有超過 90% 的參與者回報說，因為飲食的來源變得多元，兒童跟婦女的營養獲得充足的改善。

　　「他們為我們提供了黃瓜和番茄等作物的種子，這些作物在我們地區很暢銷，還有菠菜、扁豆、南瓜和其他好吃的作物。」迪娜拉笑著說：「起初我不打算賣任何東西，我只想養活我的家人。但當我有大量盈餘的時候，我問自己，為什麼不賣掉它們呢？」

　　雖然迪娜拉的收入還不多，但她生產的農作物已足夠養活自己，並能於冬天銷售剩餘的食物。她用賺來的錢購買更多種類食物來補充她孩子的營養。現在她的大兒子在離家 50 公里外的職業學校學習；她以前絕對無法想像，她能負擔得起這些開銷。

　　「現金＋」計畫減少貧困與提高農業生技的成功，讓黎巴嫩政府決定把它作為《2020 年～ 2023 年國家勞動和社會保護發展計畫》的雛型，並將它目前的社會契約、實施方式、監測與評估的框架，作為其他相關法案的優先推展工具。

4. 孟加拉 Bangladesh：
農業金融 Agro Banking

涵蓋 SDGs 範圍：1,8,17

　　孟加拉是農業大國，也是全球成長最快的經濟體之一，侷限於當地金融交易成本高，孟加拉國內仍有接近一半的成年人，特別是生存在農村的農民，約 3,600 萬人仍是金融棄兒。

　　他們無法獲得金融資源，沒有銀行帳戶，更沒有能力獲得儲蓄與信貸保障未來。他們習慣把錢存在小罐子裡，不時有遺失或被竊的風險。他們的經濟來源都來自當地的農作物。有時收成好，農產品收穫遠超市場需求，可惜缺乏轉換作物的渠道，只能丟棄在路邊或是以極低的價格轉賣給中間商。而中間商通常能用四到五倍的批發價格轉賣給商店，由此更加重了貧富差距。

　　孟加拉最大的銀行聯合商業銀行（United Commercial Bank, UCB）意識到了這個問題，於是與行銷公司 Grey Dhaka 聯手推出「農業金融」（Agro Banking）專案。

　　該專案宣告，只要農民帶來新鮮蔬菜或水果，UCB 便能直接為他們開戶，並存入當日透過銷售平台收購的金額，幫助他們建立信用紀錄，為往後的金融貸款鋪路。

　　UCB 與當地最大零售商 Shwapno 超市及相關網購系統合作，分銷購入的新鮮蔬果。UCB 通過 Shwapno 在每個村莊設立的收購點作為行動據點，藉由 Shwapno 既有的通路，把收購的蔬果運輸到最近的零售商店。沒有據點的地方，UCB 則會利用廂型車做為移動據點。在收購活動即將開始的幾周前，專案的執行人員會藉由村內的廣播與海報，公告即將舉辦購買活動的地點。

農民積極帶著農作物來參與
「農業金融」的收購服務。
（來源：Ads of Bangladesh）

專案影片：

　　農民可直接將收穫的蔬果交給 UCB，而後者為他們完成開戶後，會依當日 Shwapno 批發價格進行購買，並將現金存入農民的銀行帳戶中。UCB 也會傳簡訊給農民，讓他們知道自己帳戶中有多少餘額，確認收到的款項是否正確。

　　「農業金融」一開始先於杰索爾西部地區的巴里納加村、分設五個據點進行試營運。

　　在啟動日，吸引了 200 多個農民帶著他們的農作物來到市場廣場。

　　為了讓弱勢的農民都能享有權益，避免這樣的農業銀行模式被濫用，Shwapno 會先確認來者不屬於任何商業組織；為了把中間商隔絕在外，對農民出售的蔬果數量進行限制，以不得超過 20 公斤的作物為準。

　　「農業金融」啟動數周，便成功幫 750 個農民開設帳戶，收購了 58 噸的蔬果。後續已有 115 個村莊與 UCB 聯繫，希望該項專案也能到他們村裡實施。這項專案成功的讓孟加拉農民加入正規金融體系，也順利減少了當地的不平等與貧窮。

5. 孟加拉 Bangladesh：

格萊珉銀行 Grameen Bank

涵蓋 SDGs 範圍：1,4,5,8,10

在幾十年前，若你問穆罕默德・尤努斯（Muhammad Yunus）是否考慮開一家銀行，而且還是一家為窮人服務的銀行，他一定當你在開玩笑。他自己也沒想到的是，當他在美國獲得經濟學博士學位回到孟加拉的十幾年後，他確實做到了。

1972 年，尤努斯於孟加拉吉大港大學經濟系任教。隨後兩年，孟加拉大饑荒導致成千上萬的人死於飢餓。這件事讓尤努斯椎心刺痛，決定走訪最貧困的村莊，希望找到一些解決方案。

一天，當尤努斯在探視喬布拉村貧困的家庭時，看到一名年輕的婦女正在製作竹凳。他不禁走過去問她做這個能賺多少錢？婦女不以為意地回答道：「資金是高利貸給的，我加工一個竹凳一天只能賺 0.5 塔卡（約 2 美分）。」尤努斯又問：「如果是妳自己出資做，加工一個竹凳能賺多少錢？」婦女回答：「好一點一個可以賺到 5 塔卡（約 22 美分）。」

價格整整十倍的差異，讓尤努斯感到不可置信。他組織學生在附近作調查，發現這種借貸模式居然十分普遍，同一個村裡，居然有 42 個人借貸，全部共借了 865 塔卡（約 27 美元）。

尤努斯對於這個發現感到憤怒，他看著這些婦人因為 27 美元的借貸，每天抱著孩子受苦，似乎永遠脫離不了貧窮。於是他直接拿出 27 美元，讓學生借給那 42 個婦人，讓她們直接還掉高利貸，等產品做好賣出後再還錢，也講好不收利息。幾天過去了，農婦們高興的把錢全部還清。

這件事讓尤努斯深有所感，他決定以自己的名義跟銀行借錢，並組織學生到孟加拉其他的五個貧窮農村，把這些錢轉借給窮人。窮人們十分珍惜這些資產，紛紛苦心經營，除了按時還款，還增加了額外收入。

　　尤努斯看到實驗這麼成功，於是，一個專門服務窮人，並提供微型貸款方式的「格萊珉銀行」（Grameen Bank）構想成形了。

　　1976 年，「格萊珉銀行」於孟加拉的喬布拉村正式誕生，並於 1983 年順利轉變為一家銀行。孟加拉政府為該銀行特別通過了一項法律，那便是同意這家銀行只為處於極端貧窮的人服務，他們多為婦女。

　　如今「格萊珉銀行」的貸款者擁有 94% 的股權，另外 6% 為政府所有，也是全世界唯一一家名副其實屬於窮人的銀行。

　　該銀行的特色在於它不要求貸款人提供任何抵押或擔保，也不要求貸款者簽署任何法律文件，但他們必須加入或成立一個「支持小組」。所有的組員必須到「格萊珉銀行」接受七天的培訓，以及筆試、口試，

「格萊珉銀行」分別為孟加拉
不同的村莊提供服務。
（來源：Grameen Bank）

「格萊珉銀行」的承辦經理
會定期與會員開會，她們多為婦女。
（來源：Jay Milbrandt）

只有全部通過才能獲得貸款資格。

　　尤努斯表示，嚴格的審查是必須的，他需要申請貸款的人認真對待這件事情，並了解整個營運的方式。為了不讓貸款因拖延而越來越多，銀行要求貸款者每周返還少部分貸款，也進而讓貸款人了解還款是做得到的。也因為如此，貸款人的還款率一直維持在 98% 左右。

　　2006 年，尤努斯獲頒諾貝爾和平獎，表彰他從社會底層推動對經濟與社會進展的努力。截至 2021 年 8 月，「格萊珉銀行」已擁有 941 萬會員，其中 97% 是婦女，共有 2,568 個分行，分別在 81,678 個村莊提供服務，約覆蓋 93% 孟加拉的村莊。

　　「格萊珉銀行」是國際上公認的、最成功的信貸扶貧模式之一，現在全球已有 60 多個國家正在複製這個計畫，台灣也是其中之一。希望能為各國的貧窮人口帶來更多的希望與轉機。

6. 肯亞 Kenya：

行動簡訊支付 M-Pesa

涵蓋 SDGs 範圍：1,5,8,9

肯亞大部分的區域仍是鄉村，都市化程度不高，當地的居民大多十分貧困，也沒足夠的收入能去銀行開戶。

當地的銀行系統並不完善，特別在 2008 年金融海嘯與當地選舉的動亂後，許多銀行倒閉，城市以外的地方幾乎找不到銀行。而多半的肯亞居民離鄉背井在都市工作，他們需要匯錢回家；如果經濟情況允許，他們甚至想委託快遞送錢，但有一定機率錢會一去無回，這令他們很苦惱。

直到 2007 年，M-Pesa 的出現，成了他們的救星。

M-Pesa 一開始推出是為了方便小額貸款的居民使用，可以減少處理現金的成本並降低利率。英國非營利組織 DFID（▲註2）委託電信業者沃達豐（Vodafone）與肯亞最大的電信公司 Safaricom 合作，在肯亞開發這一套行動銀行系統 M-Pesa。但周周轉轉，2007 年才由肯亞中央銀行（Central bank of Kenya）與當地 Safaricom、Vodafone 合作設計完成，成了廣泛使用的簡訊行動支付。

M-Pesa 的 M 代表的是 Mobile，也就是移動，而 Pesa 在當地斯華西里語（Swahili）代表的就是「錢」的意思，連起來就是「移動的錢」。

因當地手機的普及度已達到了 75% 以上，為了方便作業，Safaricom 直接將使用者的手機門號設為他們的銀行帳戶，當使用者為手機通話進行儲值時，就像為帳戶存款一樣。

M-Pesa 的運作方式超乎想像的容易，其實就是用手機的簡訊功能，輸入代碼、個人密碼、金額便可直接進行轉帳。

為避免盜用，M-Pesa 很嚴謹的要求使用者進行每項服務時，都需要經過三個身分驗證，如 Sim 卡、身分證以及 Pin 密碼，比一般銀行還要嚴格。

在肯亞，各地的雜貨店幾乎都是 Safaricom 的代理商，而 M-Pesa 因搭配這家電信業者，所以使用者去雜貨店時，順便就可以在店裡進行提款、存款、微型貸款與其他帳務合作。M-Pesa 也提供交易紀錄的查詢功能，手續費相比傳統銀行來說更為親民便宜，帳戶沒有規定最小餘額，讓使用者可以隨時使用。

基於 M-Pesa 使用上的親民性，人們更願意利用它來做小額交易、貸款、付薪水或是繳稅，讓當地的經濟變得更活絡方便。

你可以想像 M-Pesa 是肯亞的中華電信，它的普及已成為肯亞最重要的行動支付工具，也成功擴大了銀行服務的範圍，在都市化程度不足的情況下，為當地生活帶來極大改善。

2016 年一篇發表在《科學》（Science）的論文指出，M-Pesa 成功的讓當地 194,000 戶小家庭、相當於全國 2% 的人口脫離了貧窮線；也促進了職業轉型，讓 185,000 名肯亞婦女因它從農業生活走向零售業。截至 2021 年，M-Pesa 的當地使用者已接近 5,000 萬人。對肯亞的經濟貢獻超過 GDP 的 40%，其中有 50 萬為企業用戶。而它現在覆蓋的市場已經擴大到阿富汗、南非、印度、羅馬尼亞、阿爾巴尼亞以及埃及等國家。

▲註 2：
英國國際發展部門（Department for International Development of UK，簡稱 DFID）：
這是英國政府所屬的非營利組織，主要工作為協助貧窮國家脫離赤貧。由於貧窮地區引發的戰爭、衝突、難民、毒品與非法藥物交易、疫病傳播等，都會直接或間接的影響英國，所以英國政府秉持「讓這些國家脫離貧窮，對世界每個人都好」的信念，主導協助貧困國家脫貧。

有了 M-Pesa，肯亞的居民可以在雜貨店中提取現金。（來源：BIZNA）

居民能到 M-Pesa 的專櫃上進行存款、提款等金融活動。（來源：Radarr Africa）

第二章／SDG 2
消除飢餓 Zero Hunger：
確保糧食安全，消除飢餓，促進永續農業

你能想像長年累月處於飢餓是什麼滋味？當然，這裡說的飢餓，和一心想減重的「餓」，是完全不一樣的兩回事。聯合國估計，全球每 10 個人中就有 1 人正受飢餓所苦。而世界人口近三分之一（約 23 億人）正處於中度或嚴重糧食缺乏的狀態，無法獲得充足的食物。因此，促進永續農業的發展，消除世間飢餓，就成為刻不容緩的事。

SDG 2 消除飢餓・細項目標&行為目標

SDG 2 消除飢餓細項目標

2.1	2030 年前，消除飢餓，確保所有的人全年都有安全、營養且足夠的糧食，特別是窮人和弱勢族群（包括嬰兒）。
2.2	2030 年前，消除所有形式的營養不良。包括：2025 年之前達成訂定為五歲以下發育遲緩、消瘦兒童的國際目標，並解決青少女、孕婦、哺乳婦女以及老年人的營養需求。
2.3	2030 年前，使農村的生產力與小規模糧食生產者的收入皆翻倍成長，尤其是婦女、原住民、家庭農民、牧民與漁民，做法包括讓他們安全及公平地獲取土地、生產資源、知識、金融服務、非農業就業市場及增值機會。
2.4	2030 年前，確保建立可永續發展的糧食生產系統，實施可增強生產力、具彈性的農作方式。協助維護生態系統，並強化適應氣候變遷、極端氣候、乾旱、洪水以及其他災害的能力，逐步改善土地和土壤品質。

| 2.5 | 2020 年前，維持種子、栽種植物、家畜，以及與之有關的野生品種的基因多樣性。包括透過國家、區域和國際層級的政策，妥善管理多樣化的種子和植物銀行，並促進基因資源與相關傳統知識利用，產生的好處依照國際協議公平地分享。 |

SDG 2 消除飢餓行為目標

2.a	透過加強國際合作，提高在鄉村基礎建設、農業研究、推廣服務、科技發展、動植物基因銀行上的投資，以改善發展中國家的農業產能，尤其是最低度開發國家。
2.b	根據杜哈回合貿易談判（Doha Development Round）的共識，糾正並防止全球農業市場的貿易限制和扭曲，包括消除各種形式的農業出口補貼和具同等效力的出口措施。
2.c	採取措施，確保糧食商品市場及其衍生品正常運作，並促進及時獲得市場資訊（包括糧食儲備量），來抑制極端的糧食價格波動。

SDG 2 消除飢餓・全球近況與問題

　　為消除飢餓展開的行動，世界各國都做了什麼？

　　由進度表（▲附圖1）中我們可以看到，全球離 SDG 2 消除飢餓的理想依然遙遠，比起如何於 2030 年降低五歲以下發育遲緩的兒童人數，如何能克服萬難，為所有人提供充足的營養與糧食，才是最艱難的挑戰。

　　我們先來看看各國面臨的飢荒問題。

　　隨著新冠疫情的來襲、氣候的不穩定、特定區域間的緊張，加上俄烏戰爭爆發，各個情況的疊加作用下，世界正處於全球糧食危機的邊緣。聯合國估計 2021 年有超過 8.28 億人口飽受飢餓之苦；而這些人口多集中於撒哈拉以南的非洲，再來是中亞與南亞、拉丁美洲與加勒比地區。

　　俄烏戰爭持續延燒的影響下，全球糧食的供應飽受威脅。

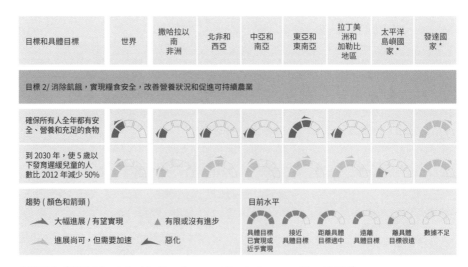

▲附圖1　（來源：Sustainable Development Goals Progress Chart 2022）

　　烏克蘭與俄羅斯同時作為世界的糧倉，分別供應著全球 30%、20%、80% 的小麥、玉米與葵花籽的出口。世界上有超過 50 個國家的小麥是從這兩國進口，而在戰爭的干預下，依賴進口的各國直接受到了糧食成本上升衝擊、或供應鏈中斷的打擊。2022 年全球糧食價格比 2021 年高出近 30%，飛漲的價格已讓許多國家苦不堪言。

　　再來看看全球兒童發育的問題。

　　隨著新冠疫情以及世界局勢的不穩定，不斷上升的食品價格、各類營養食品的缺乏、體育活動或空間的減少，將導致全球兒童基本的營養攝取中斷，進而出現各樣的營養不良與健康問題。2020 年，全球五歲以下兒童（約 1.492 億）正遭受發育不良所苦。為了實現 2030 年發育不良兒童數量降低一半，年下降率需降到每年 3.9% 左右。（▲附圖 2、3）

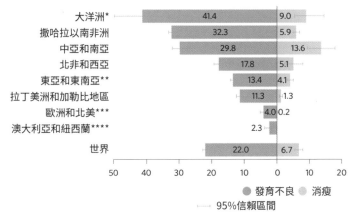

5歲以下兒童中受發育不良和體重減輕影響的比例，2020年(百分比)

* 不包括澳大利亞和紐西蘭。
** 不包括日本的消瘦兒童估計數量。
*** 由於歐洲的人口覆蓋率不足(<50%)，此消瘦兒童估計數量僅代表北美。
**** 由於人口覆蓋率不足(<50%)，無消瘦兒童估計數量。

▲ 附圖 2（來源：The Sustainable Development Goals Report 2022）

受糧食高價或偏高價影響的國家比例，2019年和2020年(百分比)

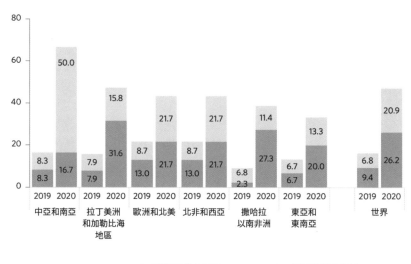

▲ 附圖3　（來源：The Sustainable Development Goals Report 2022）

　　兒童過瘦與超重都在營養不良的範圍內，通常在一個群體中，這兩個問題會同時存在。2020年，全球五歲以下兒童約有4,540萬（6.7%）過瘦（相對身高體重較低），而有3,890萬（5.7%）的兒童身體過重。疫情後，當初封城、學校改採遠距教學的後遺症陸續顯現，兒童營養不良的問題必然更為嚴重。因此，各國急需加強兒童保健管理，確保兒童的營養健康可以得到改善。

SDG 2 消除飢餓・國際案例分享

1. 厄瓜多 Ecuador：
媽媽毯 Mother Blanket

SDG 涵蓋範圍：2,3,4

　　在厄瓜多的安地斯山脈地區，有超過 30 萬名的兒童長期營養不良，他們生活在偏遠的社區，醫療資源短缺，很難定期就醫。當地的居民多是厄瓜多的原住民 Ouichwa 人，在他們的部落中，女孩通常相當年輕就成家當母親，一邊兼顧農作物、一邊照顧寶寶；然而年少的她們，多半都不清楚該怎麼照顧孩子。寶寶生病，她們得長途跋涉才能抵達醫療中心。醫療資源的不便，讓她們無法經常帶寶寶做定期檢查，因此許多嬰兒活不過兩歲。而這些悲慟的母親，卻一直不清楚什麼原因導致孩子離世。

　　安地斯山脈當地的文化十分複雜，許多年輕的 Ouichwa 父母不確知新生嬰兒是否正常發育。以為寶寶吃得下、長得壯、體重增加、沒有哭鬧，就是健康的，卻忽略了對幼小的寶寶來說，是否依時長高，才是最重要的健康指標。

　　意識到問題的嚴重性，奧美公關（Ogilvy）、生活基金會（Fundación Vivir）與安巴托州權利保護委員會（Ambato Cantonal Council for the Protection of Rights）合作設計了「媽媽毯」（Mother Blanket）。

　　「媽媽毯」的創作源頭正來自當地 Sikinchi，它是母親用來抱嬰兒的毯子。專案團隊注意到當地的年輕媽媽都會背著孩子出去工作，於是與當地紡織業者合作，把世界衛生組織（WHO）設定的健康成長圖表（OMS Infant Growth Chart），加上當地方言，結合了安地斯編織，直接縫在毯子上。年輕媽媽只要把孩子往毯子中一放，就能清

專案影片：

Ouichwa 居民示範
如何用「媽媽毯」來
包裹嬰兒、測量孩子身高。
（來源：Andres Vallejo）

楚看到剛出生到 24 個月的孩子應有的身長，從而得知她們的孩子是正常發育？還是低於正常值需要立即送醫檢查。專案小組在社區中心分發毯子給年輕媽媽，教她們如何用成長曲線確認孩子的身長，並再三叮嚀，若發現任何問題，立刻把孩子帶回健康中心做檢查。

專案推出的三個月後，當即發現 15,000 多個孩童慢性營養不良。在專案執行的三年內，有 70% 的母親已經帶著孩子回來做了三次的健康檢查，這對提高嬰兒的存活率與正常發育，起了相當重要的作用。

未來，專案小組和合作組織將會繼續普及「媽媽毯」的使用，希望幾年後，不再有因疏於營養照顧而痛失孩子傷心欲絕的母親。

2. 墨西哥 Mexico：

對抗營養不良的制服
Uniform against Malnutrition

SDG 涵蓋範圍：2,3,4

墨西哥一半以上的成年人沒有正職工作，父母的收入往往低於每天 7 美元的最低工資；他們工作時間長，沒有能力替孩子準備營養的餐點。加上當地的飲用水沒有安全過濾，而銷售的瓶裝水價格比碳酸飲料的價格還貴，即使墨西哥政府一直努力限制商人向兒童銷售垃圾食品，並對含糖飲料課徵消費稅，當地居民還是寧可喝飲料也不要喝水。

這樣的環境下，不管是兒童還是青少年，都很難抗拒薯片、糖果、零食與碳酸飲料的誘惑，以至陷入不健康飲食的黑暗漩渦。

在墨西哥，每八個五歲以下的孩子就可能有一個營養不良。

如何辨認孩子營養不良，一直是棘手的問題。醫療資源不足，也讓學校無法常找醫生來為孩童做評量。問題該如何解決呢？國際玉米脆片大廠家樂氏（Kellogg's）跟營養學家研究出了一個解決方法，設計一款可以辨識孩童健康問題的制服，方便老師與家長隨時確認。

營養學家表示，營養不良通常是從肌肉流失開始，所以可以先從臂圍、腿圍的肌肉大小，來辨別孩子是否營養不良。

手臂是一個既明顯又容易量測的位置，他們以 12.5 公分為標準，只要孩子的臂圍低於這個尺寸就要留意。為了方便測量，專案小組把量測標誌醒目的做在制服的右邊袖口。活動性的袖口搭配魔鬼沾，只要一拉緊，監測人員譬如老師，就能立即知道這個孩子是否健康？

袖口上的三個顏色分別代表不同的情況：綠色代表健康，黃橘色代表需要注意營養、可能要去看醫生，紅色代表危險，必須立即就醫。若還是不懂如何使用，每件制服背後的內襯繡有使用說明、各顏色的

涵義，以及諮詢電話。

　　專案小組先在 20 個公立學校分發制服，並指導老師如何使用。不到一個月，就接獲超過數百件來自老師與家長的求助電話，請求專案小組派遣醫生協助處理學生營養不良的問題。

　　事實上，愈早發現孩童營養不良，就愈能阻止難以挽回的逆發育情況。專案小組計畫在未來一年，捐贈 200 多套制服給墨西哥市更多的學校，希望協助當地師生更快辨識出營養不良的兒童，讓他們早日獲得適當的治療。

家樂氏所推出的
兒童制服，能用來辨識孩童
營養不良的問題。
（來源：Ads of the World）

老師能定期的用制服袖口
來檢視兒童的健康情況。
（來源：Mad Over Marketing）

專案影片：

3. 西班牙 Spain：
團結冰箱 Solidarity Fridge

SDG 涵蓋範圍：2,4,10,12

　　傳說在西班牙的巷弄間有一個魔法冰箱，它會在白天被充滿，在夜晚被拿光，又在第二天一早被填滿，周而復始。冰箱裏會有可口的冷湯、香腸、義大利餃、烤肉，也有新鮮蔬果或是飲料。這聽起來像是一個童話故事，卻真實存在於西班牙。這個魔法冰箱，人稱「團結冰箱」（Solidarity Fridge）。

　　「團結冰箱」最早出現在西班牙的巴斯特小鎮加爾達考（Galdakao），當地的人口約三萬多人。成立的目的是鼓勵大家團結起來，避免食物浪費，特別是避免浪費完好新鮮的食物與雜貨。冰箱被擺放於城市的人行道上，看來非常低調。為了避免被誤認為廢棄物，在冰箱周圍圍了一圈乾淨的木製小柵欄。任何人都可以在裡面存放食物或是直接拿走，它就是西班牙的「團結冰箱」。

　　賽斯・阿爾多瓦（Alvaro Saiz）是第一個創造「魔法冰箱」，並提倡這個團結運動的人。他看到德國網路上發起的剩食認領計畫，那是把多餘的食物拍照貼上網，開放給需要的人自動去認領。這個想法讓賽斯很心動，但他得把它改得更接地氣，他深知鄉里的鄰居與長輩根本不上網，所以他得用一個更親民的方式來吸引人。

　　賽斯找上了市長，並提出了建立「團結冰箱」的想法。市長為他瘋狂的想法所驚艷，批准以 5,000 歐元（約 5,580 美元）的預算，來支付初期設立一個新冰箱所需的電力、維護與相關食品安全的研究費用。

　　「團結冰箱」推廣以來設有共同規定，如冰箱裡面不能放生肉、魚或是雞蛋，所有自製的食品必須貼上日期標籤，只要過期就會被管

活動發起人賽斯與「團結冰箱」的合影。
（來源：The Plaid Zebra）

加爾達考市長伊本與志工哈維爾與
「團結冰箱」的合影。（來源：The Plaid Zebra）

理員丟棄。曾經當過志工管理員的哈維爾（Javier Goikotxea）表示，基本上所有食物在三天內就會被拿走，完全沒有浪費。

　　在「團結冰箱」開始營運的七周內，初估已經為整個城市節省了約 600 磅完好而新鮮的食物，實際讓多少需要的人獲得飽足，則難以計算。更有趣的是，許多小學帶著學生來參觀「團結冰箱」，教導孩童不要浪費食物與分享的美德。

　　隨著西班牙「團結冰箱」的名聲遠播，世界各地的城市或社區接連響應。英國的布里克斯頓（Brixton）有「人民冰箱」（The People's fridge），讓廠商或商店來放即期食品供需要的人使用。在杜拜（Dubai），有一個母親設立了超過 20 個「分享冰箱」（Sharing Fridge），每天放滿超過 400 份蔬果，讓當地辛苦的勞工或移工能有新鮮的蔬果享用。這幾年，亞洲也開始響應，在台灣，食物銀行聯合會在全台佈建社區冰箱分享網絡，香港也有「社區冰箱」。相信未來會在更多城市陸續發酵，把食物分享給有需要的人們。

4. 法國 France：

黑色超市 Black Supermarket

SDG 涵蓋範圍：2,3,10,12,15,16,17

人們大概很難相信，到了 21 世紀，他們採買的蔬果有 97% 都是違法的！

人們大概也沒有意識到，他們日常購買的常見蔬果，其實是被嚴格限定的物種。

這一切的開始本是出於善意。

早期歐盟為了確保食品安全，官方特別編撰了《授權銷售物種目錄》（Official Catalogue of Authorized Species）。但這個目錄推出沒多久，在農業基因改造公司孟山都（Monsanto）的持續遊說之下，這個規則開始變質，篩選變得越來越嚴苛，甚至於 1981 年通過了一項法律：禁止歐盟內銷售任何不符合目錄規範的產品，違者將繳納巨額罰款。

這項法律頒布，等於直接否定了地球上其他 90% 的農作物種，也加快了它們的滅絕。諷刺的是，留在目錄上的多是由化學實驗室設計出來，有專利保護的一次性基改種子。許多商人以高價賣給農民，農民只能靠貸款來買，即便賣出作物了，所賺的利潤也不夠還錢；但種完種子又不夠了，只得繼續購買昂貴的種子，進而陷入了貧困而絕望的循環。

法國的連鎖超市家樂福（Carrefour），作為第一家推廣有機產品的廠商，決定要靠自己的行動來遏止這種荒謬的行為，他們於 1996 年起禁售所有基改的產品，並於 2017 年創建了「黑色超市」（Black Supermarket）。

「黑色超市」在盛大的「非法晚宴」（illegal dinner）揭幕下開場，家樂福邀請了包含總統在內所有具影響力的人物與媒體參加，他們用所有不在歐盟官方名錄上的蔬果，製作出一道道佳餚，宣示將正式犯

專案影片：

藏在巴黎和布列塔尼家樂福超市中的「黑色超市」，
用黑色的海報與看板來裝飾。（來源：D&AD）

法，表明支持當地農民
與作物的決心。

　　一開始，家樂福分
別於巴黎和布列塔尼開
設了約 40 家「黑色超
市」，它們都藏在家樂
福原先的店裡，並用黑
色海報來裝飾，像是
在哀悼這些逝去的農作
物。「黑色超市」的攤
位上，放滿了各類「非法」但新鮮的有機蔬菜與水果。家樂福請所有
來店的消費者加入行動，並於網上的 Change.org 簽下請願書，一同
支持修法。當地民眾與媒體非常支持這項行動，宣傳期間，「黑色超市」
裡的農作物銷售一空，超過 85,000 人加入連署行動。

　　2017 年 11 月，家樂福向歐盟提案要求修法，在 2018 年 5 月，歐
盟各部終於同意從 2021 年起，讓所有未登記在官方目錄上的有機農業
的種子及其農作物，能於歐盟境內自由銷售。這對環境的永續性、作
物的多樣性來說，是個令人亢奮的勝利。

　　家樂福表示，他們已與這些有機農作物生產者簽下為期五年的供
應合約；同時，曾經非法的作物在歐盟各國能順利銷售前，「黑色超市」
會一直營運下去。

5. 美國 United States：
改變的合約 Contract for change

SDG 涵蓋範圍：2,3,4,12

　　百威英博集團（AB InBev）旗下的安海斯・布希（Anheuser-Busch，簡稱 AB），是美國最大的啤酒釀造公司，它於 2018 年推出美國第一款有機淡啤酒的品牌 Minchelob ULTRA Pure Gold，響應當地想買有機產品的渴望，結果卻發現，能購買的原料遠遠不足，因為美國只有 1% 的農場是真正有機的。

　　美國農民長年在經濟壓力之下，大量使用殺蟲劑和化學肥料，儘管深知有機耕種對大家有利，不但安全，還能增加產量與營養，但他們缺乏足夠的資金與勇氣。若要將既有農田全部轉換成有機耕種，除了置換新器材、重新學習有機農法，更重要的是，他們需要花三年時間降低產量做調整，這段期間的經濟損失無法想像，所以根本沒有農夫願意做這種虧本生意。

　　AB 與他的創意團隊博達大橋廣告（Foote Cone & Belding，FCB）來到美國西北的愛達荷州（Idaho）找尋解決辦法。他們需要原料，農夫需要資金，在這樣的情況之下，他們集思廣益推出了「改變的合約」（Contract for change）計畫，公開招募有心把既有農地轉換成有機農場的農民，並跟他們簽下這項合約。

　　合約內容包含，若農夫同意現在簽約，Michelob ULTRA Pure Gold 保證在他們成功轉型後，直接成為他們第一個有機客戶。而在三年的過渡期中，AB 承諾比一般單價高 25% 的價格，向農

「改變的合約」志在幫助農民把既有農地轉換成有機農場。（來源：Michelob Ultra）

69

在專案團隊的輔導下,越來越多的農民願意簽署
「改變的合約」。(來源:Michelob Ultra)

專案影片:

夫購買有機作物,讓他們不會虧本。同時 AB 會請他的合作組織為簽約者
提供有機農法的專業培訓,讓農夫能順利完成有機農場的轉換。

　　這個專案一開始先於 2019 年進行小量的試營運,後續才開始擴大
推廣,AB 邀請全美的農場響應並加入這個計畫,讓更多農地都能轉換
成自然有機的耕種,減少土地傷害,增加大麥的產量與營養。

　　這項計畫推行的兩年中,已有超過 175 位農民與 AB 簽署了「改變的
合約」,專案團隊已經順利的將 104,000 英畝轉換為有機農地,並預期於
2023 年將大麥的種植面積增加兩倍,它們的產量必然會持續增加,為市場
帶來更穩定的供給。AB 這次的計畫深受消費者的支持,不單銷售額變高,
品牌名聲也變好。AB 承諾將繼續改變美國的農業現況,最終期許能改變
整個地球,讓世界的土地都能回歸自然樸實,創造出更好的永續環境。

第 3 章／ SDG 3
健康與福祉
Good Health and Well-Being ：
確保及促進各年齡層健康生活與福祉

　　新冠疫情、俄烏戰爭，讓健康與福祉的永續目標，似乎蒙上了一層陰影。但，即使舉步維艱，我們依然不能放棄。

SDG 3 健康與福祉・細項目標&行為目標

SDG 3 健康與福祉細項目標

3.1	2030 年前，全球孕產婦死亡率降低至每十萬活產中少於 70 例。
3.2	2030 年前，消除新生兒和五歲以下兒童的可預防死亡率，所有國家將新生兒死亡率降低至每千人死亡 12 人，五歲以下兒童死亡率降低至每千人死亡 25 人。
3.3	2030 年前，終結愛滋病、肺結核、瘧疾以及受忽視的熱帶性疾病，並對抗肝炎、水傳染性疾病以及其他傳染疾病。
3.4	2030 年前，透過預防、治療，以及促進心理健康與福祉，將非傳染性疾病導致的過早死亡率降低三分之一。
3.5	強化物質濫用的預防與治療，包括麻醉樂品濫用以及酗酒。
3.6	2020 年前，全球道路交通事故造成的死傷人數減半。
3.7	2030 年前，確保性和生殖醫療保健服務的普遍性與可取得性，包括家庭計畫、資訊與教育，並將生育保健納入國家策略與計畫。

3.8	實現全民醫療保險，包括財務風險保障，提供所有人高品質的基本保健服務，以及安全、有效、優質、可負擔的基本藥品和疫苗。
3.9	2030 年前，大幅減少危險化學物質、空氣汙染、水汙染、土壤汙染，以及其他汙染造成的死亡及疾病人數。

SDG 3 健康與福祉行為目標

3.a	加強所有國家執行與落實「世界衛生組織菸草控制框架公約」（World Health Organization Framework Convention on Tobacco Control）。
3.b	針對主要影響開發中國家的傳染病和非傳染性疾病，支援疫苗以及醫藥研發，並依據杜哈宣言提供負擔得起的基本藥物與疫苗；杜哈宣言中，發展中國家可充分利用國際專利規範——與貿易有關之智慧財產權協定（TRIPS），以保護民眾健康，尤其是必須提供醫藥管道給所有人。
3.c	大幅增加開發中國家醫療保健的融資與借款，以及醫療保健從業人員的招募、培訓以及留任，尤其是最低度開發國家（LDCs）與小島嶼開發中國家（SIDS）。（▲註 1）
3.d	加強所有國家早期預警、減少風險，以及國家和全球健康風險的管理能力，特別是開發中國家。

▲註 1：
小島嶼發展中國家（Small Island Developing States，簡稱 SIDS）：1992 年 6 月，聯合國環境與發展會議上定義為開發中國家（僅新加坡例外，屬開發國家），通常是指小型低海岸的國家，領土面積小，人口集中，資源有限，對自然災害抵抗力較弱。

SDG 3 健康與福祉・全球近況與問題

　　由下面的進度表（▲附圖1）中我們可以看到，全球仍在「健康與福祉」的永續目標過渡期。

　　比較有進度的是，已順利增加專業衛生人員協助更多的婦女安全分娩、降低五歲兒童的死亡率，但因為疫情的影響，全球在消除瘧疾、愛滋與其他流行疾病的行動都受到影響，各國得在疫情趨緩後，加速相關防疫的推廣，才能早日達標。

　　截至 2022 年中期，全球感染新冠肺炎的人已超過 5 億，全球因新冠疫情直接與間接引起的死亡人數，可能已高達 1,500 萬。

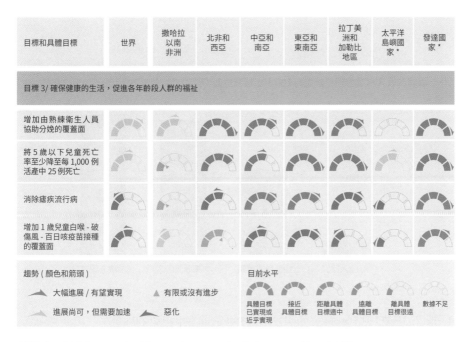

▲附圖 1 （來源：Sustainable Development Goals Progress Chart 2022）

　　新冠疫情時好時壞，使聯合國二十年來促進全民健康的推廣工作出現中斷，這些工作涵蓋主要的衛生領域如孕婦與孩童健康、疫苗接種服務、精神健康，以及一些如愛滋病、肝炎、結核病與瘧疾等疾病的即時治療。因為推廣行動的減少，導致免疫接種率十年來首次下降，因結核病和瘧疾死亡的人數也增加了。

　　為了有效抑制新冠疫情的蔓延與防止更多人民死亡，聯合國呼籲各國，到 2022 年中期，全球應有 70% 的人口接種疫苗。但根據聯合國截至 2022 年 5 月的統計，低收入和發展中國家仍只有約 17% 的人口接種了最少一劑疫苗。距離目標的疫苗覆蓋率，尚有好一段距離。（▲附圖 2）

以國家收入水準分別統計的每100人中接種疫苗的總劑量，截至2022年5月9日(劑數)

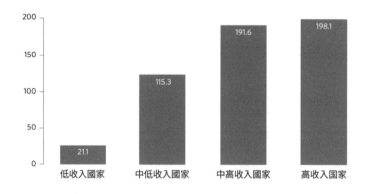

▲ 附圖 2 （來源：The Sustainable Development Goals Report 2022）

有關婦女安全分娩與減少兒童死亡的部分。

在全球醫療技術的提升下，2015 至 2021 年間，全球有 84% 的分娩是在專業的醫生、護士與助產士的協助之下完成的；全球五歲以下的兒童死亡率下降了 14%（每千名活產嬰兒中，死亡者從 43 例約降至 37 例）；而新生兒出生後 28 天內的死亡率，也於同時間下降了 12%（每千名活產嬰兒中，死亡者從 19 例約降至 17 例）。

儘管如此，在 2020 年，全球五歲前死亡的嬰兒還是有 500 萬例。跟世界其他國家相比，撒哈拉以南的非洲地區，五歲以下兒童死亡率依然是世界最高的區域，每千名活產嬰兒中就有 74 例死亡，比歐美兒童死亡的風險高了 14 倍。

傳染疾病方面，因疫情的影響，聯合國加強防治愛滋病、結核病與瘧疾的進展被迫放緩。例如，2020 年，新增結核病和發病的通報率從 2019 年 72% 下降至 59%。同年，結核病發病數的下降放緩至每年不到 2% 的速度，聯合國預估全球的結核病與死亡人數將再度上升。（▲附圖 3）

而 2020 年，全球有 2.41 億瘧疾病例和 62.7 萬瘧疾死亡病例，新增的死亡病例有三分之二與疫情期間瘧疾防治服務的中斷有關。（▲附圖 4）還好，聯合國在預防、控制和消除熱帶疾病方面仍取得了進展。2020年底，有 42 個國家至少消除了一種被忽視的熱帶疾病，如昏睡病、幾內亞線蟲病，病例數都呈現了明顯的下降。

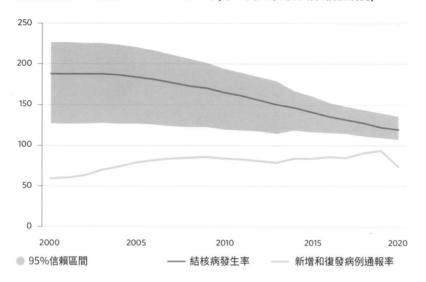

結核病的發生率和通報率，2000-2020年(每10萬人中的新增和復發病例)

▲ 附圖 3（來源：The Sustainable Development Goals Report 2022）

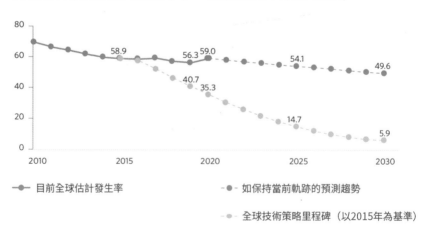

2010-2030年全球降低瘧疾發病率進展的兩種情況：目前維持的趨勢和
實現的全球瘧疾技術策略指標(每1,000名高風險人口中的新增病例)

▲ 附圖 4（來源：The Sustainable Development Goals Report 2022）

SDG 3 健康與福祉・國際案例分享

1. 烏干達 Uganda：
太陽能手提箱 We Care Solar Suitcase

SDG 涵蓋範圍：1,3,5,7,10,13,17

在撒哈拉以南非洲地區，每年有 120 萬婦女和新生兒在分娩或分娩不久後死亡。這些區域普遍貧窮，缺乏電力與基礎醫療設備。婦女們多半在黑暗和不安全的環境下分娩，護理師沒有足夠的照明與器材確認產婦的情況，無法避開產婦與新生兒的死亡風險。為了解決這個問題，美國的勞拉・斯塔赫（Laura Stachel）博士與她的丈夫哈爾・阿倫森（Hal Aronson）共同創立了「We Care Solar」，並設計了太陽能手提箱（We Care Solar Suitcase）。

We Care Solar 的太陽能手提箱，是方便攜帶、經濟實惠，又容易使用的緊急醫療電源裝置。它裝備了一個能運作兩年的電池、一個能穩固安裝於牆上的箱子，以及一個能安裝於屋頂上的太陽能板。它所配載的 LED 燈，能為醫療人員提供七萬小時的緊急照明，並能為小型醫療設備如胎兒心律監測儀、紅外線溫度感測儀供電，也能為其他消費性的電子產品充電。

We Care Solar 的太陽能手提箱
是一個便於攜帶的緊急醫療電源裝置。
（來源：We Care Solar）

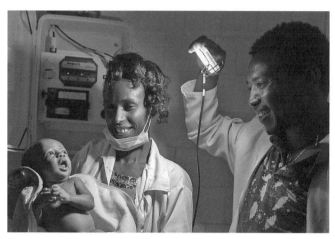

有了 We Care Solar 的
太陽能手提箱，婦女們
能安心的於夜間分娩。
（來源：We Care Solar）

　　We Care Solar 與非洲各國政府提出了「點亮每一個誕生」（Light every birth）的計畫，他們正式簽署合作備忘錄，並嚴格篩選合作衛生中心。這些中心必須：有專業熟練的護理人員提供全天候的婦幼保健，並能夠安裝太陽能板。

　　在使用太陽能手提箱的各地衛生中心表示，當地的醫療服務獲得了顯著的改善，護理人員能更有效率的評估患者，進行緊急程序，並能在夜間確認病人與胎兒的情況。

　　非洲最大的非營利健康組織 Amref Health Africa，在烏干達的 100 家衛生機構中，就 We Care Solar 的太陽能手提箱應用結果進行了為期三年監測，發現夜間分娩增加了 80%，孕婦的死亡率下降了 50%，而待產期的死亡率，更是下降了 63%。

　　截至今日，該計畫已順利於尼日、坦尚尼亞、海地，以及其他 30 個國家進行複製，並為 6,200 個醫療衛生中心配備了 We Care Solar 的太陽能手提箱，順利為超過 750 萬名母親與新生兒提供服務。We Care Solar 仍將持續於電力不足的地區推動太陽能，好為更多婦女、新生兒、患者帶來存活機會。

2. 印度 India：
嬰兒保溫袋 Embrace

SDG 涵蓋範圍：3,7,10,12,17

　　全球每年每 10 個新生兒中就有一個早產兒，超過 200 萬個早產兒因失溫在產後 28 天中夭折，即便能搶救回來，也會罹患難以根除的慢性疾病。在已開發國家，早產兒會被放入保溫箱裡細心的照顧，但在低開發國家，沒有保溫箱，沒有電，只有驚慌失措的母親，想盡辦法用塑膠箱、熱水袋或保溫燈來保護她的孩子。

　　陳姿諭（Jean Chen）得知這些母親的困境，在史丹佛念 MBA 時，她就跟同學研究，只花現有昂貴的嬰兒保溫箱 1% 的成本，促成「Embrace」保溫睡袋的誕生。

　　在產品設計初期，她們來到印度與尼泊爾的偏鄉醫院，想了解當地居民是如何處理這個問題的。

　　她們發現，當地每家小醫院其實都備有來自各地捐獻的保溫箱，奈何供電不穩，導致保溫箱無用武之地。加上當地醫療資源缺乏，從偏鄉走到城市或鄰近社區的醫院就要好幾個小時；孩子一旦早產，母親根本無法及時送進醫院的保溫箱，只能黯然目送孩子死去。

　　這讓設計團隊更加篤定產品的設計方向：一個能具備機動性且不用仰賴電力支援的裝置。最後結合所有需求誕生的 Embrace 保溫睡袋，就是一個方便攜帶，不需特別組裝，也不需插電，就能直接使用的保暖袋。

　　Embrace 保溫睡袋配備了一包可重複用熱水或電熱器加熱的蠟袋，只要預熱，再放回睡袋夾層，蠟袋會在凝固的過程中釋放熱度，以攝氏 37 度的溫度持續給嬰兒供溫四到六小時，這樣的時間，足以讓父母把嬰兒送抵醫院。

Embrace 保溫睡袋
能讓早產兒在恆溫的
環境下安然入睡。
（來源：Embrace Innovations）

專案影片：

　　保溫袋的材質能自行散熱作溫度調節，減少了過熱的問題，而內襯是由醫療級的防水纖維製成，就算嬰兒不穿尿布也不會悶到，尿濕了也只要簡單擦洗就能繼續使用。最重要的是，相較於傳統要價 2 萬美元的保溫箱，它只要 25 美元，完全符合了當初 1% 成本的設計目標。讓貧困的家庭與社區診所都有能力購買。

　　Embrace 保溫睡袋如今已被 22 個國家使用，拯救超過 30 萬名早產兒的生命。而陳姿諭與她的團隊也在印度成立了 Embrace Innovation 公司，持續為守護世界的早產兒努力。

3. 柬埔寨 Cambodia：
幸運小鐵魚 Lucky Iron Fish

SDG 涵蓋範圍：1,3,7,10,12,17

　　全球有近 35 億人受缺鐵症所苦，它可能導致人們貧血、疲勞、虛弱以及發育不全。柬埔寨是全球缺鐵率最高的國家之一，當地的兒童中有一半以上貧血，成年女性約五分之二以上的人常因缺血頭痛或昏厥。

　　早期他們多服用政府分發的鐵質補充劑，但補充劑的副作用大，吃了身體不適，當地人常常拒絕服用。他們真正的救星，反而是一條小巧的小鐵魚。只要把小鐵魚放入鍋中與飯菜一起烹煮 10 分鐘，再加一點檸檬汁，它便能為居民補充大約 7 毫克的鐵，若他們三餐都搭配服用，就能提供人體每天所需的 75% 鐵質，緩和貧血的痛苦。缺鐵症的改善，也提高當地人超過 20% 的生產效率與專注力。

　　小鐵魚的誕生，來自加拿大貴湖大學（University of Guelph）公共衛生研究員克里斯多福・查爾斯（Christopher Charles）的一念之間。

　　他於 2008 年到柬埔寨進行研究時，發現當地兒童普遍發育不良、容易嗜睡，婦女則容易疲勞與頭痛，查爾斯當時就發現，柬埔寨的居民普遍患有「缺鐵症」或「缺鐵性貧血」的問題。

柬埔寨婦女把「幸運小鐵魚」
當作幸運符，能為食物加持，
讓家人更健康。
（來源：Lucky Iron Fish）

　　當地家庭多半貧窮，沒有餘力增加肉類或維生素來補充鐵質。人們因為怕食物有鐵鏽味，也不喜歡用鐵鍋煮菜，更不可能在食物中放入鐵塊一起煮。查爾斯試著改變小鐵塊的造型，從長方形到小圓片，再到小蓮花，全都受到抗拒。直到他參考當地 Try Kantrop 的吉祥小魚做設計，才被柬埔寨婦女接受。她們把小鐵魚當作幸運符，認為在煮菜的時候加入，彷彿食物也被加持了，她們跟家人吃了，也感覺更有活力、更健康。

　　雖然當地人普遍願意試用，但購買的意願很低。一來政府依然會免費發放鐵質補充劑，二是當地居民非常排外，十分抗拒外國人所提供的東西。查爾斯與他的合作夥伴加文・阿姆斯特朗（Gavin Armstrong）決定轉而與已經跟當地建立感情基礎的援助組織合作，讓產品先獲得居民信任再做推廣。這個方法大獲成功，終於讓更多的柬埔寨居民願意把小鐵魚帶進廚房。使用小鐵魚入菜後，他們的缺鐵症也獲得明顯改善。

　　迄今，「幸運小鐵魚」（Lucky Iron Fish）已在柬埔寨幫助了一萬多個家庭。他們現在一邊以批發價的價格向非政府組織出售幸運鐵魚，

一邊在網路上賣鐵魚給西方消費者，主打買一條鐵魚（單價約 19.35 美元）、送另一條鐵魚給柬埔寨的貧困家庭方案，目前網路上每月約可銷售一萬條，相對的，柬埔寨有超過五萬四千多人受到幫助。加文表示，他們會繼續擴展服務到世界上任何受缺鐵症所苦的地方。

專案影片：

4. 印度 India：

感染警報系統 The Infection Alert System

SDG 涵蓋範圍：3,4,6,7,17

　　印度的北方邦、比哈爾邦可說是世界上最貧窮的地方，平均五歲以下嬰幼童死亡率高達 43%，比世界平均數高出許多。致死原因有一半是痢疾與肺炎等可預防的傳染病。當地醫療資源極度缺乏，醫療資訊是手寫的，並以不同語文紀錄。通訊設備落後，多是用老舊的手機。在這樣缺乏醫療服務而資訊又難以普及的地方，很容易交互傳染各類高感染性的病症。特別是印度傳統用手抓飯、用手餵食，更容易直接傳染，導致當地的死亡率高居不下。

　　聯合利華（Unilever）旗下的肥皂公司衛寶（Lifebuoy）一直在關注這個議題，多年來致力在印度推動「讓孩子能活到五歲」的計畫，希望能持續提高當地人對衛生的重視，明白肥皂洗手的重要。這次專案團隊希望在印度這兩個最艱苦的地區，專門設計一個能提醒當地人注意傳染病的通知系統，遂有了「感染警報系統」（The Infection Alert System）的誕生。

　　「感染警報系統」是一個藉由歷史紀錄，預測傳染病會在哪些區域發生的警報程式，它結合了當地 822 個村莊，與超過 34,000 個醫療中心的紙本紀錄，成立了一個新的資料庫，就印度最普遍的 21 種傳染病進行例行檢查，每周確認有無傳染病在擴散，一旦發現附近村莊出現類似痢疾或相關傳染病爆發的跡象，立即啟動警報系統。

　　該系統直接與當地電信公司綁定，平均每周會給當地居民 800 萬個電話語音資訊，提醒居民附近正在流行的傳染病，吃飯前一定要用肥皂洗手，只能吃喝煮過的水及食物。在這個系統試營運的八周內，據估算已經撥打了超過 64 億通語音通知。也因此在這段期間，這兩個區

域的死亡率順利降到 178,000 例。

　　「感染警報系統」在這兩個區域的成功，激勵團隊將計畫擴展到印度的另外六個區域，希望能為當地帶來更多的幫助，同時普及衛生教育。而在印度各區成功後，衛寶又把這個系統帶到了越南，與當地的健康組織 Hellobacsi 合作，以減少越南每年超過 180 萬人感染如 H1NI 等傳染疾病的目標。衛寶表示，他們將繼續加強產品價值，為更多人創造衛生的環境，改善更多人的生活。

「感染警報系統」每周會發訊息
提醒居民附近正在流行的傳染病。
（來源：Branding in Asia）

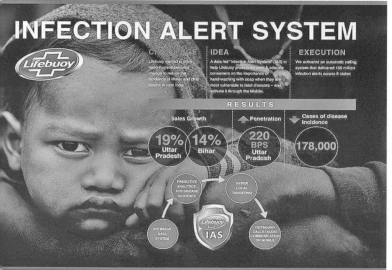

「感染警報系統」藉由普及語音訊息
有效降低印度北方邦、比哈爾邦
居民的死亡率。（來源：Adgully）

專案影片：

5. 中國 China：

熱血江湖手遊的 CPR 復甦術 Back2Life CPR

SDG 涵蓋範圍：3,4,17

　　根據統計，中國每年心臟猝死的人數高達 54.4 萬人次，等於平均每分鐘就有一個人死於心臟衰竭。當全國心肺復甦術培訓合格的民眾不到千分之一，而有人忽然心臟病發時，身邊的陌生人根本不知如何應變，最多就是打電話叫救護車；但紀錄顯示，能撐到醫院並被救活的生存率低於 1%。若當時身邊的人知道如何正確使用心肺復甦術，患者被救回的機率將大幅提高。

　　三星（Samsung）集團注意到了這個問題，希望能提高當地年輕人對於這個問題的認知。中國擁有全球最大的手機遊戲市場，年輕人對遊戲的接納度與附著度高，為什麼不設計一個遊戲，藉由遊戲平台來普及年輕人對心肺復甦術的相關知識呢？三星與香港的創意團隊 Cheil 合作，一同設計出了「Back2Life」這個活動。

　　「Back2Life」以《熱血江湖》作為遊戲平台，進行連續兩周的駭客主題活動。《熱血江湖》是中國知名的多人連線競技場遊戲（MOBA），在競技的過程中，玩家很容易面對死亡，以往為了重新開始遊戲他們會用道具選擇原地復活、重生點復活或直接返回安全區復活，但現在多了一個新的選項，名為「CPR 復活」，他們可以藉由心肺復甦術來救活自己。

　　當玩家點選了「CPR 復活」，遊戲介面會開始引導玩家練習操作 CPR 的步驟，假想他們遇到需要急救的人該怎麼做。例如：先檢查對方的呼吸狀態、打 120 通知醫院、找出患者胸口中間點的位置、以五公分的深度按壓 30 次（玩家要點擊螢幕來操作）、再進行兩次人工呼吸（玩家要對著手機的麥克風吹氣），然後他們就能順利復活，重返戰場開始遊戲。

　　玩家普遍喜愛這個教育系統，在為期兩周的活動期間，已有超過300萬個遊戲玩家使用了心肺復甦術來讓他們的角色復活，當中還不包括他們在過程中的重複次數，這種有趣而簡單的學習過程，已成功而有效的促進了心肺復甦術在中國的普及。

　　這為其他企業與遊戲公司樹立了一個正面的榜樣，各界表示這個活動激發了他們很多創意，未來將會推出更多相似的活動向這個理念致敬。

遊戲介面會引導玩家練習 CPR 的步驟。
（來源：Campaign Brief Asia）

專案影片：

6. 巴西 Brazil：
「下一分鐘」之法 Next Minute Law

SDG 涵蓋範圍：3,4,5

　　這或許很難讓人相信，但在巴西，平均每天會發生約 1,388 宗性侵案，等於每分鐘都有強暴案在發生，每隔幾個小時，就有婦女受到暴力威脅或是殺害，其中八成是不到 14 歲的未成年。案情發生後，受害者多半不知所措，只能忍氣吞聲，有時就連感染了愛滋或不幸懷孕都不清楚。

　　巴西政府認知到了問題的嚴重性，已與國會討論並正式提出相關法律保護受害者。巴西政府與巴西廣告協會、國家檢察署、廣告行銷公司 VML&R 合作，為這個法案設計一個容易記得的名字：「下一分鐘」之法（Next Minute Law）。

　　「下一分鐘」之法規定，巴西所有的公立醫院必須免費為所有遭受性侵或任何暴力侵害的受害者，提供快速的醫療服務。當地的藥局也配合政府的法令，讓避孕藥與愛滋病預防性用藥的取得性增加了八成，減少性病傳染的風險。

　　為了更有效地喚醒民眾的警覺，專案團隊在法令實施日，於全國廣告平台與實體廣告看板，播放他們製作的一個長達 24 小時的影片，影片中每一分鐘就會有一個受害者遇害，提醒女性落單在外千萬要注意安全；若不幸受害，一定要立刻就醫，不要拖延或忍耐。

　　專案團隊用 Google 工具設計了一個軟體，特別標示當地哪些區域為高性侵的熱點區，建議女性應該要避開，若發生不幸，這個軟體可以讓受害者知道最近的醫院與警局在哪裡，立刻尋求幫助。在軟體標示為高風險的陰暗地區，附近的廣告看板刻意裝設了比平常高出六倍強度的燈光，希望嚇阻潛在犯罪。政府除了加強警察的巡邏，也讓當

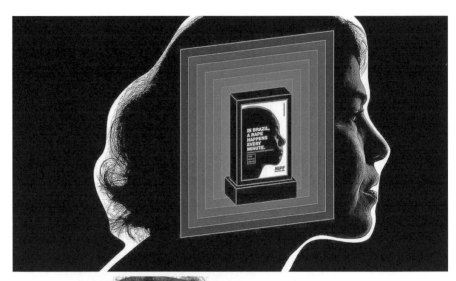

在高風險的陰暗地區，專案團隊將廣告看板的亮度刻意調高了六倍。

（來源：VMLY&R）

地的二十四小時警察局增加到了 30 個。

在政府與專案團隊的努力下，筆者檢查他們近期的紀錄，發現雖然巴西的侵害案件依然在持續發生，但至少從每分鐘發生一次改善到了每十分鐘發生一次。

巴西政府於 2023 年 4 月宣布，他們將持續推廣 Mulher Viver sem Violência（讓婦女能擁有無暴力的生活）相關的政策，並提供整合的服務。為持續減少婦女被侵害與殺害，巴西恢復了 180 的求助專線，新設立了 40 個新的婦女之家（Casas da Mulher），加配了 270 輛警車，並為受害婦女提供相關的職缺，以便她們能爭取經濟自由。

巴西政府肯努力，更多的正義與安全才能得以伸張，也才能讓更多無辜的女性保障身體的安全。

第 4 章／ SDG 4
優質教育 Quality Education：
確保有教無類、公平以及高品質的教育
及提倡終身學習

　　雖然東坡先生笑說：「人生識字憂患始，姓名粗記可以休」，但開卷有益，不分男女都能公平地接受優質教育，又何嘗不是邁向大同之境的永續之路？

SDG 4 優質教育‧細項目標&行為目標

SDG 5 優質教育細項目標

4.1	2030 年前，確保所有的男孩和女孩都完成免費、公平和優質的中小學教育，取得相關且有效的學習成果。
4.2	2030 年前，確保所有的孩童都能獲得高品質的幼兒發展、照護及學前教育，為接受小學教育做好準備。
4.3	2030 年前，確保所有的男女都有公平、可負擔、高品質的技職、職業與高等教育機會，包括大學教育。
4.4	2030 年前，大幅增加掌握技術和職業技能的青年與成年人人數，以備就業、正式工作和創業所需。
4.5	2030 年前，消除教育上的性別差距，並確保弱勢族群可以平等地接受各層級教育與職業訓練，包括身心障礙者、原住民以及弱勢孩童。
4.6	2030 年前，確保所有的青年及大部分成年人，不論男性女性，都具備識字以及算術能力。
4.7	2030 年前，確保所有學子都能獲得永續發展所需的知識與技能，包括永續發展教育、永續生活模式、人權、性別平等、促進和平與非暴力文化、全球公民意識、尊重文化多樣性，以及文化對永續發展的貢獻。

SDG 4 優質教育行為目標

4.a	建立及提升適合孩童、身心障礙者以及性別敏感的教育設施，並為所有人提供安全、非暴力、有教無類，以及有效的學習環境。
4.b	2020 年前，大幅增加全球發展中國家的獎學金數目，尤其是最低度開發國家（LDCs）、小島嶼開發中國家（SIDS）與非洲國家，提升當地高等教育受教率，包括已開發國家與其他發展中國家的職業訓練、資訊與通信科技（ICT）研發、技術、工程和科學項目。
4.c	2030 年前，大幅增加合格師資人數，包括在發展中國家進行國際師資培訓合作，尤其是 LDCs 與 SIDS。

SDG 4 優質教育·全球近況與問題

　　由下面的進度表（▲附圖 1）中我們可以看到，距離 SDG 5 優質教育的目標，世界各國仍在中間的過渡期，若想完全實現讓所有兒童與青年完成教育的理想，還得加把勁才行。

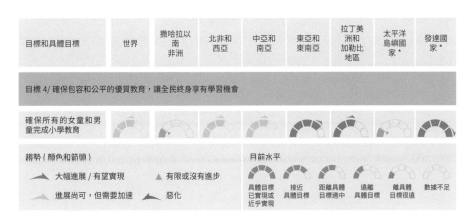

▲附圖 1 （來源：Sustainable Development Goals Progress Chart 2022）

新冠疫情嚴重擾亂了全球的教育系統。

學校的關閉，對兒童學習與身心健康產生了深遠的影響，特別是弱勢兒童、農村與少數民族兒童。從 2020 年至 2022 年，世界各地的學校平均關閉或部分關閉約 41 周，同時間，拉丁美洲與加勒比地區的學校則關了超過 60 周。（▲附圖 2）

其實早在疫情開始前，許多兒童便已缺乏閱讀與算術的基礎知識。根據聯合國 2019 年的數據，在多數已開發國家，初中畢業時達到最低閱讀能力要求的兒童比例為 70% ～ 90%；而在開發中國家，這比例低於 60% 以下，一些低收入國家甚至低至 10% 以下。而在疫情的影響下，這樣的教育差距將大幅增加。該如何縮短這個差距，依然是各國需要努力的目標。

截至 2022 年 5 月，據聯合國統計，烏克蘭有三分之二的兒童背井離鄉，當地有 130 個教育機構、1,500 多所學校被摧毀，所幸數百萬人接受了遠程教學。同年 4 月，近 300 萬學齡兒童參加了線上課程，電視也同步播放教學影片。然而全世界有數以百萬的兒童與青年正面臨與烏克蘭兒童相似的情況，他們的學業被戰爭、災難與其他危機中斷。如何讓這些孩子重新獲得教育，仍是各國政府與教育體系需要認真評估的問題。（▲附圖 3）

學校關閉(無法進行面授)的持續時間，2020年3月至2022年2月(週)

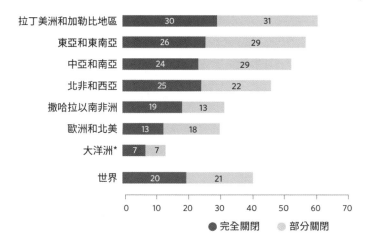

▲附圖 2 （來源：The Sustainable Development Goals Report 2022）

學校重新開學後為學生身心健康採取更多措施，2022年(百分比)

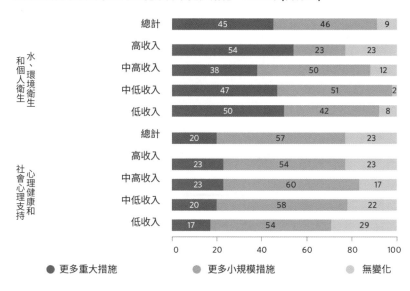

▲附圖 3 （來源：The Sustainable Development Goals Report 2022）

SDG 4 優質教育・國際案例分享

1. 巴西 Brazil：
最棒的線上課程，
Gran Cursos Online 線上教育平台

SDG 涵蓋範圍：1,4,5,8,10

　　疫情開始之前，為了配合忙碌的現代人，各國中小企業早已陸續推出許多線上課程。常見的線上課程多著重外語、商業管理、媒體行銷、程式語言、攝影繪圖等類別，不但昂貴，並且限定次數與時間。

　　人們可能沒想過，有一天會有一個線上教育平台，以實惠的價格提供服務，如公務人員或醫療人員的考試教材與教育課程，甚至還搭配相關的鑑定考試。不限課程數量與觀看次數，甚至讓殘疾與貧困的學生免費。巴西有兩個年輕人加布里埃爾・格蘭傑羅（Gabriel Granjeiro）與羅德里戈・卡拉多（Rodrigo Calado），他們把這個構想變成現實，創辦了「Gran Cursos Online」，好讓所有人都能獲得高品質的教育資源。

　　Gran Cursos Online 提供在線與離線的教育服務，按訂閱方式收費而非課堂內容。訂閱者可以不限次在平台上點閱影片、音檔、PDF課程檔案，甚至是模擬考試。同時，它為學滿時數的學生提供考試認證、語言測試，與鑑定認證。格蘭傑羅表示 Gran Cursos Online 最大氣的是，同意開放課程下載，讓使用者離線時也能隨時觀看。

　　使用者卡蜜拉（Camila Maria Araújo）表示，她愛極了讓她想學多久就學多久的功能，這讓她能同時準備三個考試，分別為聯邦員警、聯邦公路與聯邦區民警的初選。她已經通過了這三個考試，正在等待複試，她期待盡快入職。

除此之外，Gran Cursos Online 也與亞馬遜網路服務（AWS）合作，用人工智慧，將二萬頁的教科書與 PDF 文本轉換為約 87 小時的有聲讀物，免費提供音頻課程給巴西當地 5 萬多名視障人士。它也為超過 120 位需要申請社會補助的貧困學生，提供免費課程，協助他們獲得職能訓練順利就職。更特別的是，為了彌補女性職業上的不平等，設計出女性友善的職能課程，貫徹人人都能靠教育改變生活的核心價值。

加布里埃爾是 Gran Cursos Online 的創辦人兼 CEO。（來源：Neofeed）

Gran Cursos Online 創辦以來，已提供了超過 28,160 門課程與 450 節教育影片，擁有超過 80 多個遠端工作室，以及超過 540 位專業的導師，順利成為拉丁美洲最大的科技教育公司之一；許多學生通過它獲得了公家機關的考試鑑定進入職場，包含高等法院、立法院、憲兵、聯邦警察以及銀行文官。

Gran Cursos Online 提供在線與離線的教育服務。（來源：Metropoles）

Gran Cursos Online 已成為巴西最大與最好的線上教育平台，格蘭傑羅表示，他們會繼續擴增服務，為更多渴望突破環境限制的人帶來學習曙光。

2. 英國 United Kingdom：
用手語說故事 Storysign

SDG 涵蓋範圍：4,10,17

　　全世界有超過 3,200 萬名聽障兒童。但聽障其實不是遺傳，根據統計，超過 90% 聽障兒童的父母不是聽障，也幾乎沒學過手語，難以與孩子溝通。聽障兒童聽不見聲音，無法用音感記住文字，更別說識字。超過一半的聽障兒童因閱讀障礙無法獲得就學許可，而另一半有幸上學的聽障兒童，若非去特殊學校，在一般傳統學校通常難以畢業或是通過鑑定，能順利就業的也不到四成。

Storysign 的主角星星幫使用者把童書內容翻譯成手語。
（來源：Clios）

有了 Storysign，
聽障兒童的父母
能和孩子一起閱讀。
（來源：Hello Partner）

專案影片：

　　在英國，這個問題特別嚴重，當地只有 20 所特殊學校能滿足 45,000 名聽障兒童的特殊需求，其他 78% 的學生只能去常規學校就讀。又因為當地政府的預算削減，過去七年中，聽障老師的名額硬生生減少了 14%，無法為需要的兒童提供援助。中國的手機大廠華為（Huawei）想要改變這個情況，它與倫敦的博達大橋廣告（FCB）合作，藉由手機的 AI 圖像辨識系統，將文字與手語連結了起來，設計了能翻譯故事書的手語軟體「Stroysign」。

　　Storysign 是一個先掃描故事上的文字，再由裡面的主角娃娃星星（Star）為使用者把內容翻譯成手語的軟體。該軟體獲得企鵝出版集團（Penguin Books）的支持，讓它能以 11 國語言翻譯超過上百本童書，幫助聽障兒童更容易學習並記得文字，享受閱讀童話書的樂趣，也讓父母能陪伴孩子，了解他們在學習過程中有什麼反應。

　　該軟體的使用方式十分簡單，使用者先選擇一本兒童讀物，接著在智能手機上打開 Storysign 的軟體，等軟體在 45 度的範圍內辨別到了書上的文字，主角星星就會在辨識出來的單字旁，為使用者做手語翻譯，聽障者就能更容易地把單字與手語串連在一起。

　　專案團隊當初為了確保軟體的實用與正確性，與國際聽障慈善機構合作，在工作室中以 70 多個紅外線攝像機，確實的捕捉與紀錄手語表演者的表情與動作，為軟體的數據庫帶來精準的動畫，再用機器學習的人工智能連結圖文系統，最終創造出完整而流暢的翻譯系統。之後，Storysign 先讓數個家庭與學校進行測試，確認大家都獲得滿滿的收穫，才正式上線。

　　Storysign 是完全免費的手語翻譯服務，現在已推廣到 11 個國家，提供 iOS 與 Android 兩版本給需要的人下載使用，而它實際幫助的聽障兒童與家庭已難以估量。

3. 巴西 Brazil：
積極學校搜索計畫 Active School Search

SDG 涵蓋範圍：4,10,17

　　新冠肺炎疫情於 2019 年的突然來襲，讓全世界陷入混亂。各國為避免疫情加重，只得先封鎖民眾聚集的場所如城鎮、學校、餐廳等，其中，對民眾影響最深遠的就是學校。

　　若在大城市，學校可能還會開啟線上課程，讓老師跟學生互動，但在巴西帕拉州的維吉雅（Vigia），一個只有五萬多居民的小城市，當地的學生就沒有這麼幸運了。學校暫停，對於像在維吉雅小學就讀的 8 歲女孩阿佳塔·梅洛（Ágata Melo）來說，她等於失去了一整年的學業。而跟阿佳塔有同樣處境的孩子，其實非常多。

　　維吉雅市的教育部為這個情況深感憂心，他們緊急與聯合國兒童基金會（UNICEF）、城市教育聯盟（UNDIME）合作，一同創建了「積極學校搜索計畫」（Active School Search），旨在找回每一個被迫或是主動輟學的男孩或女孩，為他們提供幫助，讓他們能盡快恢復正常就學。

　　「積極學校搜索計畫」的團隊是由維吉雅市內所有學校的老師、校長，以及當地志願者所組成。他們戴好口罩，做好必要的防疫措施後，進行地毯式搜索，挨家挨戶的訪查當地居民的孩子是否有上學？是否有學習的困難？他們逐一詢問，記錄孩子們的情況，確認他們幾年級？多久沒有上學了？在其中的一次拜訪中，他們遇到了阿佳塔。

　　阿佳塔表示她很想盡快回去上學，雖然父母輪流教她功課，但她更想回校學習繪畫，十分懷念教室的黑板。計畫團隊幫她重新註冊了附近學校的一年級。現在新老師每周會帶著新的教材來拜訪阿佳塔，有時候會待上幾個小時，幫她釐清學習上的問題。

在「積極學校搜索計畫」的專案團隊幫忙下，阿佳塔終於能回去上學。
（來源：UNICEF）

　　計畫團隊持續不斷的努力，除了阿佳塔，他們找到了 81 位兒童與青少年。團隊為他們重新註冊了學校與課程。現在巴西各州與各城市的教育機構也開始響應，於當地成立新的搜查隊，去尋找尚未返回校園的孩子。他們知道這一切的努力都不會白費，教育間斷的時間盡早縮短，重新就學的困難就會降低，教育程度的落差就不會繼續擴大。畢竟，每一個孩子都值得擁有光明的未來。

4. 印度 India：
打開校門計畫 The Open Door Project

SDG 涵蓋範圍：3,4,5

　　印度是一個階級分明的國家，如果孩子出身弱勢的環境，一輩子陷入貧困循環非常難以翻身。據統計，印度有超過三分之一約 9,000 萬名兒童，被拒於教育體制的門外，可能是因為出身，或是經濟不允許，即便他們可能擁有某些特殊領域的天分，也沒有機會從原石打造成鑽石。

　　對於這樣的情況，有一所學校站了出來，希望能帶來改變。印度的千禧學校（The Millennium Schools）是當地的連鎖國際學校，以英文授課；就等級來說，可算是專門為貴族與上流階層設計的「菁英學校」。但該校很特別的是，他們並不因此端起架子，反而提倡所有的孩子都該接受同樣等級的教育，特別是貧民區與紅燈區的孩子，並為此提出了「打開校門計畫」（The Open Door Project）。

　　「打開校門計畫」的營運方式非常簡單，每天早上八點到下午兩點，屬於正規生的上課時間，上完課後，巴士送他們回去；等到下午三點，校門重新打開，學校的巴士已經從附近把弱勢階級的孩子都接上車，讓他們順利的來到學校。學校提供教室與相關設施，願意留下來當志工或是由其他地方來的志工老師，開始為這些孩子們授課，從下午三點上到五點，再用巴士送他們回去。

　　千禧學校表示，全印度有 35 萬所私立學校，假設大家都能響應這個活動，不用太多，只要每所學校願意接納 100 位弱勢兒童，就能為3,000 萬兒童創造良好的教育機會。

專案影片：

「打開校門計畫」提倡至今，短短兩個月已獲得其他
55 個校園與非營利組織的響應。（來源：Clios）

　　千禧學校與印度 FCB 更為此拍了一部 10 分鐘的形象片，希望能打動更多的人，片名為「Bhukkad」（對知識充滿渴望的孩子）。講述一個紅燈區長大的孩子，對身邊的事情充滿好奇，並對學習新知充滿了渴望，他向母親的客人學習、跟婦人一起看鯰魚、跟陌生人學習用英語背誦詩人華滋華斯的名作《水仙花》，在影片的最後出現了「打開校門計畫」的字樣，並歡迎所有像主角般對學習充滿熱忱的孩子來參加。該影片在印度的新德里紅燈區播放，同時，千禧學校承諾為 24 名在紅燈區工作者的子女提供獎學金，鼓勵他們來上學。

　　「打開校門計畫」提倡至今，短短兩個月已獲得全印度其他 55 個校園與非營利組織的響應，紛紛加入計畫。他們相信，只要有心，就能帶來改變，只要確保未來所有印度的孩子都能得到良好教育，受教權利不受階級限制，那麼，最終受益的將是整個國家。

第 5 章／ SDG 5
性別平權 Gender Equality：
實現性別平等，並賦予婦女權力

你能想像在高舉人權大旗、號稱自由民主的台灣，最高學府的台大，經濟系學生會會長候選人的「政見」，竟然有「A 罩杯以下女生國防必修二學分，ㄐㄐ十公分以下要上家政課」嗎？

談性別平權，台灣真的還有好長的路要走。

SDG 5 性別平權·細項目標&行為目標

SDG 5 性別平權細項目標

5.1	終結所有對婦女和女童的各種形式歧視。
5.2	消除在公共和私人領域對女性的各種形式的暴力，包括人口走私、性剝削及其他形式的剝削。
5.3	消除各種有害的習俗，例如童婚、未成年結婚、強迫結婚，以及女性割禮。
5.4	透過提供公共服務、基礎建設與社會保護政策，認可並重視無償的照護和家務工作，並依各國國情，推動家人應共同分擔家事責任。
5.5	確保婦女能充分、有效地參與政治、經濟、公共決策，並在各層級都享有參與決策領導的平等機會。
5.6	根據國際人口與發展會議（ICPD）行動計畫、北京行動平台，及其檢討成果書，確保人民普遍享有性、生育健康與生育權利。

SDG 5 性別平權行為目標

5.a	根據國家法律進行改革，賦予婦女平等的經濟資源權利，以及獲得土地與其他形式的財產、金融服務、繼承與自然資源的所有權與掌控權。
5.b	加強科技使用能力，特別是資訊與通訊技術（ICT），以提升婦女權力。
5.c	採用及強化完善的政策與可執行的立法，以促進兩性平等，並提升各個階層女性的權力。

SDG 5 性別平權・全球近況與問題

在性別平權全球進度表（▲附圖 1）中，我們可以發現，在消除童婚與確保女性在國家議會上有平等的參與權上，各國仍需付出更多的努力，才能加速達到真正的性別平等。

世界上仍普遍存在針對婦女與兒童的暴力行為。根據聯合國統計，全球年齡在 15 歲及以上曾有伴侶的女性，有 26%（約 6.41 億）一生中至少遭受過一次因親密伴侶或丈夫導致的身體或性暴力。

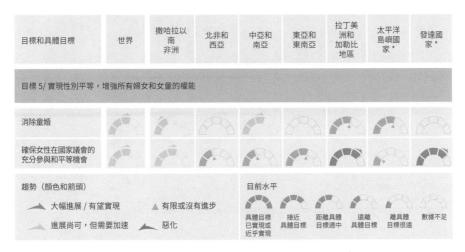

▲附圖 1 （來源：Sustainable Development Goals Progress Chart 2022）

在 2007 年至 2021 年間，全球 15 歲～ 49 歲已婚或同居的女性中，只有 57% 在性關係、懷孕、生殖護理上能做出自主決定（▲附圖 2）。

聯合國呼籲各國應該重視這些問題，並加強當地的援助計畫，幫助婦女與兒童能早日遠離加害分子，並受到妥善保護。

關於童婚的部分，過去五年，全球的童婚降低了約 10%。然而在 2021 年，仍有接近五分之一的女性在 18 歲前就結婚了。

童婚率最高的地區主要集中在撒哈拉以南的非洲和南亞地區。聯合國預估，到 2030 年，將會有一億一千萬的女童面臨童婚的風險。除了童婚外，另一項依然存在的有害風俗是女性生殖器切割（俗稱割禮），直至今日，在許多低收入的開發中國家，此一習俗依然如 30 年前一樣普遍，仍有超過 2 億的女童與婦女遭受割禮的荼毒。要想達到 2030 年完全終止此習俗的目標，這些國家的教育推展還需再加快 10 倍。

15-49 歲的女性自己作出性關係、避孕和生殖醫療保健方面的知情決定的比例，2007-2021 年最新數據（百分比）

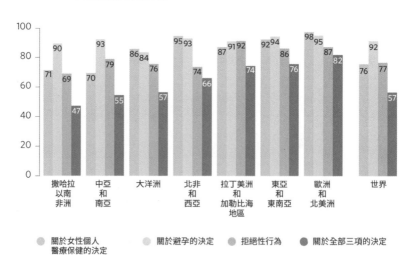

▲附圖 2（來源：The Sustainable Development Goals Report 2022）

女性參政方面，截至 2021 年底，在全球各國議會中，女性的佔比達到了 26.2%，與 2015 年的 22.4% 相比，有明顯的增長。但按這樣的成長速度，要在各國議會之中實現男女平等還需要 40 年。

就業上，全球擔任管理階級的女性，雖於 2015 ～ 2019 年由 27.2% 增長至 28.3%，但這一比例從 2019 年開始便未再增長過（▲附圖 3）。根據聯合國統計，在疫情開始之前，2019 年，婦女全球就業人口約為 39.4%。但在 2020 年，全球失業的人口中，婦女就佔了 45%。聯合國呼籲各國仍需加強相關的數據管理，才好知道實際差異，以便列出改善目標，才能把平權口號轉化為行動。

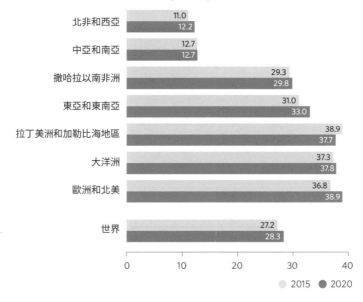

擔任管理職的女性，2015年和2020年 (百分比)

地區	2015	2020
北非和西亞	11.0	12.2
中亞和南亞	12.7	12.7
撒哈拉以南非洲	29.3	29.8
東亞和東南亞	31.0	33.0
拉丁美洲和加勒比海地區	38.9	37.7
大洋洲	37.3	37.8
歐洲和北美	36.8	38.9
世界	27.2	28.3

● 2015　● 2020

▲附圖 3（來源：The Sustainable Development Goals Report 2022）

SDG 5 性別平權・國際案例分享

1. 甘比亞 Gambia：
讓割禮者放下刀子 Dropping of the knife

SDG 涵蓋範圍：3,5

　　直到二十一世紀，女性生殖器切割（俗稱割禮）的儀式（▲註1），依然存在著。

　　在非洲西部的甘比亞，割禮是非常普遍又根深柢固的文化。根據甘比亞的人口健康調查（Demographic and Health Survey），當地15歲～49歲的婦女有73%受過割禮，其中65%的人在5歲生日時被切割。

　　聯合國人口基金會（United Nations Population Found，簡稱UNFPA）決心加快消除割禮的腳步，積極與甘比亞當地政府、基層部門合作，並支持甘比亞保護婦女與兒童健康習俗委員會（GAMCOTRAP）聯合當地弱勢社區，提出「放下刀子」（Dropping of the knife）計畫，讓割禮者、女孩與她們的監護人一同參與，提高她們對割禮的正確認知，讓她們自願停止。

　　「放下刀子」計畫讓當地人開始理解，割去女性生殖器官在心理跟生理上帶來的長期影響。世襲割禮師薩爾喬（Sarjo Touray）表示，在參加這項活動之前，她深以自己的工作為榮。她從家人與族長繼承這個傳統，一直相信割禮是女孩的成年儀式，是一種純潔的象徵，保護女孩們的權利與福祉。但「放下刀子」讓她面對血淋淋的證據與專家分析才知道，她引以為傲的傳統，阻礙了女孩的發展，傷害了女性的健康。她自願棄刀，希望能保護更多女孩不再受割禮之苦。

「放下刀子」計畫已順利讓甘比亞
各地社區中 1,000 多名割禮師
選擇棄刀。（來源：UNFPA）

　　計畫團隊在活動後會徵詢與會者意願，為割禮者舉辦棄刀儀式，讓
她們宣誓從今往後不再執行割禮，確保當地婦女的健康和尊嚴。

　　這項計畫推廣以來，甘比亞各地社區已有 1,000 多名割禮師選擇棄
刀，並加入宣導團隊，協助其他地區脫離割禮。

　　2021 年，在 CAMCOTRAP 與 UNFPA 的努力下，甘比亞已為上河
區、下河區及北岸區 25 個社區舉辦過棄刀儀式，並正式宣布這些社區將
被標示為無割禮區。

　　她們承諾加快甘比亞國內的推廣，希望新生代，不再受到割禮威脅，
擁有更多的身體自主權。

▲註 1
女性生殖器切割（female genital cutting，FGC）又稱女性割禮，世界衛生組織
WHO 就此定義為：「包括所有涉及為非醫學原因，部分或全部切除女性外生殖器，
或對女性生殖器官造成其他傷害的程序。」

2. 印尼 Indonesia：
推廣永續的衛生棉 Meeting the pad

SDG 涵蓋範圍：3,4,5

在印尼，每六個女孩便有一個會在月經期間選擇逃學。因為資源匱乏，她們沒有夠用的衛生棉，學校也缺乏女生廁所，讓她們能安心整理自己。

說來可能難以置信，但根據聯合國兒童基金會（UNICEF）的調查，在印尼平均每三所學校就有一所缺少女廁，只有無性別廁所。多半的學生負擔不起拋棄式的衛生棉，學校也沒有預算為她們準備用品；各種因素加總，女學生更排斥生理期間上學。

印尼最貧窮的省分之一巴布亞（Papua），更是把女孩的月經視為禁忌話題，特別是當地的男性。只有迪米亞奴斯・戴克（Demianus Dike）不一樣，他是一個對女孩的衛生健康充滿使命的男性。他擔心女孩們總是在經期缺課，會影響學業，決心代表諾肯巴布亞基金會（Noken Papua Foundation），與 UNICEF 和區政府合作，於森塔尼（Sentani）主辦為期三天有關女孩經期健康管理的課程。

課程的參與者有來自當地小學與初中的 20 名女孩與 6 名男孩、他們的老師與校長。學生們有一個神聖的任務，他們將被培訓為健康幹部，在課程結束後，返回學校向同學推廣經期衛生教育。培訓期間，迪米亞奴斯除了教導月經知識和保健，更手把手教他們製作可重複使用的衛生棉。

他首先把社區現成乾淨的布分配給學生，然後展示如何量測大小、描圖、剪布、按衛生棉尺寸縫合、再把剩餘的布剪掉，一個可以簡單使用的衛生棉就完成了。

當地學生在為期三天的經期健康管理課程中學習如何製作衛生棉。（來源：UNICEF）

　　培訓非常順利，其中一名巴布亞學校的校長薩洛米娜‧沃利（Salomina Wally）表示受益良多，將會把課程帶回學校，帶領學生學習製作衛生棉。而男同學終於了解女孩為何每個月會有幾天不適，其中六年級的吉斯頓承認以前對月經有太多誤解，以後不會再就這個問題欺負女生了。

　　因著在巴布亞的成功，UNICEF 已與印尼官方溝通，希望把這樣的教育課程納入主流教育，好讓更多的學校能為女學生創造一個更友善更安全的環境。

3. 馬拉威 Malawi：
能取代童婚的社會實驗
Child marriage vs Public donation

SDG 涵蓋範圍：3,5

　　非洲東南內陸的馬拉威共和國以湖聞名，儘管風景美麗，它仍是世界上最不發達的國家之一。當地雖然以農業為主，但因政府腐敗，社會動盪，整個國家發展緩慢，至今依然嚴重依賴國際援助維生。在這樣貧困的環境下，當地童婚的習俗十分盛行。在馬拉威，幾乎每兩個婦女就有一個在 18 歲前結婚，童婚率至今維持在 40% 左右。

　　根據調查，當地的父母其實並不願意早早把稚嫩的女兒嫁出去，為何仍有 42% 的女孩未及 17 歲就被嫁掉？蘇黎世大學經濟系的研究者賽門（Simon Haenni）與吉列爾梅（Guilherme Lichand）在馬拉威當地調查後發現：盛行童婚的區域，童婚被視為一種社會規範，

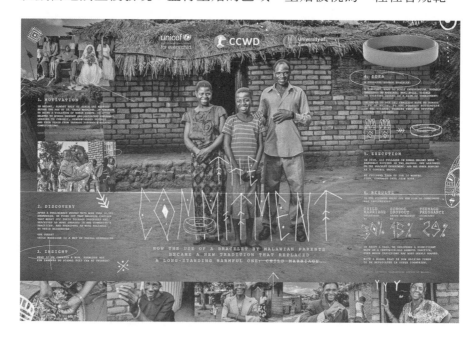

家長讓年幼的女兒嫁到別人家做勞役，便是幫助別人。不這麼做，便會被其他人貼上自私、不懂回饋、不可信任的標籤。為了避免被社會排斥，只得犧牲女兒。

賽門與吉列爾梅的研究團隊想出以「玉米捐獻箱」的活動，與UNICEF、兒童福利和發展中心（CCWD）、馬拉威的官方單位合作，在當地 412 個村莊中，隨機進行四種不同情況的社會實驗。

他們在村子中間設立一個又大又明顯的捐獻箱，只要有熱心公益的人願意捐兩斤玉米給窮困家庭，研究團隊就回贈一個紅色橡皮手環。捐獻者通常會直接把手環戴在手上，讓大家看到他為社區做出了貢獻。有趣的是，越是積極舉辦童婚的地方，慈善行為越多。

公共捐贈活動意外成功，短短五周內收集了約 50 斤玉米。在活動16 個月後，研究團隊對各村莊進行了一次調查，發現當地童婚次數確實減少了 30%，也減少了 15% 的提早輟學與 29% 未成年懷孕。

這個實驗結果顯示，妥善樹立社會形象的方式，確實能有效改善傳統社會弊病。研究團隊已把完整的論文《Harming to Signal: Child Marriage vs Public Donations in Malawi》公布在網路上方便各國參考，他們會持續普及類似捐獻活動，協助降低其他貧窮國家的童婚比例。

研究團隊藉由捐獻玉米的活動，讓馬拉威的居民能用另一種方式回饋社會。
（來源：Daniel Thomer）

專案影片：

4. 吉爾吉斯 Kyrgyz：
白色幔帳 Koshogo

SDG 涵蓋範圍：5,16,17

　　在撒哈拉以南的非洲、高加索與中亞部分地區，特別是吉爾吉斯，綁架新娘（ala kachuu）十分常見，甚至被居民視為一種文化傳統。當地超過三分之一的婚姻，都始於搶婚。

　　男子可以在光天化日下從路上把女孩劫走，在父母與親友的協助下，強迫對方與自己成婚。遭搶的女孩會被迫坐在白色幔帳下，或是披上幔帳，形同默許這場婚姻；隔一陣子，男方就會去女方家提親。女孩在被搶婚的過程中，完全沒有拒絕的權利；男方甚至會用強姦的方式逼迫女方就範。就算好不容易逃出魔掌，當地人也不再接受她。女孩若執意離婚，更會遭受家族與親友唾棄、甚至詛咒。

　　儘管當地政府已於 2013 年正式禁止搶婚，當地居民與執法單位依然默許這個傳統。直到 2018 年的一天，布魯萊（Burulai Turdaly-kyzy）

「白色幔帳」的專案團隊把白布掛在吉爾吉斯的道路上。　（來源：The One Club）

被馬爾斯（Mars Bodoshev）搶婚，疼愛女兒的父親立刻報警。警察把兩人帶回警局，在疏於防範之下，馬爾斯伺機一刀刺死布魯萊，這件事引起軒然大波。也讓莫斯科的電影公司 Leo Burnett 與吉爾吉斯的當地媒體 KLOOP 決心提出「白色幔帳」（Koshogo）的活動，呼籲當地居民跟全球一起關切吉爾吉斯逐漸失控的搶婚問題。

專案團隊希望藉由懸掛白布，提高眾人對搶婚議題的關注度。（來源：Sostav）

「白色幔帳」的活動推行得比想像中困難，大多數的受害者怕遭受報復拒絕參與。專案團隊只好改變做法，最後以收集受害者的故事，再把故事寫在不同的白布上，掛在吉爾吉斯的道路、特別是之前發生過搶婚的位置，讓眾人觀看，引發議題的關注度。意外的是，當地許多組織響應了他們的活動，有餐廳希望可以把白布幔擺在門口，也有藝術中心邀請他們針對這項專題策展與演講。

「白色幔帳」的活動不只在當地，也在全球獲得響應。迫使吉爾吉斯總理不得不出面，更改搶婚政令，加強罰則與罰金，並把布魯萊之死執法不當的警員警長，以及其他依然支持搶婚習俗的 26 位執法人員集體革職。

而後，聯合國婦女署（UN Women）把這個活動複製到中東地區，希望能減少當地的婦女受害，帶來更多的兩性平等與女性自主。

5. 黎巴嫩 Lebanon：
新國歌 The New National Anthem Edition

SDG 涵蓋範圍：5

　　黎巴嫩一直以來面臨嚴重的經濟危機，它的公債比例高居世界第三。根據世界銀行的調查，政府多年執政不當，黎巴嫩幾乎三分之一人口生活在貧窮線之下。當地整體失業率為 25%，青年失業率已達 37%。當地居民沒有穩定的電力、缺乏安全飲用水、沒有醫療保健以及穩固的網路訊號，日子過得十分艱苦。

　　2019 年，黎巴嫩政府表示經濟情況惡劣將加重課稅，終於引爆群眾不分教派性別，揮舞著黎巴嫩的國旗走上街頭，要求總理下台。10月29日，總理正式辭職。當全國進入歡慶的時候，當地的老牌報紙《An Nahar》趁勢推出「新國歌」特刊，把過往沒有女性的國歌，加入了女性角色。一方面向已跟當地男人一同上街兩周的勇敢女性致敬，一方面希望藉此賦予婦女更多的權力，能用更為緩和的方式領導革命。

　　「新國歌」特刊的呈現方式十分簡單，一樣是傳統的排版，但這次改以女性做為主角，該版被稱為「Naharouki」（妳的一天），並以向女性問安的格式做為開頭。該特刊的頭版印著滿版的「新國歌」。其實說新，也只是在舊有的國歌裡面多加了幾個字，它把原來國歌第四行的「我們的高山與峻谷，誕生了堅強的男人」（Our mountain and our valley, they bring forth stalwart men）改成了「我們的高山與峻谷，誕生了堅強的女人與男人」（Our mountain and our valley, they bring forth stalwart women and men）。

　　「新國歌」開始普及後，專案團隊同時與黎巴嫩最知名的歌手合作，請她錄製歌曲，並在女性革命家遊街的時候播放。專案團隊不只把「新國歌」印在報紙上，也把它展示在《An Nahar》的辦公大樓上。

《An Nahar》趁勢推出「新國歌」特刊，其名為「Naharouki」（妳的一天）。（來源：D&AD）

專案影片：

該位置靠近貝魯特烈士廣場，對當地有意參與革命的女性來說十分具有激勵效果。

　　「新國歌」的推廣活動很快引來全球關注，獲得各國媒體的報導，也順利讓黎巴嫩的新政府中，女性部長的人數增加了 400%，達到有史以來最多。20 人組成的內閣，多了 6 位女性閣員、1 位女性副總理，更出現了阿拉伯國家有史以來第一位女性國防部長。她們上任後，「新國歌」也真正成為黎巴嫩人的新國歌。

　　看似平凡的活動，實則已為黎巴嫩的性別平權往前邁了一大步。

第6章／ SDG 6
淨水及衛生
Clean Water and Sanitation：
確保所有人都能享有水、衛生及其永續管理

　　春雨不來，台灣傳出旱情時，知名的日月潭「九蛙疊像」全露現形。人們彷彿才知道，有水足用、有淨水可喝，這可不是天經地義的事。如今世上仍有數十億的人，缺乏乾淨水資源與衛生環境生活，因而成為聯合國關切的永續項目。

SDG 6 淨水及衛生・細項目標＆行為目標

SDG 6 淨水及衛生・細項目標

6.1	2030 年前，實現所有人均能普遍和公平獲得安全且可負擔的飲用水。
6.2	2030 年前，讓每一個人都享有合適且平等的衛生設備，並杜絕露天大小便行為，特別注意婦女、女童及弱勢族群的需求。
6.3	2030 年前，透過減少汙染、消除傾倒廢物、減少危險化學物質與材料釋放等方式改善水質，將未處理廢水的比例減半，並提高全球水資源回收率與安全再利用率。
6.4	2030 年前，大幅提升各個產業的用水效率，確保永續的淡水供應與回收，以解決水資源短缺，並大幅減少面臨缺水問題的人數。
6.5	2030 年前，全面實施一體化的水資源管理，包括適時地跨界合作。
6.6	2030 年前，保護及恢復與水有關的生態系統，包括山脈、森林、濕地、河流、含水層和湖泊。

SDG 6 淨水及衛生行為目標

6.a	2030 年前，擴大對開發中國家的國際合作與能力培養支援，協助其水資源、衛生相關的活動和計畫，包括雨水蓄集、海水淡化、提高用水效率、廢水處理、水資源回收再利用技術。
6.b	支援及強化地方社區參與，以改善水與衛生的管理。

SDG 6 淨水及衛生・全球近況與問題

　　由於人口的快速成長，城市的擴張，以及各國長時間對淡水、地下水的過度開採與汙染，已經嚴重損害了相關水資源的生態系統。想在 2030 年前達標，我們還有很長的路要走。

　　由進度表 (▲附圖 1) 我們可以看到，在安全飲用水的推廣部分，經過各國的努力，2015 年～ 2020 年間，全球使用安全飲用水的人口比例由 70% 提高到了 74%。但同年，仍有 20 億人無法獲得這項服務。根據聯合國統計，按照目前的速度，到 2030 年，全世界仍有 16 億人無法獲得安全的飲用水。

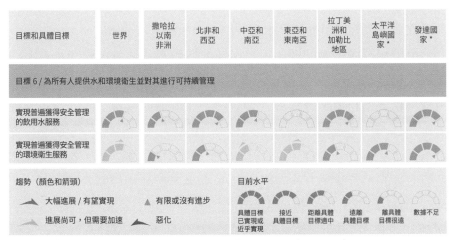

▲附圖 1 （來源：Sustainable Development Goals Progress Chart 2022）

　　而在安全衛生服務方面，到了 2030 年，全球仍將有 28 億人口無法獲得衛生的環境。但，露天便溺有望消除，家有肥皂及洗手設施也有望達標。聯合國呼籲，各國仍需想辦法將目前的推廣速度提升三倍。（▲附圖 2）

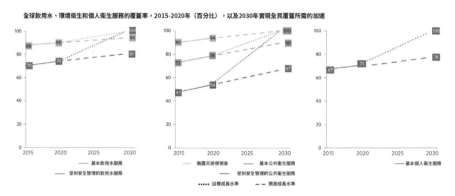

全球飲用水、環境衛生和個人衛生服務的覆蓋率，2015-2020年（百分比），以及2030年實現全民覆蓋所需的加速

▲附圖 2（來源：The Sustainable Development Goals Report 2022）

　　在水質方面，因為檢測儀器的缺乏，全球仍有 30 億人無法得知他們賴以維生的水資源是否安全。如何防止農業以及其他未處理的廢水直接汙染河流、湖泊與含水層，進而破壞生態系統，依然是各國急需快速處理的問題。聯合國呼籲大家，特別是在人口快速增長的地區，加速改進耕作管理和提高廢水處理率，以保護淡水品質。

　　至於水資源壓力的問題，當已抽取的淡水量佔可再生淡水資源的總量比超過 25% 時，就會出現水資源壓力。它不單會對生態環境造成威脅，也會遏止當地經濟與社會發展，並增加使用者之間的競爭與衝突。2019 年，全球水資源壓力已達到 18.6%。雖然還在安全範圍（安全水平為 25% 以下），但平均值掩蓋了巨大的區域差異，像是北非和西亞面臨的水資源壓力就高達 84.1%。（▲附圖 3）根據聯合國統計，全球有 10%、超過 7.33 億的人，生活在水資源壓力較高或超過 75% 的國家，因此，提高水資源的利用效率可以緩解水資源壓力。

水資源壓力水準：淡水抽取量佔再生淡水資源總量的比例，2019年(百分比)

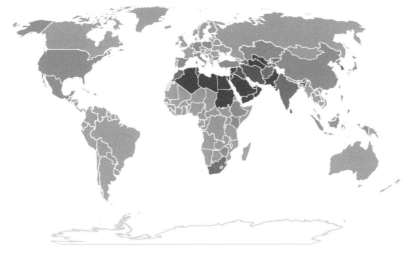

● 臨界 (>100)　　● 高 (75–100)　　● 中 (50–75)

● 低 (25–50)　　● 無壓力 (0–25)　　● 無數據

▲附圖 3（來源：The Sustainable Development Goals Report 2022）

　　關於共享水域的部分，全球有 153 個國家與他國共享跨界河域、湖泊與含水層。為確保這些水域能得到永續的利用與管理，聯合國呼籲各國為水資源的分配妥善合作與安排。2020 年，撒哈拉以南非洲的國家中，僅有 1% 左右跨界水資源納入永續運作。為加快進展，仍需各國協助彼此解決各區含水層的數據差異，並擬定全球水資源公約和跨界含水層法的條款草案。

SDG 6 淨水及衛生・國際案例分享

1. 衣索比亞 Ethiopia：
捕捉霧氣的瓦爾卡水塔 Warka Tower

SDG 涵蓋範圍：1,2,3,4,6,17

　　非洲的衣索比亞，沒有公共設施，沒有水井，沒有穩定的電力維持水泵系統，人民取水困難。乾淨的水十分匱乏，實在口渴，居民只能飲用未過濾的髒水，導致每年至少 50 萬人死於腹瀉。某些村莊，人民要步行六個多小時才能找到飲用水。為了減少疾病與貧窮，縮短人民尋找水源的時間，衣索比亞急需一個無需仰賴電力、不須高昂成本就能獲得的淡水來源。

　　義大利的建築師阿圖羅・維托里（Arturo Vittori）實現了這個願望。他創造了捕捉空氣中的水氣來收集淡水的瓦爾卡塔（Warka Tower）。

第一座瓦爾卡塔設立在衣索比亞，外觀看起來像一個 10 公尺高的巨大花瓶。（來源：Warka Water）

第一座瓦爾卡塔設立在衣索比亞，外觀看起來像一個 10 公尺高的巨大花瓶，神似當地的無花果樹瓦爾卡，故而名之。

以竹架作為主結構，用燈心草穩固，上面纏著數百平方公尺由尼龍製成的細網，這些細網用來捕捉晨霧，讓露珠能順著重力落入底下的過濾系統，流入地下水箱。水箱外接水龍頭，口渴的人只要轉開水龍頭便能獲得乾淨飲用水。每當霧季到來，瓦爾卡塔便會不斷蓄水。乾旱時，只要晚上溼氣夠重，依然能靠冷凝蓄水。

維托里表示，他們的水箱容量從 1,600 升到 10 萬升不等。一座高約 5 公尺的小水塔，可以滿足 50 人的用水需求，約 25 公尺高的塔可以滿足 250 人的需求。

瓦爾卡塔的運作方式主要依靠重力、空氣與風來完成，完全不需仰賴電力或其他特別的儀器。配載的水塔由生物降解材料製作，容易清洗，一周之內便能搭建完成，技術門檻相當低。整體而言，瓦爾卡塔成本低廉，易於維護，又能用當地的永續材料製作，可幫助更多的人獲得可負擔的潔淨水。

瓦爾卡塔唯一缺點是仰賴露水採集，這種俗稱「輻射冷卻」的方式，只有設立在濕度高或是常有濃霧的地方，才能帶來較高的效益。

研發團隊除了繼續於衣索比亞與其他非洲國家推廣、架設瓦爾卡塔，他們也打算敲開更多低開發國家的大門。因應各國狀況，會選用當地天然材料製作。之後他們將在西非的多哥以及海地蓋塔，會把竹子改成棕櫚葉，方便當地修建。

維托里表示，他的發明已經順利為非洲偏遠的村莊每天提供 25 加侖的飲用水。當人們縮短搜索水源的時間，一定更樂於投注心力在生產力和教育上。

2. 瑞典 Sweden：
不仰賴任何能源的永續廁所 ECOLOO

SDG 涵蓋範圍:3,6,9,11,13,14,17

　　馬來西亞的蘇萊納・札哈林（Zuraina Zaharin）是一名狂熱的登山家，在一次攀登喜馬拉雅山的過程中，她深深被公共的坑式廁所震撼，穢物堆積，充滿惡臭。當地居民處理穢物，直接倒在露天廣場中，極易造成自然水域的汙染。喜馬拉雅山上惡劣的如廁環境，給了蘇萊納解決問題的使命感。她決定與瑞典的伊瑪德・阿吉（Imad Agi）一同創立「ECOLOO」，設計出不需要仰賴任何能源就能使用的永續廁所。更特別的是，它能省去外接廢棄物處理的設備，直接靠微生物分解，把汙水溶解成永續使用的有機肥料。

　　ECOLOO 是一個生態友好的行動廁所，基座是由纖維加強的塑料製成（FRP），輕巧耐用，方便移動、安裝、維護。不需要外接水或其他的能源，是一個獨立的生態廁所。

　　使用前，工作人員先將一小罐特殊調配的微生物加水攪拌，讓它們活化，接著把它們放入廁所中，使用者便可開始如廁。活化的微生物在基座中會直接將穢物分解成無異味的微小顆粒，再轉化成天然肥料，適於有機農業使用。

　　這種副產品沒有讓人害怕的異味，也不含病原體，只要加水便能施肥澆灌友善環境。一小罐的微生物可以使用一個月，每月重新補充就能繼續運作。為世界上沒有水、化糞池或是汙水處理廠的地方提供了解決方案。偏遠或環境惡劣的地區，譬如高山、河岸、島嶼、船隻或其他交通工具上也非常合適。

　　目前全球已有 25 個國家以購買或租賃的方式使用 ECOLOO 的生態廁所。例如在約旦的世界遺產旁安裝了 10 間廁所，於女性弱勢的地方如西非的獅子山國，在女校裝了 20 間女子專用廁所，更在蒙古國的蒙古包中裝了 50 間廁所，保護人們冬季不用在零下攝氏 50 度的室外如廁受凍。

　　ECOLOO 將繼續為全球住民解決露天便溺的問題，他們持續與更多國家洽談合作，相信日後更多人在能源不足的情況下，仍可享受衛生乾淨的如廁環境。

聯合國教科文組織與 ECOLOO 購買了廁所，設立在約旦佩特拉古城旁邊。（來源：ECOLOO）

專案影片：

3. 秘魯 Peru：
可以用來淨化河流的肥皂 AWA

SDG 涵蓋範圍：3,6,17

早在數個世紀以前，秘魯就由印加帝國繼承了「河邊洗衣服」這項文化遺產。當地人多半獨居或是僅跟親人住在一起，很少與相隔遙遠的鄰舍有交集，只有聚在河邊洗衣服時，可以輕鬆聊天交換資訊交流感情。只是，在洗衣服的過程中，她們使用的肥皂與清潔劑會直接融入河水，把賴以維生的水源給汙染了。

當地居民習慣用同一條河的水清洗食物、洗澡和洗衣服，並在未完全過濾的情況下直接飲用。水源越來越汙濁，居民的健康也每況愈下，備受傳染病與胃病所苦。秘魯的礦泉水品牌 Andea 看到了這個問題，決心與創意團隊 Fahrenheit DDB 一同找出解決辦法。

Andea 希望居民繼續維持河邊洗衣服的傳統文化，但如何改良她們使用的清潔用品，是一個艱難的挑戰。研發團隊在研究過程中，意外發現一種獨特的微生物，或稱益生菌，它們能吃掉、中和河流中的汙染物，並使水源的品質提高 75%。研究團隊改良了肥皂的配方，把這些微生物加入肥皂之中，歷經兩年努力，這種能友善環境清潔河流、同時也能清洗衣物的「AWA」肥皂終於誕生了。

在洗滌的過程中，「AWA」肥皂會釋放顆粒到水中，這些顆粒直接融入河水、附著在石頭或藻類上，一段時間後，便會開始分解、中和河裡的汙染物，達到超乎意外的淨化效果。

專案團隊初步選在秘魯一個名為瓦卡瓦希（Huacahuasi）的地區進行實驗，他們把肥皂免費分發給當地的居民。當地的婦女先試著用水盆搭配肥皂清洗，發現唯一差別是，洗出來的水清澈而非乳白色，便安心地帶著肥皂跟衣服去河邊搓洗。研發團隊在她們使用肥皂幾天

專案影片：

Andea 希望它的「AWA」肥皂，不但能讓當地居民
在河邊洗衣服，還能同時淨化河川。（來源：Andea）

後，檢測水質，發現汙濁的河水潔淨度恢復了 75%，證明當地的實驗
非常成功。

　　全球現有超過 1.59 億的人，需要仰賴天然而未經處理的水資源
如河溪、湖泊、池塘來生活。為了減少人民飲用汙染的水引發疾病，
Andea 把肥皂的配方直接開放給各國政府、非營利組織、社會企業與
肥皂製造商，希望他們善用資源，共同為永續環境盡一分心力。

4. 美國 United States：
能過濾汙水的淨水書 The drinkable book

SDG 涵蓋範圍：3,4,6,17

　　全球每年有超過 340 萬人因飲用未淨化的水死亡。但，有時候人們無法辨別哪些水不能飲用。

　　為了減少非洲與其他未開發國家的飲水健康問題，WATERisLIFE 與卡內基美濃（Carnegie Mellon）、維吉尼亞大學（the University of Virginia）的頂尖專家合作，開發出一款能「淨化汙水的書」，又稱「淨水書」（The drinkable book）。

　　「淨水書」的設計理念來自於泰瑞莎（Theresa Dankovich）博士發明的淨化濾紙。每一張濾紙都用金屬銀的奈米粒子包覆，這個材料能殺死導致如霍亂、大腸桿菌、傷寒等疾病的細菌。實驗證明，只要汙水經過它的淨化，超過 99.9% 的細菌都能被殺死，淨化結果能媲美已發展國家殺菌過後的自來水。

　　濾紙、或可說是書本的每一頁，都以食品級的墨水用英文或是當地語言印著：「在您村莊中的水源或許含有可能致死的疾病，但本書的每一頁都是一張濾紙，它能幫您淨化水源，安全喝水。（The water in your village may contain deadly diseases. But each page of this book is a paper water filter that will make it safe to drink.）」等警句。

　　「淨化書」的使用十分簡單，首先打開書本，沿著虛線撕下一張濾紙，把它插進隨書附贈的白色塑膠濾盒中，再倒入被汙染的水，過濾後的水即可直接飲用。若不想使用塑膠濾盒，也可以把濾紙捲起來使用，效果同樣良好。濾紙的成本不到幾分美元，十分低廉。重點是非常耐用，每張濾紙一次能過濾 100 公升的水，平均每片濾紙能讓使用者過濾三十天的乾淨用水，一本書則能為使用者過濾四年的用水，

成本效益非常高。更重要的是它非常輕，容易攜帶，特別適合偏鄉或落後的國家使用。

　　實驗與專案團隊在各國資金的支持下，已陸續把一千本「淨水書」帶到迦納、肯亞、孟加拉、海地、印度等 25 個地區國家進行實測，確認它在不同的水質、不同的細菌與環境下依然能維持淨水效果。經過檢驗，過濾後的水質全都通過聯合國要求的安全標準，但是否能殺光所有的細菌依然有待觀察。

　　淨水書迄今仍是實驗室的產物，無法正式量產。主要是每一頁的濾紙從製作、印刷、曬乾到裝訂得超過 60 個小時。泰瑞莎博士表示，研究團隊正努力縮短製程，希望能早日量產上市，解民所苦！

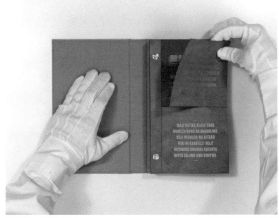

把「淨化書」的濾紙插進隨書附贈的白色塑膠盒中，濾後的水可直接飲用。
（來源：WATERisLIFE）

專案影片：

5. 孟加拉 Bangladesh：
淨化金屬砷的濾水器 Drinkwell

SDG 涵蓋範圍：1,3,4,6,17

　　孟加拉長期受重金屬砷的問題所苦，砷汙染影響孟加拉 3,500 萬人，每五人就有一人致死，年平均死亡人數甚至超過 5.6 萬人。

　　由於孟加拉地下的砷礦滲入了地下水，水裡的砷含量變得極高。當地超過 97% 的飲用水和農田灌溉水皆來自地下水，以至砷汙染威脅大增。砷無色無味，居民根本防不勝防，只有皮膚上出現大量黑斑，才發現自己嚴重中毒，也可能衍生心臟病與癌症。

　　孟加拉出生的明哈吉・喬杜里（Minhaj Chowdhury），想起死於砷中毒的爺爺，決心阻止居民繼續飲鴆止渴。明哈吉與奧亞納博士（Arup K SenGupta）一同創辦了「Drinkwell」的淨水系統，在孟加拉蓋了第一座淨化砷的淨水工廠與無數個自動取水機。

Drinkwell 淨水系統已為當地
提供了 7.1 億升以上的水。
（來源：Drinkwell）

Drinkwell 的淨水系統主要是靠鐵砂與可再生使用的 HIX 樹脂球，分離水中的砷、氯與其他有害物質。過濾器把分離出來的汙染物處理掉後，淨化出來的水會被存入大水塔中備用。

早期濾水系統設立在居民家，並定期替換濾水器，但成效不佳。明哈吉決定改變做法，他把 Drinkwell 的淨水系統改成如 ATM 般的自動取水機，讓居民購買儲值卡自由取用。若按月訂購，每天 20 升的水約 0.05 美元到 0.12 美元。當地居民只要帶著儲值好的小藍卡，去自動取水機的感應器嗶一下，把帶來的水桶放到水龍頭下，按下確認鍵，水龍頭就會嘩啦啦地供水了。當地居民繳付的月費，則被明哈吉拿來維修基礎設備。

目前 Drinkwell 淨水系統已為當地低收入地區提供了 7.1 億升以上的水。居民每天都會帶著水桶來裝水，把鮮花花束掛在自動提水機的藍色鐵皮屋上，表示內心的感恩與支持。

該系統現在已順利擴及印度和孟加拉，成立了 30 多家水工廠，Drinkwell 公司在孟加拉首都設立了超過 290 個自動取水機，並形成了系統網路，順利為當地 10 萬多人提供服務，創造了 430 多個工作崗位。

明哈吉不但希望孟加拉人遠離砷中毒，也期待其他受砷威脅的亞洲國家如柬埔寨、越南、尼泊爾等，能快速獲得安全可負擔的水資源。

明哈吉把 Drinkwell 的淨水系統改成如 ATM 般的自動取水機，讓居民購買儲值卡自由取用。（來源：Drinkwell）

6. 塞內加爾 Senegal：
將排泄物淨化為飲用水的全能處理器
Omniprocessor

SDG 涵蓋範圍：1,2,3,6,7,17

　　知名微軟創辦人比爾・蓋茲（Bill Gates）退休後，透過蓋茲基金會，致力改善全球居民的生存環境，特別是影響 20 億人的衛生問題。

　　一次契機，蓋茲基金會看到了傑尼克生物能源公司（Janicki Bioenergy）用汙水產生電力的提案，欣賞該設備的多功能性，基金會決定為他們提供基金，讓他們改良之前的設計，重新開發一個能為發展中國家提供能源的汙水處理系統。兩年後，傑尼克公司做到了，研發出了全能處理器（Omniprocessor）。

　　全能處理器是一個集發電設備、焚燒設備與淨水系統於一身的「全能」處理機。這一台機器大約有兩輛美國校車並排停放的大小。運作原理很簡單，首先把人們的排泄物放上運送帶送去煮沸，焚燒過程中產生的蒸汽被轉化為電力，分離出的水經過一千度的高溫殺菌與過濾後，則被淨化為可飲用的純水，比爾・蓋茲就在現場喝過，並上了國際媒體新聞版面。

　　全能處理器每天能接受來自 10 萬人的排泄物，並藉此生產 250 千瓦的電力與 8.6 萬升的飲用水。該設備的原型一開始在美國製造，後來拆解到西非塞內加爾的達喀爾進行實驗。

　　塞內加爾每年有 3,000 多人死於不潔飲水和環境。當地多使用無水沖洗的廁所，社區人員要挖出排泄物送去準備好的土坑，過程中極易造成汙染傳播疾病。全能處理器在當地順利運轉，現在能將達喀爾每天約 700 噸的排泄物轉換成電力與水，大幅降低致死疾病。

專案影片：

傑尼克公司的全能處理器，能把汙水淨化成飲用水，
比爾・蓋茲就在現場喝過。（來源：THE GATES NOTES）

　　塞內加爾環境衛生研究項目協調人姆巴耶・穆貝古爾（Mbaye
Mbeguere）表示，現在達喀爾約三分之一的排泄物都已用全能器來處
理，不僅幫助他們獲得更多的飲用水、電力，就連焚燒後剩下的灰渣
都能為建築工程使用。

　　未來，傑尼克公司與蓋茲基金會將把全能處理器的營運權轉交給
塞內加爾政府，讓它能永續經營下去。之後，他們會把塞內加爾的成
功經驗，複製轉移到非洲與其他開發中國家，幫助當地改善缺水缺電
的衛生環境，讓更多人有餘力提高經濟力與生產力。

第7章／SDG 7
可負擔的潔淨能源
Affordable and Clean Energy：
確保所有的人都可取得負擔得起
可靠、永續及現代的能源

夏天來了，電價要漲、限電的討論又起，有沒有可靠又負擔得起的能源可用，其實一直都是我們的切身問題啊。

SDG 7 可負擔的潔淨能源·細項目標&行為目標

SDG 7 可負擔的潔淨能源細項目標

7.1	2030 年前，確保所有人都能取得可負擔、可靠和現代化的能源服務。
7.2	2030 年前，大幅增加再生能源在全球能源結構中的比例。
7.3	2030 年前，使全球能源效率改善率成長一倍。

SDG 7 可負擔的潔淨能源行為目標

7.a	2030 年前，加強國際合作，以提升清潔能源研究與技術，包括可再生能源、能源效率、更先進與清潔的石化燃料科技，並促進對能源基礎建設與清潔能源技術的投資。
7.b	2030 年前，擴大基礎建設並升級技術，向開發中國家提供現代化及永續的能源服務，尤其是最低度開發國家（LDCs）、小島嶼發展中國家（SIDS）和內陸開發中國家（LLDCs）。

SDG 7 可負擔的潔淨能源・全球近況與問題

在疫情的影響下，不斷上漲的物價與能源組件，增加了全球太陽能、風力發電與生物燃料的生產與運輸成本。全球仍有數以億計的人口無法用電，有 24 億人無法使用乾淨的燃料烹飪，每天暴露於呼吸汙染的危險環境當中。（▲附圖 1）

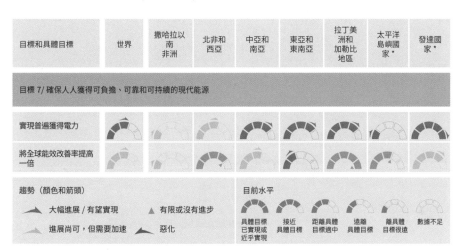

目標和具體目標	世界	撒哈拉以南非洲	北非和西亞	中亞和南亞	東亞和東南亞	拉丁美洲和加勒比地區	太平洋島嶼國家 *	發達國家 *
目標 7/ 確保人人獲得可負擔、可靠和可持續的現代能源								
實現普遍獲得電力								
將全球能效改善率提高一倍								

趨勢（顏色和箭頭）

▲ 大幅進展 / 有望實現　　▲ 有限或沒有進步

▲ 進展尚可，但需要加速　　▲ 惡化

目前水平

具體目標已實現或近乎實現　接近具體目標　距離具體目標適中　遠離具體目標　離具體目標很遠　數據不足

▲附圖 1 （來源：Sustainable Development Goals Progress Chart 2022）

在全球電力普及方面，全球電力的接入率 2010 年是 83%，十年後提高到 91%。同一時間，無電人口從 12 億減少到 7.33 億。2020 年，全球無電人口中，約四分之三生活在撒哈拉以南非洲的農村區。（▲附圖 2）在非洲和亞洲的發展中國家，因苦於受疫情衝擊而崩盤的經濟壓力，多達 9,000 萬已接電力人口無法繼續負擔電費。

若按目前的步調下去，到 2030 年，全球仍將有 6.7 億人得不到電力服務。

在過去十年間，有條件使用乾淨的烹飪燃料的人口比例增加到了 69%。目前該技術的推廣多集中在巴西、中國、印度、印尼和巴基斯坦。

聯合國希望各國政府應加強關注家庭因空氣汙染所引發的健康問題，並加速推動對應措施。

而在全球能源消耗總量的部分，根據聯合國統計，在 2019 年，電力只佔全球最終能源消耗佔比的五分之一。熱力依然佔全球最終能源消費量的一半，改善的進展依然十分緩慢。同年，在交通運輸所用的再生能源佔比已達到 3.6%，比九年前增長了 1%。而生物性燃料的使用，如燃燒木材取暖等則持平，卻仍佔 2019 年可再生能源使用量的三分之一以上。聯合國呼籲各國，仍需加強當地的政策支持，才能有效改善能源使用情況。

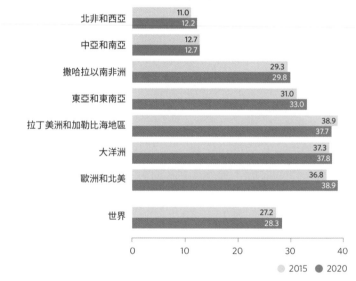

▲附圖 2（來源：The Sustainable Development Goals Report 2022）

　　至於改善能源效率方面，2030 年的目標是能源使用效能可改善 2.6%，這將會是 1990 年～ 2010 年間所觀測的兩倍速。為了能彌補之前落後的差距，到 2030 年，能源效能的改善率需提高到年平均 3.2%。目前唯一實現能源效率改善目標的區域是東亞與東南亞，在強勁的經濟推動下，它們 2010 年～ 2019 年的年均改善率為 2.7%。(▲附圖 3)聯合國希望各國加速落實改善計畫，使各類別的能源能獲得最符合成本效益的使用。

初級能源強度年均增長率，1990-2010年和2010-2019年(百分比)

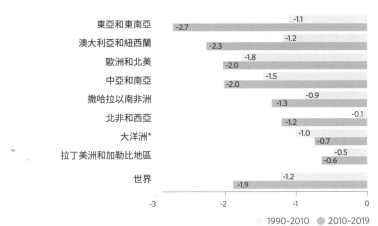

* 不包括澳大利亞和紐西蘭。

▲附圖 3（來源：The Sustainable Development Goals Report 2022）

SDG 7 可負擔的潔淨能源·國際案例分享

1. 印度 India：
提供零碳能源的生物分解器 Sistema.bio

SDG 涵蓋範圍：1,2,3,5,7,10,12,13,17

　　世界上 80% 以上的糧食都是由小農供應，不論種稻還是畜牧，一定程度上仍會影響氣候變遷，特別是當小農露天焚燒動物排泄物與廢棄植物時，帶來更嚴重的空氣汙染。為了降低環境汙染，幫助農民善用天然廢料製造有機肥料與零碳能源，墨西哥發跡的生物系統公司（Sistema.bio）研發出了生物分解器。

　　生物分解器能把動物排泄物轉換成沼氣，一種可再生的生物燃料。既能供電給家用爐火與保暖系統，還能驅動農民日用的農具機械。

　　生物分解器由一至多個沼氣池組成，採用回收塑膠材料，搭配外接管道與連接器，輕鬆串連家中的電器、烹飪爐與農具機械。

　　外接管道方便農民提取有機肥料灌溉，組裝快速易於維護。農夫只要把動物排泄物倒入沼氣池，產生化學反應，就能供應能源。這項技術取法於自然，是一種厭氧消化過程（anaerobic digestion），就像人類的腸胃接受食物後自然代謝一樣。

　　生物系統公司在印度推展時發現，當地的小農分兩種：一種是自給自足少量出售型的，另一種是市場穩定企業型的。他們因此提供客製化的服務，並會先讓使用者理解生物分解器的概念，再派專人組裝設備，提供培訓，定期檢查客戶的使用情況，做到全方位的服務。

　　印度當地已有 4 萬多個農家開始使用生物分解器。他們十分驚艷，透過這個系統，居然能獲得源源不絕的肥料與能源，讓營運成本下降，農作物產量上升。印度婦女也喜出望外，只要一扭開生物燃料烹飪爐，

印度當地已有
4 萬多個農家開始
使用生物分解器。
（來源：Sistema.bio）

生物燃料烹飪爐讓婦女
能乾淨而輕鬆的烹飪，
不用再花時間積存燃料。
（來源：Sistema.bio）

專案影片：

就能乾乾淨淨的烹飪，不用花時間積存燃料，也不受濃煙燻人，甚至
因此多出了學習與就業的時間。

　　生物系統公司預計，2023 年在印度會再增加安裝 4 萬個單位。目
前已由墨西哥、印度，擴展到了肯亞和拉丁美洲，希望在未來三年內
能覆蓋全球二十多萬農民，讓全球農業產量翻倍，居民能享有更乾淨、
更安全的永續能源。更多的零碳環境，才會帶來更美好的地球。

2. 賴索托 Lesotho：
太陽能生物燃料烹調爐 ACE One

SDG 涵蓋範圍：1,3,5,7,8,10,13

備餐時間，撒哈拉沙漠以南的非洲地區，居民正在搬木柴升火煮飯。這些能源支出，有時候會佔到一個家庭收入的 20% 左右。當婦女用明火或是簡陋的爐子做飯時，她們會直接暴露在有毒的濃煙之中，而這正是 WHO 常說的家庭空氣汙染（HAP）。

根據調查，每年有超過 430 萬人死於家庭空氣汙染，死亡人數比死於愛滋與瘧疾感染的人還多。如何改善非洲能源設施，為住民提供更乾淨的烹飪環境，一直是賴索托非洲乾淨能源公司（African Clean Energy，簡稱 ACE）琢磨的課題。它終於想出辦法，設計出了 ACE One，一個不單能提供無煙烹飪，還能提供照明與手機充電的多功能烹飪爐。

ACE One 是目前最乾淨的無煙烹調爐，它比一般爐台燃料少 50% ～ 85%，能有效燃燒任何固態的生物材料，小自玉米殼大到椰子殼，任何農業殘餘物與動物糞便都能處理。

使用者會拿到一個生物燃料烹飪爐、一個小的太陽能板與一盞小的 LED 燈。烹飪爐的底部由耐高溫的不鏽鋼製成，旁邊分別開了幾個孔洞方便通風，中間有兩個接頭，一個可連結太陽能板，另一個則是 USB 的插座，連接 LED 燈或是手機充電都沒問題。烹飪爐的鍋底設有風扇，只要它從太陽能板獲得足夠的電力，便能透過與空氣的互動點燃爐中的生物燃料。當爐上的火熊熊燃起，婦女們架上鍋子就能開始煮飯了。

為了幫助貧困線下的居民，ACE 特別提供 12 到 16 個月的小額貸款，讓每天僅能靠 2 美元生活的客戶可以先使用 120 美元的產品，再按能力依日還款，不收利息。居民替換了乾淨能源，同時也遠離了煤炭帶來的呼吸疾病。經濟效益提高，婦女也增加了自由運用的時間。

ACE One 由一個生物燃料烹飪爐、一個小太陽能板與一盞小 LED 燈所組成。
（來源：African Clean Energy）

在 ACE One 的幫助之下，婦女們能遠離空氣汙染，
用更乾淨的能源煮飯。（來源：African Clean Energy）

專案影片：

　　根據 ACE 在賴索托的調查，7,000 名使用太陽能
生物燃料烹飪爐的客戶，每個月能節省超過 83% 的能
源開支，其中 95% 已不再購買煤油。

　　ACE 後續將於柬埔寨、烏干達與其他的非洲國家
做推廣。讓深陷家庭空氣汙染與能源缺乏的居民，都
能享有可負擔的能源與乾淨的烹飪環境。

3. 肯亞 Kenya：
可以負擔的家用太陽能系統 M-KOPA

SDG 涵蓋範圍：1,3,4,7,9,10,11,12

非洲肯亞有五百萬戶以上的居民，生活在沒有電力的部落。當地只有 30% 的人家裡有電視。當地人願意在烈日下徒步好幾公里，到鄰近村莊的餐廳看電視。他們對於知識和資訊的渴望，超過所有人的想像。

傑西．摩爾（Jesse Moore）與他的團隊為了解決當地缺電與資訊匱乏的問題，創立了「M-KOPA Solar」，並研發了一款 16 吋的太陽能電視機、一套小型家用太陽能系統。這套人人都能負擔的電力系統深受當地歡迎，它以用多少付多少（Pay-as-you-go）的方式，讓貧窮線下的人優先使用，再以對方可負擔的方式付清餘額。

M-KOPA 提供的家用太陽能系統是由一塊太陽能板、一個蓄電池、四個 LED 燈泡、一個含 USB 插座的充電器，和其他可選用的設備如收音機或是電視機等所組成。整套售價 200 美元左右，大約是肯亞家庭每年煤油照明的金額。

M-KOPA 提出的方案是：預付 35 美元用戶就能把全套設備帶回家。使用者可以用手機的電子帳戶如 M-Pesa 或其他銀行帳戶自動扣費，每次扣美元 45 分，平均一年後便能獲得該系統的擁有權，不用再繳付電費或是租賃費。

M-KOPA 開發出一套，
人人都能負擔的
家用太陽能系統。
（來源：M-KOPA）

　　用戶確定購買，會有工程師上門組裝，或由居民把太陽能板擺到屋簷上，連接上家裡的電器。太陽能電視可以接肯亞三十個免費無線頻道，可看包含連續劇、各類運動賽事以及當地新聞。

　　根據 M-KOPA 的銷售調查，已於肯亞售出近 100 萬套小型家用太陽能系統，超過 14 萬個小商店因提供充電服務獲得了額外收入。它豐富了當地居民的生活，擴展了資訊的傳播。最棒的是，電視提高了當地的識字率，創造了良好的社會效益。

　　M-KOPA 現已由肯亞擴展到烏干達、坦尚尼亞、尼日和其他的非洲國家，在東非獲得極高的市佔率，覆蓋率已超過 63 萬個家庭。它現在正持續往世界其他缺電的地方加速開拓，目標是 2026 年在非洲建立超過 2,000 萬名新客戶，幫助更多人輕鬆獲得乾淨而永續的能源，增加資訊的可得性，提高生活環境與經濟條件。

有了 M-KOPA 的家用太陽能系統，肯亞的居民可以看新聞、連續劇與運動賽事。（來源：M-KOPA）

4. 哥倫比亞 Colombia：
鹽水電燈 WaterLight

SDG 涵蓋範圍：3,7,9,10,11,12

　　你能接受沒有電的生活嗎？根據調查，傳統化石燃料將在 52 年內告罄，全球迫切需要找到新的能源方案，而且最好是再生能源。當各國政府絞盡腦汁選擇最有效率的能源時，生活在南美洲最北端，靠近哥倫比亞的瓜希拉半島（Guajira peninsula）上被遺忘的原住民瓦尤人（Wayúu），已經擁有了解決方案。

　　他們離群索居，遠離城鎮，四周被加勒比海環繞。日常依賴木材與煤油，為避免引起火災，他們不在晚上工作。每當有電力需求，好比幫手機充電，就得走上好幾公里，才能找到一處靠近城市的電源供應站。為了解決電力問題，再生能源的新創公司 E-Dina 和創意公司偉門智威（Wunderman-Thompson）共同開發設計了「鹽水電燈」（WaterLight）。

　　「鹽水電燈」是一個便於隨身攜帶的可移動式化學電燈。它利用鹽水、如海水或尿液中的電解質，與鎂產生化學反應生成電能。圓柱狀外殼是烏拉班木製作，電燈底部設有電路，頂部有一個含有孔洞的蓋子，方便加入海水，也方便電燈排出化學反應時產生的氫氣。每次電量用完，使用者只需把舊鹽水清空，重新裝進約 500 毫升的海水，就能續用 45 天。每盞燈平均壽命約為二到三年，可以重複使用超過 5,600 小時。它比太陽能與風力發電穩定，持續使用也不會斷電。

　　「鹽水電燈」的底座附有 USB 插座供手機或其他小型電子裝置充電。當「鹽水電燈」超過使用額度時，它的燈殼也能直接回收，對環境十分友善。

　　一盞小「鹽水電燈」預估能照亮「8.4 個無電人口」。如今，瓦尤

人能提著燈隨處移動，不需再為了充電走上好幾公里路。可以在夜間捕魚時當作誘餌，也能放在室內做主照明。婦女有了明亮的廚房客廳，可以在一起編織，陪小孩念書寫作業。

　　專案團隊持續把「鹽水電燈」推廣給敘利亞、索馬利亞、尼日、加彭共和國等，讓當地獲得更多機動性的能源。隨著全球難民危機的增加，「鹽水電燈」也可以作為緊急應變能源，方便國際慈善或非營利組織提供給移民。專案團隊將繼續研發相關產品，努力降低產品成本，確保「鹽水電燈」的價格能變得更親民。

鹽水電燈是一個
便於隨身攜帶的
可移動式化學電燈。
（來源：WaterLight）

有了鹽水電燈，
婦女可以在夜間編織，
陪小孩念書或寫作業。
（來源：WaterLight）

專案影片：

5. 肯亞 Kenya：
重力燈 Gravity Light
SDG 涵蓋範圍：3,7,9,10,11,13

　　煤油燈昂貴又危險，全球仍有 13 億以上的人在使用。特別在肯亞，每七個人就有一個人沒電可用，即便知道煤油有害健康，仍有超過 68% 的肯亞居民不得不用。根據調查，長期使用者容易燒傷、眼睛感染、呼吸道損害、產生癌症，也容易造成空氣汙染。平均每盞煤油燈燃燒 4 個小時，就能製造 100 公克的二氧化碳。

　　來自倫敦的馬丁‧瑞迪福（Martin Riddiford）和他的夥伴吉姆‧里夫斯（Jim Reeves）對這些問題無法視而不見，加上受到慈善機構太陽能援助（Solar Aid）所發起的「用 LED 燈取代煤油燈」的挑戰激勵，決定設計出一種比太陽能更便宜、更方便，能在開發中國家使用的能源。歷經四年的努力，他們研發出了「重力燈」（Gravity Light），一個僅靠重力就能生成電能的 LED 燈具裝置。

　　「重力燈」是由一個能懸掛牆上的燈具裝置，與一個可以承裝沙子或石頭的袋子組成。使用方式容易，先把燈具裝置在牆上掛好，再用約 12 公斤的石頭或沙子裝滿袋子，掛回燈具，袋子的重量便會驅動裝置的齒輪組，藉由袋子下降時的速度與動力驅動裝置裡的直流發電機發電，使 LED 燈發亮。

　　使用者每動一次提袋，它的下降過程就可以產生約 25 到 30 分鐘的電能，亮度是一般煤油燈的六倍，安全性高，也不會引發火災。為了方便老弱婦孺或身有殘疾的客戶使用，加配滑軌設計，讓使用者可以在 3 秒內把袋子重新舉起或放下。90% 嘗試過重力燈的人，都願意用它取代煤油燈。

　　重力燈外接能源的部分，能為一般 AA 與 AAA 的電池充電，也能

外接其他的四個燈泡組成一個小型家庭套組，方便家裡其他的成員使用。更酷的是它能為調頻收音機供電，這對靠收音機接受教育的國家極具意義。專案團隊已為肯亞當地的家庭裝置超過 3,000 多盞燈。

重力燈目前已經穩定於中國生產，並於肯亞組裝，為當地創造就業機會與經濟條件。最近幾年，他們又推出了重力燈的進階產品「手拉燈」（NowLight）。它能讓使用者直接藉由拉扯塑膠鍊產出新的動力能源生成電，它也能搭配可攜帶式燈泡或是充電器使用。它比重力燈更輕、更方便，也更具機動性。現在手拉燈已開始做測試。

創造人人負擔得起的永續能源，是他們時時渴求進步的動力。

「重力燈」是一個僅靠重力
就能生成電能的 LED 燈具。
（來源：Deciwatt）

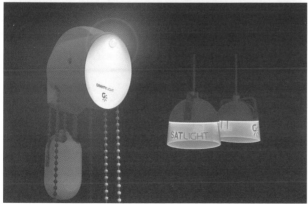

進階產品「手拉燈」，
藉由拉扯塑膠鍊所產出的
動力生成電能。
（來源：Deciwatt）

6. 獅子山 Sierra Leone：
最佳能源利用震動為全國供電
Optim Energy

SDG 涵蓋範圍：3,7,9,10,11,12,13,15

　　獅子山共和國的能源十分短缺，全國只有 26% 的人口享有電力。當地居民普遍貧窮，在農村地區，只有約 6% 的人能用上電。人們砍伐樹木作為柴火，當地森林與植被受到破壞，直接導致更多天然災害如土石流與洪水的發生。當地對於廉價煤油發電機與柴火的嚴重依賴，也使火災頻傳。

　　在獅子山貧民區出生的杰里邁亞‧索隆卡（Jeremiah Thoronka）一直把當地能源匱乏的問題放在心裡，直到他 17 歲在盧旺達（Rwanda）上大學時，研發出一個能靠震動生成電能的壓電裝置。為了能在獅子山推廣並實際應用這個壓電設備，這位青年創辦了「最佳能源」（Optim Energy）公司。

　　杰里邁亞與當地政府、學校、社區合作，把最佳能源的壓電裝置埋在獅子山交通繁忙、行人眾多的道路下方，只要居民在上面走路、車子呼嘯而過，就能藉由震動、熱能、壓力與動能生成電力，供給當地的家庭與社區使用。最佳能源的電力生成系統，最大優勢是不用看天吃飯，它不像太陽能跟風能高度仰賴天氣，也不像水力發電擔心枯水。只需要人們移動的動能就能發電。它非常的乾淨，也間接解決了碳排放的問題。

　　杰里邁亞先在自己的家鄉、獅子山北部的馬卡沃（Makawo）和佛里敦東部的昆托魯（Kuntoluh）的社區進行測試。僅用了兩台最佳能源的電力生成設備，便順利為 150 戶家庭與 15 所學校免費供電，讓1,500 位居民與 9,000 名學生直接受益。

在獅子山共和國的農村地區，只有約 6% 的人能用電。（來源：Getty Images）

　　有了穩定乾淨的能源供應，人們不再大量砍伐森林，生態環境得以喘息復育。燈光驅趕黑暗減少犯罪。居民也不再受煙霧與煤氣之苦，保住了健康。

　　特別的是，杰里邁亞還設計了一個線上的能源效率計算器（EEOC），免費開放給所有人使用，幫助居民了解正在使用的電器需要多少能源。他也在學校開設專屬課程，教導學生與居民理解為什麼需要對環境負責？什麼樣的消費行為會帶來負面影響？杰里邁亞除了提供永續能源，更想讓大家認知永續的重要，提醒大家善待環境。

第 8 章／ SDG 8
合適的工作及經濟成長
Decent Work and Economic Growth：
促進包容且永續的經濟成長
讓每個人都有一份好工作

　　錢多事少離家近，大概是許多人渴望的「合適的工作」吧？然而這畢竟可望不可得，來看看聯合國永續工作的意義，這才是真正能讓人人享有的好工作啊。

SDG 8 合適的工作及經濟成長・細項目標&行為目標

SDG 8 合適的工作及經濟成長細項目標

8.1	依據國情維持人均經濟成長，尤其最低度開發國家（以下簡稱 LDCs）的國內生產毛額（GDP）成長率，每年至少需達 7%。
8.2	透過多元化、技術升級與創新，實現更高水平的經濟生產力，包括將焦點集中在高附加價值與勞動密集產業。
8.3	推動開發導向的政策，促進支持生產活動、創造合宜就業機會、創業精神、創意與創新，並透過提供財務服務等方式，鼓勵微型與中小企業實現正規化與成長。
8.4	2030 年前，逐步改善全球的資源使用與生產效率，依據「永續消費和生產的十年計畫」（10-year framework of programmes），努力使經濟增長與環境退化脫鉤，且已開發國家應成為表率。
8.5	2030 年前，實現全面生產性就業，且每個成年人都能獲得合宜工作，包括青年與身心障礙者，並具同工同酬的待遇。

8.6	2020 年前，大幅降低失業、未受教育或培訓的青年比例。
8.7	立即採取有效措施來消除強迫勞動、結束現代奴隸制度、人口販賣，確保禁止與消除最惡劣形式的童工，包括童兵的招募使用，並在 2025 年終結一切形式的童工。
8.8	保護勞工的權益，為所有工人創造安全和有保障的工作環境，包括外籍移工，尤其是婦女移工以及從事危險工作的勞工。
8.9	2030 年前，制定及實施政策推動永續觀光旅遊產業，以創造就業機會，並推廣地方文化與產品。
8.10	強化國內金融機構的能力，鼓勵且拓展所有人取得銀行、保險和金融服務的機會。

SDG 8 合適的工作及經濟成長行為目標

8.a	提高給開發中國家的貿易協助資源，尤其是 LDCs，包括向 LDCs 提供貿易相關技術援助之強化整合框架。
8.b	2020 年前，制定及實施青年人口就業的全球策略，並落實國際勞工組織的「全球就業協議」（Global Jobs Pact of the International Labour Organization）。

SDG 8 合適的工作及經濟成長・全球近況與問題

　　新冠肺炎的爆發，造成全球十年來最嚴重的經濟危機。2021 年雖已陸續恢復，失業情況有所改善，但離復甦仍遙遙無期，由進度表（▲附圖 1）中我們就可以看出來。

　　在人均經濟成長的部分，根據聯合國統計，全球人均國內生產總值於 2019 年增長了 1.4%，於 2020 年下降了 4.4%，又於 2021 年以

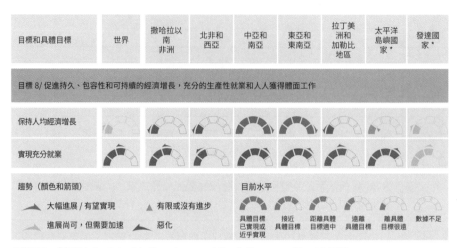

目標和具體目標	世界	撒哈拉以南非洲	北非和西亞	中亞和南亞	東亞和東南亞	拉丁美洲和加勒比地區	太平洋島嶼國家*	發達國家*
目標 8/ 促進持久、包容性和可持續的經濟增長，充分的生產性就業和人人獲得體面工作								
保持人均經濟增長								
實現充分就業								

趨勢（顏色和箭頭）

▲ 大幅進展／有望實現　　▲ 有限或沒有進步

進展尚可，但需要加速　　▲ 惡化

目前水平

具體目標已實現或近乎實現　　接近具體目標　　距離具體目標適中　　遠離具體目標　　離具體目標很遠　　數據不足

▲附圖1 （來源：Sustainable Development Goals Progress Chart 2022）

4.4% 的預估增長值反彈回來（▲附圖2）。在俄烏戰爭開打後，全球人均國內生產總值，2022 年的增長率可能降至 2.1%。而低開發國家受疫情影響，2020 年呈現零增長，2021 年增長了 1.4%，但這樣的漲幅仍遠低於 2030 年設定的 7%。

　　全球勞動生產率也產生了翻天覆地的變化。2020 年，全球勞工的平均產出率下降了 0.6%，這是 2009 年以來首次下降。2021 年，它回升了 3.2%，但低開發的國家生產率下降了 1.6%。同年，高收入國家勞工的平均產出比低收入國家的勞工高了 13.6 倍。聯合國呼籲各國應加速提供應急政策，提高全球的平均生產力，才能幫助全球經濟盡快復甦。

　　在失業率方面，聯合國預估 2023 年全球失業率仍將高於 5.4%（▲附圖3）。全球仍有 20 億人在非正規的環境下工作，特別是在拉丁美洲與加勒比地區，非正規勞工失業的機率是正規勞工的兩倍。但隨著疫情的穩定與經濟活動的恢復，一些開發中國家的非正規工作強勁復甦，許多勞工已恢復就業。

　　在童工方面，2020 年初，全世界仍有 6,300 萬女童與 9,700 萬男童（全部 1.6 億兒童）從事童工，換言之，全球幾乎每 10 個兒童中就

有 1 個是童工。超過一半的童工從事危害健康或安全的危險工作。隨著疫情爆發學校關閉，意味著童工的工時將被拉長，工作環境更糟糕。弱勢家庭因疫情失去收入，更多兒童將被迫成為童工。根據聯合國統計，與 2020 年相比，2022 年全球可能增加 900 萬童工。聯合國呼籲各國正視問題，加快改善腳步。

全球的青年尼特族（意指未繼續受教育、就業或培訓的族群）比例，到了 2020 年增加了 23.3%，這意味著未就業的 15 歲～ 24 歲男女增加了近 2,000 萬人。目前大多數的國家已在制定更多幫助青年就業的政策，以期提高經濟能力。

全球人均實際國內生產總值的年增長率和最不發達國家實際國內生產總值的年增長率，2005-2023年 (百分比)

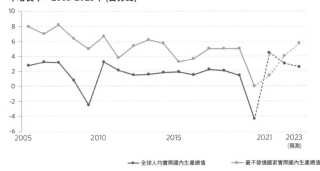

▲附圖 2（來源：The Sustainable Development Goals Report 2022）

失業率，2019-2021年(百分比)

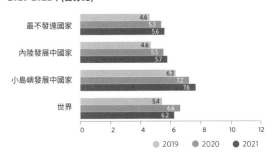

▲附圖 3（來源：The Sustainable Development Goals Report 2022）

SDG 8 合適的工作及經濟成長・國際案例分享

1. 荷蘭 Netherlands：
廢止童工的道德巧克力 Tony's Chocolonely

SDG 涵蓋範圍：1,3,8,10,12,16,17

巧克力是世界上最受歡迎的食物之一，每年全球消費者購買的巧克力超過 770 萬噸，價值約 850 億美元。巧克力滋味甜美，製造過程卻血淚斑斑。兒童在惡劣的環境中生產可可豆，挨打、挨餓，甚至監禁致死。迄今仍有超過 230 萬兒童，在西非迦納和象牙海岸的可可田裡工作，他們沒有薪水，過著沒有尊嚴的生活，活得就像奴隸。大型的巧克力品牌如雀巢、M&M、Hershey's 想抵制這個問題，但十年過去了，什麼也沒做到。

來自荷蘭的特恩・范庫肯（Teun van Keuken）作為追蹤整件事的記者，與他的夥伴莫里斯・德克爾斯（Maurice Dekkers）、亨克・貝特曼（Henk Jan Beltman）再也無法忍受，他們成立了「東尼的孤單巧克力」（Tony's Chocolonely），立志要成為全世界第一個 100% 沒有血汗，更完全不用奴隸與童工的巧克力品牌。

特恩跟他的團隊在推廣「東尼的孤單巧克力」過程中發現兩件事。一、民眾普遍對童工認知度不足。二、如果不從可可豆發源地開始追溯，製造商根本無法得知巧克力在送抵加工廠前誰經手過？

特恩決定先從喚醒民眾的認知做起，他從內到外重新塑造東尼巧克力。不同於他牌工整的切塊，它分裂成大小不均的小板塊，一來模擬產地國家的地圖，如西非與幾內亞灣的迦納、象牙海岸與奈及利亞等，二來提醒消費者巧克力供應鏈仍存在著不平等的問題。

「東尼的孤單巧克力」創辦人特恩與巧克力合影。（來源：Julius Schrank）

再來，他選用經過森林管理委員會（Forest Stewardship Council）認證的紙張，用回收材料製作的鋁箔紙來包裝產品，在彩色包裝紙的背後，寫著他們的宣言：「我們為巧克力痴狂，但更認真對待每個人。」（Crazy About Chocolate, Serious About People）他用簡單的文字描述了巧克力產業中的童工問題，希望人們能用行動支持這個巧克力。最後附上官網與社群的資訊鼓勵大家參與。

這個行銷方式震撼了荷蘭與世界，也讓更多人發現，購買一般巧克力無異贊同童工，決心要一起改變。

特恩與團隊最費心力的地方，就是整頓巧克力供應鏈。要實現100% 無童工，不能僅靠廠商篩選，而要追本溯源。特恩為了追溯可可豆的來源，開發「可可豆追蹤平台」（Beantracker）。該平台串連了各地可可豆合作社、貿易商與加工廠。從可可被採下的那一刻開始監測，直到送抵加工廠變成一塊東尼巧克力，所有的資訊都十分透明。

特恩發現農民與他們合作得愈久，就愈不會用童工。因為團隊會支付他們比政府標定更高的價格，讓他們衣食無憂。特恩的團隊已成功改善了 14,763 位農民的生活。

　　「東尼的孤單巧克力」現在已成為全球最大的巧克力品牌之一。更讓特恩與團隊感到驕傲的是，其他知名的巧克力公司終於採納了他們的五項採購原則。Ben & Jerry's、The Flower Farm、PLUS、Albert Heijn、ALDI、Jokolade、Vly Foods 成為盟友，將以「東尼般的嚴謹採購態度」審核廠商，共同遏止童工的出現。

　　即便如此，他們也只覆蓋了西非可可市場的 0.5%。為了能徹底改變整個行業，他們呼籲全球的消費者與製造商一起動起來，加速巧克力產業改革的腳步。

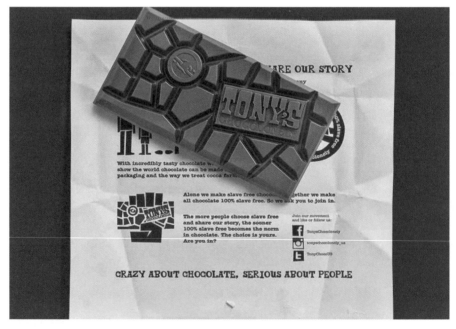

「東尼的孤單巧克力」刻意分裂成大小不均的板塊，一來模擬產地國家的地圖，二來提醒消費者巧克力供應鏈仍存在著不平等的問題。（來源：Tony's Chocolonely）

2. 印度 India：
自由經期專案 Project Free Period

SDG 涵蓋範圍：1,5,8,10

　　大姨媽來的那幾天，通常是女孩最不開心的日子。對紅燈區的性工作者來說，卻滿懷期待，因為每個月的那幾天，是她們唯一可以休息的日子。

　　國際醫藥大廠嬌生（Johnson&Johnson）旗下的衛生棉品牌嬌爽（Stayfree）抓住了這個時機，與 DDB Mudra 行銷團隊、反人口販賣組織 Preana、印度微型貸款公司 Ujjivan 和聯合國兒童基金會的專業培訓人員合作，在印度最大的紅燈區，孟買的馬哈拉什特拉邦（Kamathipura）推出了「自由經期專案」（Project Free Period），提供專業技能的培訓。

　　「自由經期專案」的培訓課程以三天為一單位，讓印度的性工作者可以按自己的時間參加。培訓課程一開始提供八種不同的技能，分別為：製作蠟燭、製作肥皂、製作信封、製作絨毛玩偶、製作三明治、印度傳統的指甲花（Henna designs）、刺繡、美容課程。

　　第一階段，專案團隊先為 30 位女性提供課程，並在跳蚤市場與商場上販賣結業作品，獲得超乎想像的支持。專案團隊為了擴大影響力，不單增加課程與學員數量，更廣邀專業人士來當志願教師，當地的奧運羽球女單亞軍普薩拉·辛度（P.V. Sindhu）與網紅普里亞·馬利克（Priya Malik）都紛紛貢獻自己的力量。之後團隊又與大專院校和 Ujjivan 合作加開理財等多元課程。許多品牌企業也積極贊助，讓學員有機會製作聯名產品。

　　專案團隊找到印度最大的連鎖商場 Big Bazaar 合作，把學員的產品推廣到印度 120 個城市 250 家大型商場。等學員都上手了，有了自己的客群，她們就有機會真正做自己，也呼應了嬌爽的「真正自由自

在」的品牌宣言。

隨著計畫的影響力跟能見度逐漸擴大，志願者的人數已多達 67384 位，參與的性工作者超過 1,200 位。「自由經期專案」培訓計畫成為印度最大的志願計畫之一，創造了超過 450 萬盧比的潛在收入。

專案團隊目前持續在社群媒體上進行志願者招募，並建立了一個數據庫，讓志願者更靈活的提供課程。疫情時期，專案團隊也把培訓放上雲端，方便學生於 WhatsApp 等通訊軟體平台上觀看教學影片，期使學習不中斷。

「自由經期專案」的培訓課程以三天為單位，讓印度紅燈區的工作者都可以參加。（來源：Campaign Brief Asia）

培訓課程一開始提供八種不同的技能，隨著人數增加，課程內容也變得更多元。（來源：D&AD）

專案影片：

3. 巴基斯坦 Pakistan：
女醫生的數位健康平台 doctHERS

SDG 涵蓋範圍：3,5,8,10,17

　　在巴基斯坦，有 1.2 億的人口日均收入不到 2 美元。90% 的貧民與農民無法負擔優質的醫療與健康服務。數百萬婦女面臨獨自生產的危險，也增加了新生兒的死亡率。許多老弱婦孺病危時無處可去，常在救護車的移轉過程中離世。矛盾的是，巴基斯坦並不是沒有醫生。

　　根據調查，巴基斯坦三分之二的醫學院畢業生是女性，平均每四位女性畢業生就有三人因社會文化、性別差異被拒於醫療職場門外。超過 5 萬名合格的女醫生無法投入匱乏的醫療市場。為了解決這個問題，薩拉・胡拉姆博士（Dr. Sara Khurram）、阿希爾・哈桑博士（Dr. Asher Hasan）和伊法特・扎法爾博士（Dr. Iffat Zafar）一同創辦了「doctHERs」數位健康平台，通過住在貧民區、偏遠農村的護士、助產士或是社區健康推廣員為中介，將遠端的女醫生與數百萬亟需醫療的病人串聯起來，提供可負擔的醫療服務。

　　doctHERs 平台結合數位與實體。用網路串聯合格的女性醫療人員，不論是醫師、藥劑師、治療師還是營養師，為她們提供工作機會，讓她們能在家裡或自己的辦公室為患者服務。doctHERs 有自己的遠程醫療診所，搭配了專業婦科、皮膚科、腸胃以及其他領域的醫生，在地的女護士或健康推廣員會為患者服務，在桌上放一台平板或筆記型電腦，螢幕上有遠端的女醫生同步看診。診所每周會有合作的抽血員來訪，並定期提供驗血報告。

　　doctHERs 嚴格篩選合作的女醫生，具備三年以上的實務經驗與有效期工作執照才有機會入職。每位醫生上線前都得接受專業培訓，配備與遠端診所串聯的 4G 平板電腦、數位手機、網路配置和數位診斷

工具，以確保她們能順利提供遠程的醫療服務。

　　doctHERs 已為當地婦女創造 750 個工作崗位，短短 12 個月內滿足了 15,000 名患者的需求。讓 450 多例肝癌患者與 2,500 例糖尿病患者獲得即時與穩定的治療。現在 doctHERs 已經推出了 8 個以上的遠程醫療診所與 2 個心理諮詢與治療診所，成功幫助了巴基斯坦 100 多萬名婦女。

　　doctHERs 期望在未來幾年能擴增影響力，至少服務 200 萬名婦女。

doctHERs 為當地婦女創造 750 個工作崗位，12 個月內滿足了 15,000 名患者的需求。（來源：UK DFID）

doctHERs 平台結合數位與實體。用網路串聯合格的女性醫療人員，讓她們能在家裡或自己的辦公室為患者服務。（來源：TECHJUICE）

專案影片：

4. 哥倫比亞 Columbia：
為家政人員提供社會保障的數位平台 Symplifica

SDG 涵蓋範圍：5,8,10,16,17

在哥倫比亞，有約 700 萬名家政人員，普遍低薪，多是臨時工，60% 以上處於非正式聘用的尷尬處境，自然沒有帶薪休假、病假、或其他正式員工應有的福利，更別提國家勞工保障、養老金及醫療保險。

哥倫比亞的薩盧雅・加西亞（Salua García）和奧馬爾・佩爾多莫（Omar Perdomo）決心填補這個缺口。為了協助雇主處理繁瑣的文書與註冊工作，提高家政人員的收入，她們創辦了「Symplifica」，一個讓家政人員與社會保障牽上線，一個使雇主與雇員關係變得更正規的數位平台。

Symplifica 的使用模式很簡單，雇主去官方網站註冊會員後，就在手機上下載應用程式。網站提供法律諮詢與公版的勞工合約，方便雙方在平台上簽訂，獲得第三方認證的約束效益。讓雇主不單能管理所有相關的文件，還能讓雇主直接於平台上按月支付薪水給家政人員、繳納要給國家的保險或相關稅金。它能包辦所有的管理事務。

Symplifica 平台推出之後廣受好評，於是又進階推出了 Symplifica Trabajadoras，這個專門為家政人員開設的平台，她們能在上面找到關於就業、社會保障與福利的資訊。平台不單提供潛在的工作機會，還幫助她們加入一個由 10,000 名員工組成的社區。在社區中員工們能與其他人互動，交換情報。她們也能檢視與雇主簽署的合約，確認薪資與福利細節。若有疑惑，平台上有專門的提問區，也設有獨立的培訓課程。更特別的是，平台還提供免費心理諮商，服務家政人員與其家人。

Symplifica 的創辦人薩盧雅表示希望能幫助更多的勞工
受到國家與法律的社會保障。（來源：Symplifica）

　　截至 2022 年，Symplifica 幫助了 15,000 名雇主與 22,000 名家
政人員。65% 的家政人員表示生活品質顯著改善，不再有雇主拿食物
或其他東西替代薪水，或拒付保險，她們獲得了前所未有的經濟保障
與法律保護。

　　Sympaifica 現在已成為哥倫比亞最大的家政服務管理公司，為當
地家政人員的工作條件，設立了嚴格基準。預計五年內，它將在哥倫
比亞與墨西哥建立 10 萬個新的就業機會與合作關係。疫情期間，它也
積極的與拉丁美洲的知名計程車隊 Mi Águila 合作，讓雇主更容易安
排家政人員的交通運輸，減少他們搭乘大眾交通工具的感染風險。奧
馬爾表示，這次商業上的策略合作使超過 5,000 多名家政人員受益。
他們會繼續加強這類異業合作。

　　Symplifica 將繼續於拉丁美洲地區做推廣，希望弱勢環境的家政
人員與勞工都能受到國家與法律的社會保障。

5. 英國 United Kingdom：
讓企業能一眼看出薪酬差異的分析軟體 Gapsquare

SDG 涵蓋範圍：5,8,10,16,17

　　世界經濟論壇（World Economic Form）的《全球性別差距指數》（Global Gender Gap Index）報告指出，全球性別經濟平等指數只有 68.6%。距離完全達到經濟層面的平等，可能還需要 267 年。英國的扎拉・納奴博士（Dr. Zara Nanu）與楊・蘇魯切諾（Ion Suruceanu）看到許多組織對於性別平權與同工同酬的態度多流於表面，她們決定用人工智慧的力量來落實職場上的性別平等，用大數據來實踐真正的薪酬平等，她們創辦了「Gapsquare」。

　　Gapsquare 藉由軟體開發，提供 AI 與數據分析服務，它的目標是協助各類組織落實同工同酬，性別平等。

　　它的平台（FairPay®）目前提供兩款軟體服務，分別為性別薪資差距分析（Gender Pay Gap）與專業分析（Pro Analytics）。性別薪資差距分析追蹤組織內不同性別的收入問題，它能按組織的需求提供客製化的服務，方便人力資源列出行動指標，準備各國政府需要的性平數據。而專業分析就不一樣了，它能更進階的以組織內的薪資差異為基礎，提供實際的解決方案。諸如對應性別、年齡、種族、殘疾、LGBT 等族群時，提供的薪水是否相同？差異點在哪裡？直接列出細部指標與解決方案。

Gapsquare 的創辦人扎拉希望能幫更多的勞工爭取到同工同酬的機會。（來源：Gapsquare）

Gapsquare 已改善了英國 80 多家公司
因性別產生的福利差距。（來源：Gapsquare）

專案影片：

　　平台使用方式十分親民，客戶只要上傳資料，它就會整理出一個
簡潔的儀表盤與對應各領域的數據圖讓客戶做評估。

　　Gapsquare 推出以來已為英國 80 多家組織如 Wieden + Kennedy、
Condé Nast 和 Accenture 改善了性別產生的福利差距。如今它已被英
國最大的人力資源網路平台 XpertHR 收購，集薪資分析與獎金規劃優點
於一身，相信未來能為更多組織提供更多元的人力資源服務。

　　併入 XpertHR 的 Gapsquare 在全球拓展，已有英國、愛爾蘭、
美國、紐西蘭、澳洲與印度等地區的營利與非營利組織廣泛使用它的
平台，其中有知名的甲骨文（Oracle）與國際數據資訊（IDC），直
接幫助了全球超過十萬位員工。

　　扎拉跟她的團隊期待藉由 Gapsquare 的幫助，全球離兩性經濟完
全平等的日子更近一點。

6. 巴西 Brazil：
更經濟實惠的數位金融服務 NuBank

SDG 涵蓋範圍：5,8,9,10,17

巴西擁有兩億人口，是拉丁美洲最大的國家，當地金融體系長期受官僚文化所把持，又被五家老牌銀行 Itaú Unibanco, Banco do Brasil, Bradesco, Santander 和 Caixa Economica Federal 壟斷，想要申請一張信用卡，不但手續繁雜，年利率還要 400%，讓人難以負擔。

雪上加霜的是，當地治安極差，銀行與路邊搶劫頻繁。每次民眾要去銀行辦事，都要通過繁瑣的安全檢查，讓有時間壓力的民眾十分困擾。

不單只是巴西，墨西哥與哥倫比亞也有類似的問題，分別有超過 55% 與 65% 的人口沒有自己的銀行帳戶。大衛・韋萊茲（David Velez）從混亂中看到了機會，決心用創意來解決這些問題，大力創辦了「Nubank」。

為了改善巴西與其他拉丁美洲客戶的銀行使用體驗，Nubank 把重心轉到數位銀行，讓用戶不論有無銀行帳戶都能直接在 App 上完成所有事情。僅有三個限制：客戶得滿 18 歲、是巴西或是官方營運地區的公民，並在該區的國稅局中具備良民身分。資格符合的用戶可以從手機商店下載 Nubank 的 App，直接開設私人用戶、商業用戶、轉帳、收款、管理基金、申辦貸款、購買保險或申辦一張不用年費而年利率僅要 145% 的信用卡。

跟即便一小筆交易都要收取高昂服務費的老牌銀行不同，Nubank 絕大部分的服務免費，也沒有金額限制。唯有當客戶於 ATM 提取現金，會收約 6.50 巴西雷亞爾的作業費用。

Nubank 的操作方式又快又容易，用戶省略繁瑣程序，也不用擔心出門遇險。為了幫助居民提升經濟力，Nubank 提供金流回饋服務

如低利率貸款、特殊融資條件並配合客戶經濟情況延期收款。這樣的便利性深受巴西年輕一代喜愛，這張醒目地紫色信用卡，彷彿成為巴西新世代的象徵。

　　Nubank 迄今累積了 850 萬信用卡客戶，擁有超過 6.288 億美元的存款，順利成為巴西五大信用卡發行商之一。

　　在整個拉丁美洲地區，它的客戶量已超過 8,000 萬。Nubank 現在已成了拉丁美洲中最大的數位銀行，分別於巴西、墨西哥與哥倫比亞營運並提供信用卡服務。它也是目前全球最大的數位銀行平台之一，Nubank 的潛力無窮，除了華倫・巴菲特（Warren Edward Buffett）外，軟銀（SoftBank）、紅杉資本（Sequoia Capital）與騰訊都搶著投資。大衛表示他會繼續以填補拉丁美洲的金融空缺而努力，希望能讓更多民眾更快享有更好的數位金融資源。

Nubank 的創辦人大衛
所推出的 Nubank 信用卡，
深受巴西年輕世代的喜愛。
（來源：Nubank）

Nubank 與老牌銀行
最大的不同在於
大部分的服務都免費。
（來源：Nubank）

第9章／SDG 9
工業化、創新及基礎建設
Industry, Innovation and Infrastructure
建立具有韌性的基礎建設
促進包容且永續的工業，並加速創新

　　一度，影視戲劇特別愛玩「穿越梗」，那種時代與價值觀的巨大差異帶出的衝突，往往是吸引人的賣點。但就在今生今世，許多六十歲上下的人，童年生活在農業社會，青年時期在高度工商化的世界急行，到了老年，又得適應高科技數位時代。他們可說是在今生穿越今世的人啊。

SDG 9 工業化、創新及基礎建設・細項目標&行為目標

SDG 9 工業化、創新及基礎建設細項目標

9.1	發展高品質、可靠、永續、具韌性的基礎設施，包括區域以及跨境基礎設施，以支援經濟發展和提升人類福祉，並聚焦提供所有人可負擔且公平的管道。
9.2	發展包容性與永續的工業，2030 年前，各國工業在就業和國內生產毛額（以下簡稱 GDP）中的佔比，依據國情顯著增長，尤其最低度開發國家（以下簡稱 LDCs）的工業就業和 GDP 佔比應翻倍成長。
9.3	增加小型工業及企業取得金融服務的管道，包括可負擔的貸款，並將其併入價值鏈與市場之中，特別是開發中國家的企業。

9.4	2030 年前，所有的國家都應依各自能力採取行動，藉由提高能源使用效率、大幅採用乾淨環保的科技與工業製程，以升級基礎建設、改造工業達成永續。
9.5	加強所有國家的科學研究、提高工業部門技術能力，特別是開發中國家。包括在 2030 年前，鼓勵創新並大幅提高研發人員數（以每百萬人增加的比例計算），並提高公私部門的研發支出。

SDG 9 工業化、創新及基礎建設行為目標

9.a	透過加強提供非洲國家、LDCs、內陸開發中國家（LLDCs）與小島嶼發展中國家（SIDS）財務、科技、技術支援，促進開發中國家發展永續及韌性的基礎建設。
9.b	支援開發中國家的國內科技開發、研究與創新，包括創造有利的政策環境，幫助工業多元化發展以及提升商品附加價值。
9.c	大幅增加取得資訊與通訊技術（ICT）的管道，2020 年前在 LDCs 致力提供普遍且可負擔的網際網路。

SDG 9 工業化、創新及基礎建設・全球近況與問題

　　由進度表（▲附圖 1）中我們可以看到，全球離 SDG 9 的目標距離已拉近，特別是在增加全球移動網路、提高各國工業生產總值的部分。

　　2021 年，歐洲與北美洲的人均製造增加值達到了 5,000 美元的歷史最高點，但低開發國家的人均製造增加值減少到了 135 美元，回到了 2018 年的水平（▲附圖 2）。

　　許多小型企業因為資金周轉的問題，在疫情其間紛紛倒閉了。根據聯合國於 2020 年～ 2021 年的調查，全球大約只有三分之一的小型製造業受益於貸款或信貸額度。在低開發與收入國家，這種措施與福

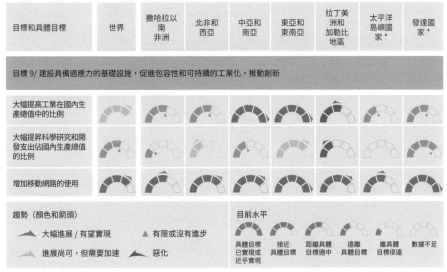

目標和具體目標	世界	撒哈拉以南非洲	北非和西亞	中亞和南亞	東亞和東南亞	拉丁美洲和加勒比地區	太平洋島嶼國家*	發達國家*
目標 9/ 建設具備適應力的基礎設施，促進包容性和可持續的工業化，推動創新								
大幅提高工業在國內生產總值中的比例								
大幅提昇科學研究和開發支出佔國內生產總值的比例								
增加移動網路的使用								

趨勢（顏色和箭頭）

◥ 大幅進展 / 有望實現　　▲ 有限或沒有進步

◢ 進展尚可，但需要加速　　◣ 惡化

目前水平

具體目標已實現或近乎實現　接近具體目標　距離具體目標適中　遠離具體目標　離具體目標很遠　數據不足

▲附圖 1 （來源：Sustainable Development Goals Progress Chart 2022）

利很少見，在非洲只有 15.7% 的小型企業能申請到這類型的信用貸款，而拉丁美洲與加勒比地區則只有 44.2%。

在疫情期間，高技術產業表現得比低技術產業好許多，如電腦、電子產品和醫藥產業，已經恢復到疫情前的生產水準，但其他如汽車、交通運輸等設備的製造業則不在其中。因為原物料供應的限制，全球汽車生產仍面臨較大的挑戰。

同一時間，低技術產業如紡織和服裝業、焦炭和石油等產品，實際產出情況仍低於疫情前的水平。而食品與其他基本生活消費品的製造，自疫情以來皆穩定成長，損失較少。

2015 年到 2021 年間，4G 網路已經覆蓋了全球 88% 的人口。到了 2021 年，行動網路的覆蓋率應可提高到 95%(▲附圖 3)。但低開發國家仍有 17% 的人口未被覆蓋。全球在行動網路的普及上，城鄉差距依然十分明顯。在低開發國家，仍有 14% 的農村人口沒有辦法使用移動網路。聯合國呼籲各國持續加速行動網路的普及，確保民眾能隨時與社會連結。

全球製造業生產，2018年第一季度至2021年最後一個季度 (指數2015年=100)

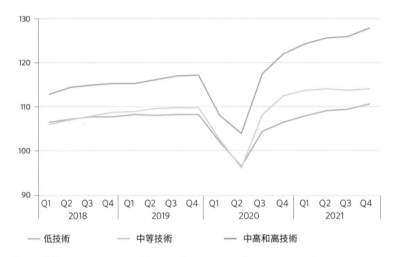

▲附圖 2（來源：The Sustainable Development Goals Report 2022）

估計被移動網絡覆蓋的人口，2021年（百分比）

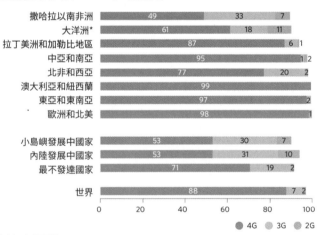

＊不包括澳大利亞和紐西蘭。

注：第二代網絡和第三代網絡的數值表示沒有被更先進技術覆蓋的人口的比例。

▲附圖 3（來源：The Sustainable Development Goals Report 2022）

SDG 9 工業化、創新及基礎建設・
國際案例分享

1. 美國 United States：
用植物纖維帶來新環保時尚 Simplifyber

SDG 涵蓋範圍：9,12,13,15

這或許讓人難以置信，時裝是全球第三大汙染產業！它帶來的二氧化碳排放量比全球航空業的加總還要多。時尚產業每年帶來超過 1.5 噸的浪費，對環境帶來嚴重的負面影響。

曾為 Vera Wang、Calvin Klein 和 Alexander McQueen 的高級時尚設計師瑪麗亞・因特謝・奧朗（Maria Intscher-Owrang）和多家新創公司的擁有者菲爾・柯恩（Phil Cohen）決心帶來改變，一起創辦了「Simplifyber」，在時尚領域中掀起一場綠色革命。

Simplifyber 設計了一套領先全球的服飾製造方案，在實驗室中把天然的植物纖維加工製造成柔軟的紡紗、織布、服飾與鞋子成品。省去傳統服飾與配件 60% 的製造步驟，效率高出 30%，節省 88% 的勞動力與 13% 的碳排放量。Simplifyber 的終極目標是完全取代廉價的塑料與石油加工物，讓時尚產品能隨著時間自行分解，減少浪費與汙染。

Simplifyber 的產品製造分三個部分：植物纖維的材料設置、新產品設計打樣、自動化生產的硬件維護。植物纖維（如木漿、棉花、回收衣物、鳳梨與農業廢棄纖維）的提取方式，參考了傳統的製紙技術。為增加韌性，Simplifyber 配置了添加劑（如食品廢料、鹽巴、可回收的溶劑），加工成黏稠的液態材料後，倒入設計好的 3D 模具中，等成品冷卻取出，就能獲得一件 100% 純天然一體成型的洋裝、襯衫或是

一雙鞋子。儘管製作過程很生硬，但神奇的是，成品依然維持了棉質與其他植物纖維的柔軟與溫度。

「如果你看一下時裝的供應鏈，它被分解為纖維、紗線、紡紗、織布、切割和縫紉。我們實際上是在接管纖維之後的一切。」瑪麗亞分享道：「我們用一個單一的過程來取代它。」Simplifyber 所有打印的材料都經過了精密的計算，按需求生產，不留庫存。若有染色的需求，生產人員會在製作液態材料時加入染料，節省用水。當材料結束了生命周期，它能再被回收到使用，也能直接作為紙類回收。

Simplifyber 每個款式目前已達到生產一萬件的水準，希望六年內大規模生產。瑪麗亞表示，Simplifyber 的願景，是讓所有人都能享有負擔得起、碳排放量低、設計精美又永續的環保時尚。

瑪麗亞和菲爾一起創辦了「Simplifyber」，在時尚界掀起一場綠色革命。（來源：Simplifyber）

Simplifyber 的創新製造方案，能在實驗室中把天然的
植物纖維加工成柔軟的紡紗、織布、服飾與鞋子成品。
（來源：Simplifyber）

專案影片：

2. 墨西哥 Mexico：
幫助民眾自己蓋房子 Echale a tu Casa

SDG 涵蓋範圍：1,3,9,11,13,17

　　在墨西哥，超過 30 萬人無家可住。城郊，三分之二的屋子由回收材料如紙板、床單或工業廢棄物搭建，不安全不穩固。條件好一點的居民就算有能力建屋，但當地廠商多愛用二手的進口材料，屋主總是等上 10 年～ 15 年，才能獲得一個昂貴但不見得可靠的屋子。法蘭切斯科・皮亞澤西（Francesco Piazzesi）為了解決當地居民無房可住的窘境，創辦了「Echale a tu Casa」（建造你的房子）。

　　他設計了一套系統，藉由可負擔的信貸為沒有住所的低收入戶提供工作與住房。它為人們提供房屋建設的金源、基礎知識、專業技能與永續的材料，讓居民能在社區的扶持下建造自己的屋子。170 平方公尺的新屋平均售價約 8,000 披索，比墨西哥傳統的同等房屋便宜了 40%。

　　顧慮到客戶多為低收入戶，甚至沒有收入，Echale a tu Casa 請政府提供 50 % 的住房補貼，剩下的部分由居民負擔。居民能申請專案貸款，並用勞動收入還款。在新屋建設的過程中，社區中有經驗的鄰居會來培訓居民，並與他們一起蓋房子。

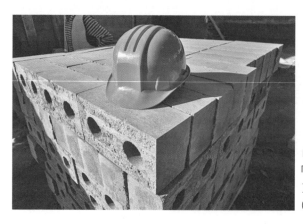

Echale a tu Casa 研發的
「生態磚」，比其他的土磚
更快乾、更扎實。
（來源：ECHALE）

Echale a tu Casa 在墨西哥已建造了 30 多萬套新屋,上萬居民受益。
(來源:ECHALE)

專案影片:

　　法蘭切斯科表示,對墨西哥的居民來說,比起擁有屋子,更重要的是賺錢。邊賺邊蓋自己的屋子,還能幫別人蓋,大家都能賺錢,這種多方受利的模式重塑了社會結構,讓當地人更願意參與社群,互相幫助,這才是他最希望帶來的社會影響。

　　Echale a tu Casa 另一個特別的地方,是設備與材料。

　　塔巴斯科州的土是惰性土,不含植物成分,比隔板、紙板更耐用,不會有被腐蝕的問題,重點是環境友善,穩固性高。Echale a tu Casa 善用當地土坯,研發的「生態磚」(Ecoblock),由當地的土、石灰與水泥組成,經過特製的壓縮機用力壓縮後,比其他的土磚更快乾、更扎實。它中間有兩個能與鋼筋垂直接合的洞,讓結構更穩定,減少彎曲或斷裂的風險。實驗證明,用生態磚蓋的房子更牢固,能扛下當地超過 8 級的地震。

　　居民們在專業人員的協助下平均三天能組完一套屋,效率非常高。迄今 Echale a tu Casa 在墨西哥已建造了 30 多萬套新屋,18 萬套改建,上萬居民受益。

　　Echale a tu Casa 已擴展到了奈及利亞與哥倫比亞,後續將繼續於拉丁美洲與非洲地區加強普及。

3. 肯亞 Kenya：
用廢棄物重塑建設材料 EcoPost

SDG 涵蓋範圍：5,9,12,13,15,17

肯亞的樹林曾經十分繁茂，但在十多年後，只剩不到原先的 2%，超過 22 萬 2,000 英畝的森林已被摧毀。當地普遍貧窮，36% 的肯亞人生活在貧窮線下，他們居住環境簡陋，每天產生 2,400 多噸的廢棄物，下水道堵塞，街道髒亂不堪。人們沒有工作，每天收入不到 1.9 美元，犯罪活動日益猖獗。

羅娜・露托（Lorna Rutto）從小在這樣的環境下長大，她決心改變現況，保護樹林，改善居民的居住環境，並增加就業機會。

在肯亞電信公司（Safaricom）的基金會與卡地亞女性創業獎（Cartier Women's Initiative Awards）的幫助下，她創辦了「EcoPost」。為當地的弱勢族群提供就業機會，把廢棄物重塑為建築材料替代木材。

EcoPost 由各類社會團體組成，80% 為女性，其中包含想要補貼家用的婦女、失業者、吸毒或有犯罪前科的年輕人。她們每 15 到 30 人為一個小隊，以貸款的方式配發一台粉碎機，讓她們在不同街區與據點，搜尋並粉碎收集來的廢棄物。每當小隊上繳 500 公噸已被粉碎的廢棄物，公司會從貸款中扣除一定額度，直至還清為止。等隊員們有足夠的經驗後，她們可以自行徵召新員工，周而復始，創造更多的就業機會。

被粉碎的廢物送回 EcoPost 的廠區加工。它們會被機器來回碾壓，然後混進枯枝與咖啡殼等天然材料成為纖維，最後經由高溫塑形，變成木塑複合材料（WPC）。

WPC 兼具塑膠的耐用性與木製品的溫度，可做為圍欄、電線桿、

木樁或是地板等建築材料。恰好當地政府正在振興交通建設，露娜找上承包政府基礎建設的業者，說服對方使用 EcoPost 的材料做基礎建設。它順利切入建築材料的市場，不單為道路製造電線桿、為居民的住房提供木地板、還為當地畜牧業與動物園供給圍欄。EcoPost 成功改變當地工程砍樹做建材的傳統，甚至紅到海外，獲得許多鄰國的訂單。

　　露娜表示現在每公斤回收塑料能換取 0.17 美元，員工平均每天能賺 5 美元。EcoPost 的利潤都會與員工分享，全體員工目前已超過 2,000 人，員工的單位收入已是當地最低工資的 1.5 倍。

　　從 EcoPost 創立以來，它已蒐集了超過 300 萬公斤的塑膠廢料，建造超過 3 萬多種建築與家用產品，拯救了約 5,000 英畝的森林。EcoPost 更直接為社區創造了超過 100 個直接就業與 5,000 個間接就業的崗位。

EcoPost 加工生成的木塑複合材料可用來製作圍欄、電線桿、木樁或是地板。（來源：Ecopost）

專案影片：

175

4. 美國 United States：
用蘑菇與有機農作物生產新材料
Ecovative Design

SDG 涵蓋範圍：9,12,13,15,17

　　塑膠對環境的危害極大，單靠土壤的自然分解就要花上數個世紀。未被代謝乾淨的塑膠粒子，隨著生態體系流入湖泊、溪流與海洋，最終被海龜、魚與水鳥吞噬，加速生物滅絕。每年超過 800 萬噸的塑料汙染了全球的海域，傷害了數以萬計的海域生物。

　　如果哪天出現一個能自行分解，容易塑造又牢固的永續材料，能否取代人們對塑膠或其他化工產品的需求呢？加文・麥克倫特（Gavin Mclntyre）與埃本・拜爾（Eben Bayer）從能黏固土壤的蘑菇上找到靈感，想到用菌絲體與有機廢棄物來製作新材料，用以取代塑料、皮革、建築材料及其他包裝產品。他們創辦了「Ecovative Design」，立志把這個能與自然共存的永續材料發揚光大。

　　菌絲體是一種由線狀細胞組成的真菌網路，作用就像天然的強力膠。它能在 5 到 7 天內生長，不需要仰賴太多的陽光或水。

Ecovative Design 現在製造一片 2 公尺寬 20 公尺長的菌絲體需要 9 天的時間。（來源：Ecovative Design）

加文跟埃本從能黏固土壤的蘑菇上找到靈感，創辦了「Ecovative Design」。（來源：DONNA ABBOTT-VLAHOS）

Ecovative Design 生產產品的過程非常簡單。它把引進的玉米稈或其他農業副產品與菌絲接種在一起，等兩者融合後，進行脫水與加熱處理，消毒孢子與可能的過敏原。冷卻後，產品就能按訂單出貨了。

埃本和加文一開始想主攻木材與建築材料的市場，設計出一種名為 MycoBoardTM 的人造木材，它是由同一種菌株所種植的。與一般木材一樣堅固，沒有甲醛，不會致癌，對環境更友善，可以用於家具、門或櫥櫃。在建築材料方面則是推出 MycoComposite 地板，一個能讓消費者自行組裝的材料，該產品榮獲永續產品的金獎與最高認證。但在推廣過程中他們發現，塑料包裝帶來的汙染最可怕，於是又把重心轉移到了環保包裝上，提供如聚苯乙烯（EPS）的保護殼，或是能替代塑料泡沫的包裝。

現在 Ecovative Design 已為越來越多想改變消費行為的跨國公司如戴爾（Dell）與宜家（Ikea）提供包裝與建築材料。加文表示，菌絲體的潛能是無限的，它能用於製造絕緣、包裝、吸音板、皮革、彈性泡沫甚至是蛋白食品。

Ecovative Design 現在除了生產建築、包裝材料外，更熱衷於製造出類似皮革的皮料，能用於時裝（鞋或手提包）、汽車（仿皮皮料）、配件和其他絕緣的技術泡沫。他們已與 Bolt Threads 開發出了第一系列的菌絲皮革，並開始與世界級的品牌洽談合作。

更酷的是，Ecovative 於 2022 年跨足食品界，發明了「我的培根」（MyBacon），它是用菌絲體做的無肉培根，現已於美國超過 55 家零售與食品公司的通路上銷售，被《時代》雜誌譽為當年最佳發明之一。它的生產過程非常乾淨，與畜牧業的碳足跡相比，它帶來的環境負擔極少的。

Ecovative Design 所有的產品都是有機而無毒的，一旦使用完畢，可以直接拿去堆肥。它現在正積極的強化量產的能力，這也是能對世界產生積極影響的必要條件。現在製造一片 2 公尺寬 20 公尺長的菌絲體需要 9 天的時間，未來這個時間將更短，產能也能遞增成長。

5. 瑞典 Sweden：
2030 碳排放計算器 The 2030 Calculator

SDG 涵蓋範圍：9,12,13,15,17

　　您是否想過，自己使用或是想購買的產品到底會帶來多少碳足跡？當我們在幾個產品間猶豫不決，又想做出對環境較為友善的選擇時，若有一個碳足跡標籤多好？可以幫我們更快做出決策。

　　碳足跡的計算工具並不是一個新穎的產品，但它們普遍昂貴、複雜、耗時而且標準不一。好消息是，瑞典一家新創公司 Doconomy 重新研製了一款全球通用的 2030 碳排放計算器（The 2030 Calculator）。它濃縮分析了各類產品從孵化到終結期間帶來的碳足跡，可幫助人們完成碳足跡減半的階段性任務。

　　2030 碳排放計算器該怎麼使用呢？只要點進它的官方網頁，註冊會員便可直接開始計算。首先要選擇產品的類型、產品重量、材質、材質重量、運送是否會外加包裝、產地位置。送出後便能獲得一份碳

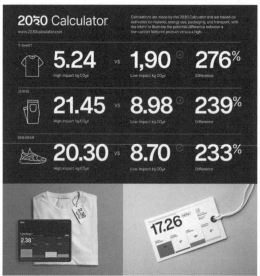

Doconomy 的 2030 碳排放計算器能根據使用者輸入的訊息，提供一份碳足跡報告或一張碳足跡標籤。
（來源：Doconomy）

專案影片：

足跡報告或一張碳足跡標籤。基礎計算服務完全免費，僅有進階服務每個月酌收 39.9 歐元的訂閱費。

　　這個新計算器首先針對服飾業進行試營運，確認計算無誤，獲得使用者一片好評後，很快地拓展到食品、家具與其他消費性電子產品。

　　2030 碳排放計算器的數據庫含括了 300 個不同的影響因子，如產品可能使用的材料、製造工廠所使用的能源性質、不同交通運輸帶來的汙染等，經由消費者的篩選後，總結出最真實與精確的碳足跡。

　　2030 碳排放計算器中使用的物質排放因子，來自全球具公信力的第三方開放數據庫如巴斯大學的碳與能源清單（ICE）和瑞典環境研究所（IVL）等，又有瑞典經濟學院與英國牛津大學作為它的學術夥伴，並經過全球四大會計事務所中的安永（EY）認證，確保所有的數值具備可信度。隨著更多國際品牌的響應與加入，Doconomy 建立了一個更完善的「全球碳檔案」（Global carbon file），讓所有人都能在網站上調查哪些行為或商品將會帶來多少的碳足跡影響。

　　近幾年，為了回應更多積極降低碳排量的民眾需求，Doconomy 與 Mastercard 和其他國際銀行合作，不單推出了「行動」（DO）這個免費的行動銀行應用程式，方便使用者將個人的碳足跡與銀行帳戶綑綁在一起，能隨時查詢自己在日常消費中帶來了多少碳排放；還推出了一張與眾不同的黑卡，別名「行動經濟黑卡」（Back DO-The Carbon Limit Credit Card），這是一張會自動幫使用者計算所有開銷所帶來的碳排量的信用卡，只要使用者超過預設的碳額度，則立即鎖卡，阻止使用者再消費下去。

　　2021 年時，這套碳排量計算系統引進台灣，由渣打銀行提供碳足跡的查詢功能。此外，聯合國也積極與 Doconomy 於全世界推廣這套系統。當人們開始認真管理每一個選擇帶來的環境汙染時，全球必然能在 2030 年前達成碳排量減半的目標。

第 10 章／ SDG 10
減少不平等 Reduce Inequalities：
減少國內及國家間的不平等

「五根手指頭伸出來都不一樣長，這個世界本來就不平等！」

的確。人人生而不平等，可能先天條件、可能客觀環境。但可貴的正在於，我們可以努力改變，減少人為的不平等。手指頭永遠不會等長，但平等值得追求。

SDG 10 減少不平等・細項目標&行為目標

SDG 10 減少不平等細項目標

10.1	2030 年前，以高於全國平均水準之速率，逐步實現並維持最底層 40% 人口的所得成長。
10.2	2030 年前，增強並促進所有人的社會、經濟和政治包容性，無論其年齡、性別、身心障礙、種族、族群、族裔、宗教、經濟或其他任何區別。
10.3	確保機會平等、減少不平等現象，包括消除歧視的法律、政策及實務做法，並推動適當的立法、政策與行動。
10.4	採用適當政策，尤其是財政、薪資與社會保護政策，逐步實現進一步的平等。
10.5	改善對全球金融市場和金融機構的監管和監測，並加強相關條例執行。
10.6	確保開發中國家在全球經濟、金融機構的決策過程中，更具代表性和發言權，以建立更有效、可信、負責任和合法的機構。
10.7	促進有秩序、安全、規律、及負責的移民，包括執行妥善規劃及管理良好的移民政策。

SDG 10 減少不平等行為目標

10.a	依據世界貿易組織的協定，施行開發中國家的特殊和差別待遇原則，尤其是對最低度開發國家（以下簡稱 LDCs）。
10.b	依據各國計畫與方案，鼓勵對需求最大的國家提供官方發展援助和資金流動（包括外國直接投資），尤其是 LDCs、非洲國家、小島嶼發展中國家（SIDS）及內陸開發中國家（LLDCs）。
10.c	2030 年前，將移民匯款的交易費用減少至 3% 以下，並消除費用高於 5% 的匯款管道。

SDG 10 減少不平等・全球近況與問題

　　生活在全國收入中位數一半以下的人口比例，是衡量一個國家相對貧窮與收入是否平等的重要指標。從全球進度表（▲附圖 1）可以看到，各國還需極大的努力。

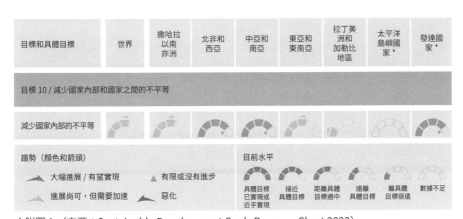

▲附圖 1 （來源：Sustainable Development Goals Progress Chart 2022）

　　有關難民問題方面，全球的難民與移民的死亡人數，於 2021 年達到歷史新高。因戰爭、衝突、侵犯人權，以及嚴重的公眾秩序事件而被迫逃離本國的人數已增至 2,450 萬。全世界每 10 萬人就有 311 人是在外國顛沛流離的難民，該數字比 2015 年增加了 44%。根據數據顯示，北非和西亞國家是難民最大的來源地（約 840 萬），其次是撒哈拉以南的非洲（約 670 萬），最後是拉丁美洲和加勒比地區（約 450 萬）。

　　而俄烏戰爭帶來了近期最嚴重的難民危機。截至 2022 年 5 月，已有約 600 多萬人從烏克蘭逃向其他國家，其中多是婦女與兒童。除他們之外，另有至少 800 萬人為逃離衝突區域而在國外流離失所。

　　而各國內部貧富的差異，在疫情發生前，生活在全國收入中位數一半以下人數平均為總人口的 13%（▲附圖 2）。這一平均比例掩蓋了國家之間的巨大差異，例如哈薩克和吉爾吉斯的比例就不到 5%，而在巴西和南非則高達 25%。2020 年，有三分之二的國家比率比先前有所增長，表明在疫情期間加劇了社會差異；同一時間，也有些國家經歷了大幅下降，如巴西政府對國內貧困人口提供了大量社會支持，它的比例便順利地從 24.1% 降至 18.3%。

　　再來看全球收入差距的問題。因疫情影響，各國收入的差異擴大。根據聯合國預測，全球間的不平等從 2017 年至 2021 年上升了 1.2%。新興國家與發展中國家的收入差異加劇。雖增長幅度平均為 1%，但它中斷了先前收入不平等比率的穩步下降。聯合國呼籲，各國需加快強化自身的經濟體，好減緩差距。

生活在全國收入中位數50%以下的人口比例，2019年(百分比)

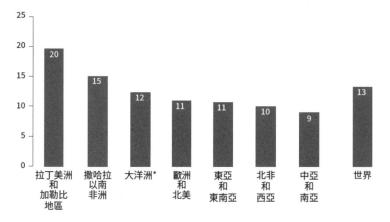

* 不包括澳大利亞和紐西蘭。

注：每個區域內有數據的國家的未加權平均數。由於各國統計時採用的方式有收入調查，
也有消費調查，對水平上的差異進行解釋時需仔細。如果不存在2019年國家層面的
數據，則使用該國最新的數據點。

▲附圖2 （來源：Sustainable Development Goals Progress Chart 2022）

SDG 10 減少不平等・國際案例分享

1. 美國 United States：
TOMMY HILFIGER 的新適應性品牌
Tommy Hilfiger Adaptive

SDG 涵蓋範圍：8,10,16,17

你一定沒想到全球有五分之一的人口身體有障礙。他們並不全是永久性的失能，有的是受傷或者年老退化，以至無法自行更衣，但是市場上的成衣規格一致，他們只能選擇硬穿，往往花上幾十分鐘，滿身大汗，還不見得穿對、穿好看。

敏蒂・謝爾（Mindy Scheier）是一個有二十多年經驗的時尚設計師，她的兒子奧利弗（Oliver）患有肌肉萎縮症，很多行動受到局限。一天早上，他兒子在選要穿的衣服時，委屈地對她說，他其實一直很想像同學一樣穿牛仔褲去上學。敏蒂這才發現，即使身體受到限制，人們也仍有一顆追求時尚的心，只是，這個市場從來沒有給過他們機會。

敏蒂不單創辦了「夢想伸展台」（Runway of Dreams），讓身體有障礙的孩子們一圓模特兒夢，她還找上了 TOMMY HILFIGER 的首席設計師湯米・希爾費格（Timmy Hilfiger）與執行長，提出為這類孩子推出專屬品牌的必要。湯米與妻子養育了七個子女，其中有三個孩子被診斷出有自閉症，當敏蒂扣門提案，他很快的進入狀況，願意全力支持。

在敏蒂與偉門智威（Wunderman Thompson）的幫助之下，2016年 TOMMY HILFIGER 正式推出了「Tommy Hilfiger Adaptive」這個新品牌。

一開始 Tommy Hilfiger Adaptive 只有童裝。為了能確實滿足消費者需求，設計師與 2,000 位身障的客戶面談，詢問他們平常換衣服

Tommy Hilfiger Adaptive 改變傳統服飾鈕扣與拉鍊的位置，設計易開式的領口與褲腳，增加使用者穿脫的便利性。
（來源：Tommy Hilfiger）

TOMMY HILFIGER 創辦了一家身障者模特兒經紀公司，專門展示 Tommy Hilfiger Adaptive 網站上所有的服裝。（來源：Tommy Hilfiger）

的小訣竅、有那些地方造成困擾？產品開發初期，他們從使用者的回饋中吸取精華，改變傳統服飾鈕扣與拉鍊的位置，設計易開式的領口與褲腳、能自行調節的下襬、能單手操作的拉鍊，還使用了更多元的閉合裝置如尼龍扣、磁鐵、吊環扣等，增加使用者穿脫的便利性。品牌一上市，市場回響熱烈，超過三分之一的消費者打電話致謝。次年，Tommy Hilfiger Adaptive 推出了成人系列，為更廣大的客群服務。

　　TOMMY HILFIGER 邀請身障者加入他們的行列，一起設計服裝、推廣業務。他們也創辦一家身障者模特兒經紀公司，專門展示他們網站上所有的服裝，並於時裝秀上展演。Tommy Hilfiger Adaptive 品牌推出不到半年，已獲得超過百萬美元的業績，不單是身障者喜歡，就連一般大眾都為之驚艷。

　　現在除了 TOMMY HILFIGER 之外，國際上有更多的時尚品牌如 Nike、YKK、Silvert's、Buck&Buck、Neway 也跟緊腳步，推出了類似的鞋子與服飾，提供身障者選擇。

　　湯米笑著表示：「穿衣服應該是一種樂趣，是你能穿得好看、穿得舒服的體驗。我們的適應性系列已經徹底改變了身障者的日常著裝，讓他們更獨立和自信。」他希望整個時尚產業能跟 TOMMY HILFIGER 一樣變得更有包容性，也更有創造力。

專案影片：

2. 美國 United States：
摩斯密碼鍵盤 Morse Code For Gboard

SDG 涵蓋範圍：3,8,10,16,17

　　全球共有 1,700 萬名腦性麻痺（Cerebral Palsy）患者，平均每 1,000 個兒童中就有 2 名為此所苦。塔妮雅・芬萊森（Tania Finlayson）正是其中之一。她一出生便罹患腦性麻痺，全身僵直，無法發聲，無法自行移動。醫生建議直接送去安養院，但是心疼她的父母堅持將她留在身邊細心養育。塔妮雅在父母的幫助下開始學習字母與閱讀，藉由頭棒與交流板與身邊的人互動。

　　幸運的是，之後全美僅招收 4 個名額，由阿爾・羅斯（Al Ross）所資助的華盛頓大學非語言兒童研究（A study for non-verbal children）中心選中了她，教導她使用摩斯密碼交流器。這個設備能讀取塔妮雅輸入的摩斯密碼，轉譯為字母，再替換成語音，讓她能直接與他人對話。

　　溝通變容易了，這個契機使塔妮雅更積極地享受生活。她熱愛空中跳傘，從中結識了她的丈夫。他們一同開發了一個配有 USB 接頭，進階版的摩斯密碼翻譯機，並以貼近成本的價格賣出。

　　塔妮雅知道這個世界有很多和她一樣的人，卻不見得和她一般幸運，她希望能為這些夥伴們貢獻一份力量。塔妮雅與她的丈夫決心與搜索引擎巨頭 Google 合作，共同在 Google 既有的智能手機鍵盤（Gboard）上，設計摩斯密碼鍵盤，好讓更多人能自由而輕鬆地使用它。

　　塔妮雅協助 Google 設計摩斯密碼鍵盤的布局，在上方的自動提示條上添加了摩斯序列，並設計了能自由移動鍵盤的功能，方便使用者按身體情況來轉換鍵盤。

塔妮雅和她的丈夫與 Google 合作，在智能手機鍵盤上，設計摩斯密碼鍵盤。（來源：Google）

現在摩斯密碼鍵盤能與外部設備連接，使用者只要左右移動頭部，
選取需要的點與線，就能直接輸入文字與語音訊息。（來源：Google）

Gboard 也能搭配 Switch Access 一起使用，讓使用者藉由不同的外部設備鍵操控鍵盤。更酷的是，摩斯密碼鍵盤也提供智能文本建議，能減少使用者的打字次數。

塔妮雅分享，早期她得奮力地搖晃頭部，透過她的丈夫為她訂製的頭部感應設備來輸入文字，這過程不僅費時、錯誤率高外，頭部跟頸部也容易疲累疼痛。如今在 Gboard 摩斯密碼鍵盤與外接設備的幫助下，她只要左右移動頭部，選取需要的點與線，就能直接輸出文字與語音訊息。

Google 在摩斯密碼鍵盤推出之前，舉辦數個營隊，志在讓各路軟體開發高手能幫助全球公民更快學會摩斯密碼軟體的工具與應用。在公布新的 Gboard 應用的那一天，Google 同步推出了三個摩斯密碼小幫手：一個摩斯密碼輸入練習小遊戲、數個摩斯密碼字卡與海報、一個摩斯密碼語音轉換程序。方便所有有興趣或是需要的使用者能輕易學習使用摩斯密碼，快速上手。

現在 Gboard 的摩斯密碼鍵盤能於 Android 或是 IOS 的商店下載，免費開放給所有需要的人。但目前使用語系僅限於英文，未來若能力允許，專案團隊將再把產品規模擴至其他語系，幫助更多無法正常發聲的人。

專案影片：

3. 巴基斯坦 Pakistan：
數位出生證明 Digital Birth Registration

SDG 涵蓋範圍：1,3,4,8,10,17

全球有多達 3.66 億兒童是幽靈人口。

在巴基斯坦，出生登記需要高昂的金錢與時間成本，有 6,000 萬兒童生來就沒有出生證明。少了證明，幽靈兒童無法獲得醫療服務、社會保障甚至教育機會。巴基斯坦第二大的電信公司挪威電信（Telenor）為了能更加融入並幫助當地社會，與奧美（Ogilvy）、巴基斯坦政府和聯合國兒童基金會（UNICEF）合作，一同提出並啟動了「數位出生證明」（Digital Birth Registration）專案，幫助出身貧寒，身處農村的幽靈兒童，獲得重要的出生證明，享有新生。

該專案先從九個村莊開始，通過政府授權的數據收集員（如當地的社區領袖、神職人員、醫護人員、老師、專案人員等），帶著配給的智能手機與行動註冊應用程序，挨家挨戶的拜訪，說服並協助文盲的父母同意為孩子申請出生證明。

透過電子註冊程序，居民能繞過傳統的紙質申請，直接為新生兒或幽靈兒童記錄他們的名字、性別、生日、長相、聯絡電話、地址與父母資訊，並翻拍必要的文件。申請資料與官方的數據庫相連，程序會自行交叉比對裡面的新舊資料，整理完畢後交由地方官員審查核准，若沒有問題，就順利結案。

「數位出生證明」專案，幫助身處農村的幽靈兒童，獲得重要的出生證明。（來源：Campaign Brief Asia）

189

專案影片：

專案的數據收集員，帶著配給的智能手機與行動註冊軟體，挨家挨戶的拜訪，
說服文盲的父母同意為孩子申請出生證明。（來源：UNICEF）

　　就這樣，成功的把傳統至少需要三天才能申請的證明文件，縮短到十分鐘就完成。

　　在專案團隊積極註冊之下，出生證明的申請增加了 300%；專案團隊已覆蓋了巴基斯坦的兩個省份，為 426 個村莊中 140 萬兒童提供了出生證明。這些兒童重新獲得了應有的基本人權，許多父母親對這項專案感激得無以言喻。一位孩子的父親在採訪時欣慰的說：「我為我的孩子感到驕傲！有了出生證明，他可以接受高等教育，去完成他的夢想了。」

　　挪威電信的行銷主管亞西爾・亞辛（Yasir Yasin）表示：「作為一個品牌，我們希望在人們的生活中創造出有意義的影響。如果一個未被覆蓋的村莊得到連接，這個村莊的未來就會改變。」

　　「數位出生證明」在巴基斯坦獲得前所未有的熱烈回響，大為成功。現在，95% 的新生兒，均能在出生六個月之內完成出生登記。深受激勵的挪威電信，現已同步把它複製到緬甸的一個據點試行營運，若一切順利，它將加快腳步把該專案普及至全世界，讓更多隱形的孩童重獲人權，重見天日。

4. 愛爾蘭 Ireland：
為無家可歸的人提供郵政地址 Address Point

SDG 涵蓋範圍：1,4,8,10,17

　　以踢踏舞聞名於世的愛爾蘭，曾遭受嚴重的經濟危機，許多人失去住所，無家可歸。七萬多人申請社會住宅，平均等待期長達四年。其中一萬多人成為遊民，兒童就有三千名。他們沒有穩定的居所，沒有可以聯絡的地址，很難與社會連結，無法工作、受教育或獲得醫療服務。

　　2019 年，愛爾蘭面臨遊民危機的最高峰，無家可歸的人數衝上歷史高點，愛爾蘭郵政（An post）為了提高公共利益與國民的生活品質，決心處理這個問題。它與遊民進行訪談，集結他們的需求，最後設計出了「地址點」（Address Point）這個服務，解決遊民沒有聯絡地址的問題。

　　「地址點」草案，起源於遊民提出的幾個要求：

一、希望這個服務是免費的、彈性的。

二、地址的呈現方式看起來必須與他人無異，以免一眼識別擁有
　　者是遊民。

三、申請介面簡單，不要有太多步驟。

遊民德里克表示，「地址點」
這項服務，讓他重新與社會連結。
（來源：Maxwell）

專案影片：

191

　　愛爾蘭郵政在設計「地址點」時，顧慮到未來性，為了方便全球其他的郵局也能使用，特別設計了一個代理地址系統，讓每個使用者都能獲得一個專屬地址。

　　該系統的使用方式極為簡單，僅有兩個步驟。使用者在官網上完成身分註冊後，只要選定一個方便他取件的地方郵局，系統就會生成一個專屬地址，看起來就跟普通地址一樣，方便使用者註冊學校或申請工作。這個地址裡藏有郵局才看得懂的特別碼。工作人員處理信件時會記得把信留下來，等使用者來親自領取。取件時，遊民只要把含有相片的身分證件給工作人員看，確認是本人，就能獲取郵件。

　　「地址點」這項服務已通行於整個愛爾蘭，有 200 個郵局能替遊民收取或寄送郵件。信件或包裹會被郵局保存 20 天，但重量不得超過100 克。它的彈性與人性化服務，深受當地遊民與遊民協助組織的歡迎。遊民德里克‧麥奎爾（Derek McGuire）表示，他非常感激這項服務，讓他終於能重新掌握自己的事情，並變得更為獨立。當地超過一半的遊民已採用了這項服務與社會連接。他們終於能去看醫生、登記投票、領取社會福利金、爭取更多能獲得工作的機會。

　　同時，愛爾蘭郵政表示這套系統已開放給全球郵局，希望其他國家也能借鏡他們的方式，讓需要的人能自在的獲得更多與社會連結的機會。

「地址點」的代理地址系統，讓每個使用者都能獲得一個專屬地址。（來源：PostPoint）

5. 德國 Germany：
為難民驗證身分的數位身分銀行 Taqanu

SDG 涵蓋範圍：1,9,10,16,17

　　全球有高達 17 億人口仍缺乏獲得正規金融服務的機會。敘利亞的內戰與俄烏戰爭的爆發，讓情況變得更為嚴峻。許多難民逃亡時來不及攜帶甚至遺失了身分證件，當他們逃至接收國如德國的時候，無法驗明正身。德國發放的臨時身分證無法用於銀行開戶，使人們喪失租屋、工作與金融服務的機會。有些被逼入絕境的難民，只好透過黑市來處理身分問題，卻引發更多犯罪與安全問題。

　　出生於匈牙利的巴拉茲・內梅蒂（Balázs Némethi）針對這個情況，創辦了金融新創公司「Taqanu」；在阿卡德語（Akkadian）中，這個名字意味著「安全」。他希望透過數位身分的方式，協助難民或類似情況的人，重新建立身分識別，更快與金融體系獲得銜接，好融入新家園。

　　Taqanu 的運作方式是根據難民的智能手機與數位足跡（Digital Footprint）來開設身分銀行。這些足跡涵蓋了使用者之前使用智慧手機上所存留的位置歷史、通訊軟體（Facebook、Twitter、Instagram）好友、照片等。使用者還能創造一個「名譽網路」（Reputation network），要求朋友與家人作證此人正是本人。若有任何其他文件的照片，如在難民營中填寫的資料，也要同步上傳到身分銀行中，好累積更多證據。使用者所有的資訊會被儲存於 Taqanu 的個人資料庫中，當使用者要去其他銀行開戶，卻沒有正式的身分文件時，這些資訊將視同他的身分證明。

　　然而，這項創新服務面臨的挑戰十分艱困巨大，傳統銀行仍無法接受難民用數位身分的方式來驗證自身。特別在 911 後，全球銀行被

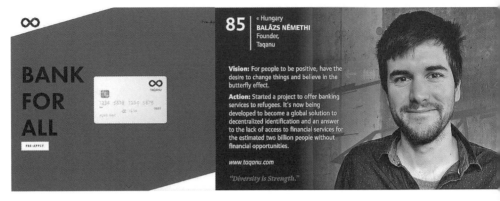

巴拉茲的「Taqanu」將透過數位身分與足跡的方式,協助難民重新與金融體系連上線。
(來源:Taqanu)

勒令嚴格遵守國際反洗錢法,若有違背,得面臨巨額罰款。在這個限制下,多數銀行同意巴拉茲的理念,卻無法用行動表示支持。

　　Taqanu 初步只能先與小銀行或信貸公司合作,為難民先提供一個基礎的線上銀行服務:一個小的儲蓄帳戶、有限的支票與借記卡等。

　　Taqanu 現在有微軟(Microsoft)以及全球最大的會計師事務所德勤(Deloitte)為它保駕護航,他們為巴拉茲提供營運與法務的顧問服務。來自微軟的營運顧問之一丹尼爾·布赫那(Daniel Buchner)說:「我發現 Taqanu 的產品和用戶體驗方法很有趣。它們把用戶的旅程看做一個量身訂作的進展,以實現越來越好的金融包容性。」但他也不否認,現在 Taqanu 遇到最大的挑戰是監管問題。他們正在與國際監管部門積極的溝通,但不知道到底要花上多長的時間。

　　2017 年,Taqanu 在漢堡的 G20 高峰會上,向中央銀行與各國領袖介紹了他的理念,希望能在這 20 個國家拓展,解決難民的金融問題。Taqanu 還在試營運階段,但它提出了各國銀行該持續努力的方向:如何加快並提高全球金融體系的包容性。隨著世界上的難民越來越多,各國與監管會急需認真面對這個問題,無可逃避。

第 11 章／ SDG 11
永續城鄉
Sustainable Cities and Communities：
建構具包容、安全
韌性及永續特質的城市與鄉村

　　台灣人想在台北市買房子，根據內政部的統計，你得不吃不喝 16 年才買得起；出了台北呢？那也要不吃不喝 9 年才有可能。想到這樣的前景，固然令人心痛；但再來看看，全球有四分之一的人口是生活在貧民窟或非正式住宅裡，或許，追求永續城鄉的目標，才能成為人類的真正居住正義。

SDG 11 永續城鄉・細項目標&行為目標

SDG 11 永續城鄉細項目標

11.1	2030 年前，確保所有的人都可獲得適當、安全、可負擔的住宅與基本服務，並改善貧民窟。
11.2	2030 年前，為所有人提供安全、可負擔、易於使用及永續的交通運輸系統，改善道路安全，尤其是擴大公共運輸，特別注意弱勢族群、婦女、兒童、身心障礙者及老年人的需求。
11.3	2030 年前，提升具包容性、永續的都市化和參與程度，在所有國家落實整合性、永續的人類安住規劃與管理。
11.4	進一步努力保護和捍衛世界文化與自然遺產。

11.5	2030 年前，大幅減少各種災害的死亡及受影響人數，且減少災害造成的全球國內生產毛額（GDP）直接經濟損失，包含與水相關的災害，並著眼於保護窮人與弱勢族群。
11.6	2030 年前，減少城市的人均負面環境影響，包括特別注意空氣品質、都市管理與廢棄物管理。
11.7	2030 年前，為所有人提供安全、包容、無障礙及綠色的公共空間，尤其是婦女、孩童、老年人以及身心障礙者。

SDG 11 永續城鄉行為目標

11.a	透過加強國家和區域發展規劃，促進城市、郊區與農村地區之間，經濟、社會和環境的正向連結。
11.b	2020 年前，根據「仙台減災綱領 2015 ～ 2030（Sendai Framework for Disaster Risk Reduction 2015-2030）」實施各層級的災害風險管理，採取包容、資源效率、移民、減緩及適應氣候變遷、提高災害韌性的發展政策和計畫，大幅增加城市與住宅的數量。
11.c	透過財務和技術援助支援，協助最低度開發國家（LDCs）善用當地建材興建永續且具災害韌性的建築物。

SDG 11 永續城鄉・全球近況與問題

由進度表（▲附圖 1）中我們可以看到，全球離永續城鄉的目標越來越遙遠，特別在降低城市貧民窟人口的比例上，各國仍需極大的努力。

聯合國估計，2050 年將有 70% 的人口在城市生活。城市對全球國內生產總值的貢獻超過 80%，碳排量也佔全球 70% 以上。

城市貧民窟人口的問題，其實迫在眉睫。根據統計，2020 年全球大約四分之一（約 10 億多）的城市居民，是生活在貧民區或非正規居

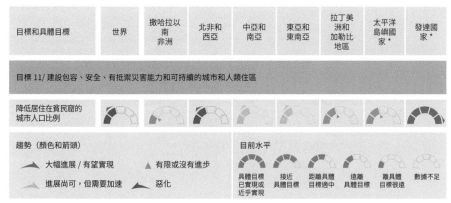

目標和具體目標	世界	撒哈拉以南非洲	北非和西亞	中亞和南亞	東亞和東南亞	拉丁美洲和加勒比地區	太平洋島嶼國家*	發達國家*
目標 11/ 建設包容、安全、有抵禦災害能力和可持續的城市和人類住區								
降低居住在貧民窟的城市人口比例								

趨勢（顏色和箭頭）

▲ 大幅進展 / 有望實現　　▲ 有限或沒有進步

◢ 進展尚可，但需要加速　　▲ 惡化

目前水平

具體目標已實現或近乎實現　接近具體目標　距離具體目標適中　遠離具體目標　離具體目標很遠　數據不足

▲附圖 1　（來源：Sustainable Development Goals Progress Chart 2022）

住處。其中有 85% 在中亞和南亞（約 3.59 億）、東亞和東南亞（約 3.06 億），以及撒哈拉以南非洲（約 2.3 億）。

聯合國呼籲，應向全球 10 億貧民提供他們所需的支持，如經濟來源與住房等，幫助他們改善生活條件，脫離貧困、排斥與不平等。

人多之處，就有空氣汙染的問題，空氣汙染削弱了人體的免疫力系統。2019 年，因交通、工業、發電與焚燒廢棄物所造成的 PM2.5（細懸浮微粒）和其他汙染物，使人們罹患中風、心臟病、慢性阻塞性肺病、肺癌與呼吸道感染的風險增加，導致了約 420 萬人死亡。（▲附圖 2）

2021 年世界衛生組織更新了空氣品質標準，每立方公尺 PM2.5 濃度不可超過 5 微克。目前中亞和南亞城市的空氣汙染全球最嚴重，是平均值的兩倍以上。

在城市的快速擴張下，城內的垃圾與廢棄物的數量也在不斷攀升。各國若不好好處理廢棄物，它們將成為傳染病、塑料汙染與碳排放的來源。

2022 年，全球平均有 82% 的城市執行了廢棄物的收集，其中有 55% 是在妥善控制的設施中處理（▲附圖 3）。同一時間，撒哈拉以南非洲和大洋洲城市的平均廢棄物收集率不到 60%；而亞洲、拉丁美洲和加勒比地區城市的收集率則為 70% ～ 85% 不等。

城市地區人口平均每年接觸的顆粒物（PM$_{2.5}$），2017-2019年（微克/立方米）

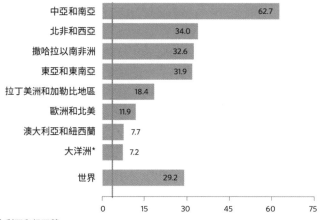

* 不包括澳大利亞和紐西蘭。
注：垂直線代表世衛組織新空氣質量指南中對顆粒物（PM$_{2.5}$）的規定值，
　　即每立方米5微克或以下。

▲ 附圖 2（來源：The Sustainable Development Goals Report 2022）

被收集和在受控設施中進行處理的城市固體廢棄物比例，2022年(百分比)

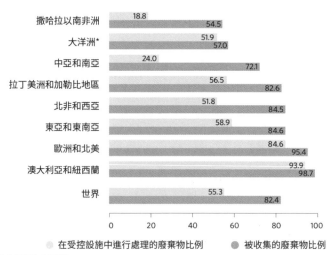

* 不包括澳大利亞和紐西蘭。

▲ 附圖 3（來源：The Sustainable Development Goals Report 2022）

SDG 11 永續城鄉．國際案例分享

1. 英國 United Kingdom：
不可思議可以吃的托德摩登小鎮
Incredible Edible Todmorden

SDG 涵蓋範圍：1,2,11,15,17

　　著名的童話故事裡，有一棟美味的糖果屋，是巫婆為貪吃小孩布下的甜蜜網羅。而在英國，有一個神奇的小鎮，種滿了蘋果、梨子、櫻桃、覆盆子、草莓、黑醋栗、豆類、薄荷、百里香、羽衣甘藍、馬鈴薯、紅蘿蔔與各類蔬菜水果。村民在警察局與消防局前種了玉米與果樹，又在火車站旁種滿了萵苣與番茄。不論遊客還是居民，都能盡情地免費取用這些鮮美的蔬果藥草。

　　這個地方名叫托德摩登（Todmorden），是一個約有 16,000 人的小鎮。位於英格蘭西約克郡，在曼切斯特和利茲之間。

　　早期的托德摩登並非如此綠意盎然，當地盛產棉花，但隨著棉花產業的沒落，老舊廠房空置，大量年輕人出走，高達 20% 的居民沒有收入，更有 28% 的兒童活在貧困之中。

　　這個老舊的村莊為何變得如此與眾不同？因為當地有兩位神仙教母。帕姆‧沃赫斯特（Pam Warhurst）和瑪莉‧克萊爾（Mary Clare）擔心窮困的子孫無法獲得均衡食物，希望未來人人都有食物，於是決定把自己珍貴的玫瑰園變成一座菜圃。她們在裡面種滿了蔬菜，把花園的圍牆推倒，並在上面插了一個牌子，上面寫著「自助」（Help Yourself）。這樣一個小行動，沒想到激發出一場大回響。

　　她們募集了 59 名義工，在政府的同意下，開始在城鎮裡的陽台、花園、墓園、任何有土壤的空地種植蔬菜水果，方便大家自行取用。

活動一開始，居民就熱烈響應。資深志工愛絲黛爾（Estelle）分享道：「這一切就像是野草莓擴散一般……。各行各業，不分男女老少的居民，都義不容辭的參與，大家交換種子、幫忙除草種植，有錢出錢、有力出力，在鎮內各處闢田園種蔬果。」

不到三年，一個小小的活動，變成全鎮參與的公共田園運動。居民們認養土地、澆灌培育、摘收果實、種新植物，每天觀察作物的變化及時採收，假期時輪流在社區給大家做飯。學校與家庭帶著孩子認識植物，甚至提供園藝課程。

活動開始以來，公共設施的破壞行為急遽下降，社區與城鎮的向心力不斷提高，幸福指數也跟著增加。2018 年，托德摩登成為英國首座糧食完全自給的城鎮。

2012 年，帕姆成立了 Incredible Edible 組織，提供專案工具包（從保險、許可證，到如何種菜、培育蜜蜂等資料），幫助該活動能更快推廣到其他國家。

目前英國各地有 100 多個 Incredible Edible 團體成立。它的運營模式也被複製到法國、德國、西班牙、加拿大、古巴和香港地區，成立了高達 600 多個新「Incredible Edible」專案。

托德摩登的居民能自由取用城鎮內所有的蔬果香草。
（來源：Incredible Edible Todmorden）

托德摩登的兩位神仙教母，帕姆和瑪莉把自己珍貴的玫瑰園變成一座菜圃。
（來源：Incredible Edible Todmorden）

專案影片：

2. 英國 United Kingdom：
汙染的地址 Addresspollution.org

SDG 涵蓋範圍：3,11

　　空氣汙染是會致命的！在英國，站出來強力要求政府處理空氣汙染問題的，是漢弗萊・米勒斯（Humphrey Milles）。

　　他歷經一次嚴重的車禍，劫後重生，決心要為這個世界有所貢獻。他創辦了「公眾利益中央辦公室」（Central Office of Public Interest），希望對解決當地嚴重的空汙問題有益。

　　漢弗萊與倫敦知名廣告公司 AMV BBDO、倫敦帝國學院合作，開發出了具代表性的「汙染的地址」（Addresspollution.org）網站。

　　專案團隊起先拍攝了「人民對抗空氣汙染」的影片，並積極地展示給政府官員，當時的事務大臣們非常有共鳴，把影片分享給更多的同僚，然後這事就結束了，什麼也沒有發生。

使用者能在「汙染的地址」網站上輸入自家門號，確認住所的空氣品質、等級、與歷史報告。
（來源：Addresspollution.org）

專案團隊再接再厲改變做法，把國王學院提供 15 億資料點的 PM2.5、PM10、二氧化氮數據，轉化成能清楚識別的空氣汙染指數，從低到高，分成 1 到 5 的等級。讓居民不單能更了解他們的居住環境，也更能留意那看不見的汙染因子對健康會造成的危害。

「汙染的地址」一推出，超過 47 萬的倫敦人立即響應，他們在網站中輸入自家地址，確認住所的空氣品質、等級、歷史報告、會對健康造成的影響程度等資訊。值得一提的是，「汙染的地址」的網站上更註明了使用者的居住領域是否已違背 WHO 所設立的汙染限制。根據調查，英國高達 97% 的住宅區違背了至少一項 WHO 規定的汙染條款；而 70% 的住宅區更違背了至少三項的汙染條款。

驚覺事態嚴重的倫敦居民非常憤怒，紛紛抗議，要求英國政府改善國內惡劣的空氣品質。為了緩和輿論的壓力，英國政府同意改善環境、修改法律，加裝電動車充電站的數量、提前在 2040 年起禁止汽油與柴油汽車、明令所有房產業者與相關仲介機構有責任與義務告知潛在消費者各區的空汙情況，若有違背將處以高額罰款。

該專案在歐洲氣候聯盟（European Climate Foundation）的資助下，現已覆蓋了整個英國，並有超過三千多萬人使用了他們的網站。專案團隊透過與地方政府的密切合作，成功擴增了新的空氣汙染數據。幾個英國知名的地產與房屋網站如 Zoopla 與 Search Smartly，也把「汙染的地址」的空汙指數導入他們的搜索功能中。

專案團隊表示他們會繼續添加新的功能，希望未來能把該系統複製到其他仍受空汙所苦的國家，方便當地區民隨時觀測，並指引各國政府加快環境改善的步伐。

專案影片：

3. 塞爾維亞 Serbia：
液態樹 Liquid 3

SDG 涵蓋範圍：11

　　貝爾格勒（Belgrade）是塞爾維亞的首都，長期受霧霾所苦。它身邊有兩座曾於 2019 年被列入歐洲汙染最嚴重的大型燃煤發電廠，2022 年 11 月，瑞士空氣品質數據庫（IQ Air）將貝爾格勒列為世界第五大汙染的城市。

　　高達六成的塞爾維亞人住在城市中，惡劣的空氣品質對他們的健康造成極大的威脅。為了處理這個迫在眉睫的問題，塞爾維亞生物物理學權威伊萬・斯帕索耶維奇博士（Dr. Ivan Spasojević）開發出了一種名為「三號液體」（Liquid 3）、別稱「液態樹」的新型態空氣淨化工具。

　　「液態樹」的淨化作用能媲美兩棵樹齡十年的樹木或是 200 平方公尺大的草坪，它藉由在 600 公升水箱中行光合作用的淡水藻類，吸收二氧化碳，產生氧氣，效率為一般樹木的 10 倍～ 50 倍。

　　值得一提的是，藻類對重金屬的抵抗力比樹木更強，根據實驗證明，它能清除 300 至 3,000 立方公尺空氣中的重金屬微粒，能更有效的改善城市中的空氣品質。

　　「液態樹」中的淡水藻類，來自塞爾維亞的池塘與湖泊。這類水藻不怕高溫與寒冷，能生活在攝氏 5 度～ 35 度中，甚至能在自來水中生長。

　　「液態樹」完成架設，開始營運後，僅需每一到兩個月清理一下水藻產生的生物雜質，再按需要補充乾淨的水與礦物質，便能繼續運作，維護簡易。打撈起來的生物雜質也能直接做為肥料，非常環保。

　　避免多變的天候影響「液態樹」的光合作用，它的屋頂上設有太陽能板，底部也與城市電網做連結，方便集中能源，也方便下雪的時

候為藻類維持溫度，不間斷淨化任務。更貼心的是，它提供外接能源，忙碌的城市居民能在它的長椅上小憩，還能為手機充電。

「液態樹」現已獲得當地政府的支持，未來將在市政府或其他城市的路邊區域設置約 5 到 10 棵新的「液態樹」。而其創新與實用的設計，也被聯合國開發總署（UNDP）、環境保護部（the Ministry of Environment Protection）等組織評選為全球 11 種最佳創新與氣候智慧解決方案之一。

伊萬博士表示「液態樹」其實還有很多潛力，它的淨化功能並不侷限於空氣，還可被用在廢水、生物燃料與工廠廢物處理上。

在空間狹小的城市，「液態樹」能代替兩棵十年的樹木來淨化環境。（來源：Green Product Award）

專案影片：

4. 荷蘭 Netherlands：
霧霾淨化塔 Smog Free Tower

SDG 涵蓋範圍：9,13,11,17

　　根據 WHO 統計，全球每年有 700 萬人死於空氣汙染。

　　為了提高人們對於空氣汙染的認知與嚴重性，並找到一個能大面積清理煙霧粒子的方法，國際知名的荷蘭藝術兼建築設計師丹・羅塞加德（Daan Roosegaarde）與代爾夫特理工大學（Delft University of Technology）的奈米粒子權威包勃・烏爾塞姆（Bob Ursem）及其研究團隊，共同設計了一座「霧霾淨化塔」（Smog Free Tower）。

　　該塔約七公尺高，由鋁金屬製作，藉由離子技術，發送正離子來吸引並吸納汙染顆粒，像一個巨大的吸塵器一樣把粒子全部吸走，再用過濾器進行分離，汙染顆粒會被收集起來，而乾淨的空氣從塔的通風口處排出。丹表示塔的正離子淨化的空氣不會產生臭氧，人們可以安心的在周圍呼吸新鮮空氣。

　　第一座淨化塔設立在荷蘭鹿特丹的 Dream factory 旁邊，試營運幾個月後，確認實驗結果符合預期，「霧霾淨化塔」便開始了它的全球之旅，陸續在不同的國家落地生根。第一站就是北京。

霧霾淨化塔約七公尺高，
能藉由離子技術來過濾空氣。
（來源：Studio Roosegaarde）

丹還設計了清潔腳踏車，讓使用者能一邊踩踏板，一邊淨化空氣。（來源：Studio Roosegaarde）

丹把淨化塔收集的
煙霧粒子製成了珠寶。
（來源：Studio Roosegaarde）

專案影片：

　　北京對丹有特殊意義，那是他靈感的發源地。2013 年的某一天，他說：「我清楚地記得，我從酒店的窗戶望出去，根本看不到任何東西。」他決心改變環境，在過程中產生設計淨化塔的構想。他找上了當地的官員與中國環境部，他們讚歎他的創意，讓專案團隊獲得了大力支持。

　　至於那些收集起來的霧霾顆粒去哪裡了？丹發揮藝術家的創造力，把淨化塔收集的煙霧粒子製成了珠寶。他把煙霧顆粒在高溫高壓下壓成小方塊，配上純銀與純金的戒環，瞬間變成情侶訂婚或結婚的戒指。丹並把所有戒指的收入，都回饋到淨化塔的推廣上。

　　另一個有趣的發明是丹設計的清潔腳踏車，靈感來自於能過濾水源的鯊魚。丹在腳踏車前頭安裝了一個小型的過濾器，當開始踩踏腳踏車踏板，就能潔淨四周骯髒的空氣。

　　迄今，淨化塔已經在荷蘭鹿特丹、波蘭、墨西哥、哥倫比亞、印度、韓國以及中國的上海、天津、北京、大連陸續駐點。專案團隊相信在不久的未來，全球各城市都能獲得一座既具象徵意義，又能淨化環境的「霧霾淨化塔」。

5. 巴西 Brazil：
無障礙通道墊 Accessibility Mat

SDG 涵蓋範圍：9,10,11

在巴西，有高達 4,600 萬人患有殘疾，其中 7% 的人有行動障礙。儘管身障者能駕駛改裝過的汽車，如福特知名的 Ford Ecosport，但當他們來到街上，面對嚴重不足的無障礙設施，若身邊無人陪伴根本寸步難行。

國際汽車大廠福特巴西分公司發現了這個問題，為了幫助有行動障礙的身障族群能更自由的移動，與巴西的公關公司 GTB 和 Code Studio 合作，一同研發設計出了「無障礙通道墊」（Accessibility Mat）。

這是一個很神奇的通道墊，由福特汽車 Ford Ecosport 後車廂的汽車墊改良而成，本身非常輕、防水、也能清洗。可負載至 250 公斤。

「無障礙通道墊」的使用方式極為簡單，身障者只要把它從後車廂中取出，掛到輪椅的背後，移動到需要幫助的位置時，把通道墊攤開一鋪，就能直接使用。使用完畢，只要折起，放回輪椅背後跟車上即可。

讓人驚艷的是，通道墊裡面裝有壓力感測器與藍芽傳輸系統，能與使用者手機裡的應用程式連結。它不單能在地圖上紀錄通道墊放置的位置，還能把資料共享給其他使用者，同時為專案團隊創造了一個珍貴的數據庫，讓政府未來重新規劃城市時能按需求加裝無障礙設施。

當地身障時尚設計師米歇爾・西默斯（Michele Simoes）參與試用後表示：「我希望能夠自由的在人群中移動，我認為這個通道墊允許我這樣做。」

團隊幾經調整產品後，於 2018 年完成專利註冊。同年 11 月，「無障礙通道墊」正式於聖保羅汽車展亮相，引起熱烈討論，並成功提高了巴西政府對於無障礙設施議題的重視。

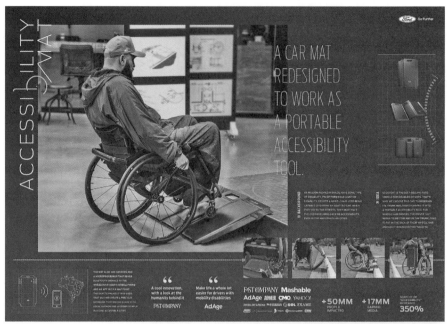

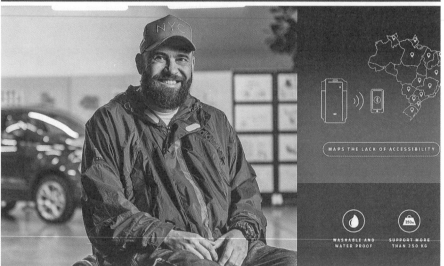

身障者只要將「無障礙通道墊」從後車廂中取出，
掛到輪椅的背後，移動到需要幫助的位置，
把通道墊攤開一鋪，就能直接使用。（來源：Vinny Lucas）

專案影片：

6. 新加坡 Singapore：
全球第一座為身障者設計的賦能村
Enabling Village

SDG 涵蓋範圍：4,5,8,10,11

　　有身體障礙（Disabled），並不代表身障者沒有享受日常生活的能力。新加坡社會家庭發展部（Ministry of Social and Family Development）及新加坡協助身障者自立局（SG Enable），就在新加坡的紅山（Bukit Merah）上，設立了全球第一個專門為身障者創造的「賦能村」（Enabling Village），一個多元包容的全方位社區服務中心，於 2015 年正式啟用並對外開放。

　　新加坡建築事務所 WOHA 用大片的樹林與生態池，塑造出一個如森林公園般清新的社區空間。WOHA 也在一些小地方貫徹永續理念，譬如用再生紙箱堆砌園區中的咖啡廳、用舊的海運急裝箱來製作橋樑與會議室、用回收油桶作花盆等。為了方便所有人移動，WOHA 在規

Enabling Village
Photography by Patrick Bingham-Hall

為方便所有人移動，WOHA 導入各類無障礙坡道、 電梯、扶手、觸覺地板指示器、與視障標誌等，連接不同空間。（來源：Enabling Village）

專案影片：

進駐村內的連鎖超市同步調整
店內產品的陳設高度、加裝服務鈴、
提供輪椅客人也能使用的購物車。
（來源：NTUC）

劃環境時把所有的物理障礙清除，導入各類無障礙坡道、電梯、扶手、感應與觸覺地板指示器、視障標誌等，連接區內的不同空間。其中最讓人驚奇的是，區內有一台能自動偵測訪客視線位置的語音導覽機，它會配合來賓的高度自行調降，讓有需要或移動困難的訪客不用找客服人員，便可自行使用導覽機，在社區中探險。

自立局為幫助身障者更獨立，在社區中開設多樣的職業培訓課程（如餐飲、家務、藝術），並在過程中評估他們的求職能力，協助與適合的工作媒合。

自立局也邀請當地餐廳、商店、連鎖超商與藝廊進駐，除了增加身障者的就業機會，也為來參觀的人提供更多元的產品。當年新加坡總理夫人何晶參加歐巴馬夫妻的白宮國宴時，她的手提包便是出於這些學生之手。

溫馨的是，進駐的合作企業貫徹園區整體的設計原則，如新加坡的平價連鎖超市 Fair Price，會調整店內如降低產品的陳設高度、加裝服務鈴、提供輪椅客人也能使用的購物車，讓顧客擁有美好的消費體驗。

園區內除了以上設施外，還有健身房與幼兒園。值得一提的是，健身房裡面長者、身障者與附近居民們一起運動，幼兒園中身障兒童與一般孩童各佔一半，彼此都能和睦相處。「賦能村」讓身障者與社會獲得更溫和的連結，人們也更能同理身障者。

「賦能村」的成功讓海內外的社區中心紛紛前來參訪，希望能把核心理念帶回去。未來，自立局不單加快在新加坡各地複製更多「賦能村」的腳步，也會繼續擴建它的元老社區，為身障者、他們的照顧者與附近的居民提供更多元豐富的服務。

第 12 章／ SDG 12
責任消費及生產 Responsible Consumption and Production：
促進綠色經濟，確保永續消費及生產模式

「把碗裡的飯吃乾淨！飯剩在碗裡，小心長大了嫁（娶）個大麻子臉。」小時候不肯乖乖把飯吃完，大人都會這樣對孩子說。其實，粒粒皆辛苦、別浪費糧食，就是最根本你我都能做得到的「責任消費」啊。

SDG 12 責任消費及生產・細項目標&行為指標

SDG 12 責任消費及生產細項目標

12.1	由已開發國家帶頭，動員所有國家執行「永續消費與生產十年計畫架構」（10YEP），並考量開發中國家的發展和能力。
12.2	2030 年前，實現自然資源的永續管理以及高效使用。
12.3	2030 年前，將零售和消費者方面的全球人均糧食浪費減半，並減少生產與供應鏈上的糧食損失，包括收割後損失。
12.4	2020 年前，根據國際協議的框架，在化學品與廢棄物的生命周期中，以對環境無害的方式妥善管理，並大幅減少其排入大氣、滲漏至水和土壤中的機率，降低對人類健康和環境的負面影響。
12.5	2030 年前，透過預防、減量、回收和再利用，大幅減少廢棄物產生。
12.6	鼓勵企業採用永續做法，特別是大型企業和跨國公司，並將永續發展資訊融入公司營運計畫中。

12.7	依據國家政策和優先事項，推動永續性的公共採購流程。
12.8	2030 年前，確保各地人民都能具有永續發展的相關資訊和意識，以及與自然和諧共處的生活模式。

SDG 12 責任消費及生產行為目標

12.a	支援開發中國家強化科學與科技能力，協助他們邁向永續的消費和生產模式。
12.b	制定及實施政策，監測永續發展對於創造就業機會、促進地方文化與產品的永續觀光的影響。
12.c	依據各國情況消除市場扭曲，改革易造成浪費的低效化石燃料補 助，包括透過改變課稅結構、逐步廢除有害的補助，以反映其對環境的影響；在改革過程中考慮開發中國家的需求，盡量減少對其發展可能產生的不利影響，以保護窮人和受衝擊的群體。

SDG 12 責任消費及生產・全球近況與問題

　　全球離 SDG 12 消費責任及生產的目標緩慢拉近，特別是在各國對於化石燃料補貼的合理化調整，與減少國內物資消耗方面（▲附圖1）。但若要在 2050 年完全達到目標，各國仍需更為努力。

　　過分的糧食浪費依然在持續發生。2020 年，根據統計（▲附圖2），全球有 13.3% 的糧食在送達零售市場前損害。它們普遍發生在農場作業、運輸、儲存、加工與批發過程中。另外，約有 9.31 億公噸（17%）在家庭、食品服務和零售過程中浪費，這相當於每人每年浪費 121 公斤糧食，其中 60% 為家庭浪費。

糧食損失與浪費是嚴重的全球問題。糧食垃圾的碳排放量佔全球碳排放總量的 8% ～ 10% 左右。減少糧食浪費是各國為降低全球碳排放量的首要目標之一。

不只是糧食浪費，現在連電子垃圾都十分驚人。2019 年，全球產生的電子廢棄物數量為人均 7.3 公斤，其中只有 1.7 公斤以無害的方式（將有害物質拆解，可用組件被妥善回收）處理。聯合國呼籲各國應加快補足基礎設施，設立相應法規，處理當地或非法進口的電子垃圾。

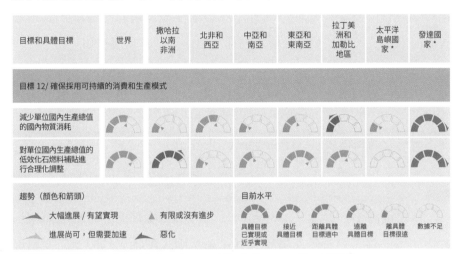

▲附圖 1 （來源：Sustainable Development Goals Progress Chart 2022）

糧食損失（在收穫後和到達零售市場前）比例，2020年（百分比）

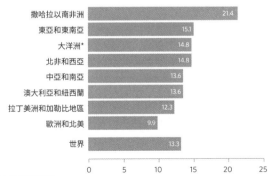

· 不包括澳大利亞和紐西蘭。

▲附圖 2 （來源：Sustainable Development Goals Progress Chart 2022）

SDG 12 責任消費及生產・國際案例分享

1. 馬來西亞 Malaysia：
絕對不會忘記的購物袋 Unforgettable Bag

SDG 涵蓋範圍：12,13,14

　　全球每年使用超過 1 兆個一次性塑膠袋。在馬來西亞，每年人均扔掉 300 個塑膠袋。這些一次性塑膠袋無法被環境自然分解，許多順著河流來到了大海，不單汙染了海洋，還傷害了許多海棲類動物。

　　國際超市巨頭 Tesco 的馬來西亞分公司發現，不管如何宣傳甚至降價販售，只有 5% 的客戶願意使用環保購物袋。為了能確實解決塑膠袋的濫用，Tesco 與國際行銷格雷公司（Grey）合作，設計了「絕對不會忘記的購物袋」（Unforgettable Bag）。

　　這是一種把購物袋與優惠券結合，讓它變成「無法被忘記」的購物袋。

　　為了推廣環境保育，減少塑膠袋的使用，保護瀕臨滅絕的海棲類動物如棱皮龜、領航鯨與特殊魚種，專案團隊把牠們的圖案與優惠條碼整合在一起。只要把購物袋上每一個海洋動物的圖案給櫃台一刷，就能便宜 20 馬分（約 1.2 台幣），一個購物袋的售價是 50 馬分（約台幣 3.4 元），只要消費者使用三次，就賺回購物袋的錢了，所有多出的優惠都是賺到。

　　購物袋是用可回收材料製作的，質地比普通的塑膠袋堅韌。消費者若在使用過程中不小心弄破了購物袋，可以直接拿到 Tesco 的超市櫃檯，工作人員會換一個新的，鼓勵消費者繼續使用購物袋。

　　這項專案於世界地球日（4 月 22 日）之前展開，在馬來西亞的吉隆坡與柔佛州的 11 家 Tesco 進行試營運，活動進行得非常順利。第一個月

內，超過 68% 的「絕對不會忘記的購物袋」已被重複使用了數次，消費者在店裡購買一次性塑膠袋的數量大幅下降，效率比以往提高了 14 倍。

　　現在「絕對不會忘記的購物袋」活動已推廣至全國的 56 家店，成功為 Tesco 一年內省下了 2,000 萬個購物袋。Tesco 表示已與總公司商量，希望將專案複製到其他的亞洲國家，幫助更多的消費者養成用環保購物袋的好習慣。

為推廣環境保育，專案團隊把優惠條碼與海洋動物圖案整合在一起。
（來源：Sustainable Grey）

櫃台只要一刷購物袋上的海洋動物圖案，
消費者的總花費就能少 20 馬分。　（來源：Marketing-Interactive）

專案影片：

2. 丹麥 Denmark：
用膠水搞定啤酒包裝 Carsberg's Snap-Pack

SDG 涵蓋範圍：9,12,13,14,17

　　夏日炎炎，一罐冰鎮的飲料誰能抵擋？只是這種日常小確幸的背後，隱藏了極大的塑料浪費。每年，飲料業者生產的塑料與塑膠包裝高達 1,500 萬噸，對環境與動植物造成極大的汙染與傷害。

　　在整個啤酒的供應鏈中，包裝材料的碳足跡佔了四成。除了紙箱外，固定啤酒的塑膠套、熱縮薄膜佔汙染比例最大。為了解決包材問題，全球第四大、來自丹麥的啤酒製造商嘉士伯集團（Carlsberg Group）與 NMP Systems Gmbh 一同研發出一種新型態的包裝「Snap-Pack」，藉由一種特殊膠水，把一手啤酒（六罐）全部黏起來，一次搞定所有包裝。

　　研究團隊花了整整三年才研發出 Snap-Pack 這款新包裝。他們首先得找到一款能讓啤酒彼此牢牢貼合的膠水。要方便消費者拿取、不能黏得太死，又不能讓啤酒在運送過程中擠撞散開，所以也不能黏得太鬆。膠水本身不能含有對環境有害的物質，還要適應供應鏈中所有可能面臨的溫度（如常溫儲存、高溫運輸、店內冷藏等）。要找到這樣萬中選一的膠水，可不是一件容易的任務啊！研究團隊試了四萬種不同的膠水，最後才調配出一種質地類似「口香糖」的特殊膠水，做為主要黏著劑。

　　這款「口香糖」膠水很神奇，它能適應各種溫度，透過幾個膠點就能讓啤酒罐緊密的黏在一起。當消費者要分開瓶罐時，只要聽到啪的一聲，罐子就能取下來了，留在上面的殘膠非但不沾手，不會損害瓶身上的油墨，還能跟著罐子一起回收，完全不會汙染環境。

　　試營運階段，嘉士伯先在熟悉的市場如英國與挪威搶先推出啤酒四件套與六件套的包裝，確認各通路都已穩定上架後，才鋪往世界各

新型態的「Snap-Pack」包裝，
能用一種特殊膠水把
一手啤酒全部黏起來。
（來源：Brewer World）

專案影片：

地如丹麥、愛沙尼亞、法國、德國、拉脫維亞等。

　　不單是消費者，就連零售三巨頭之一 Tesco 都覺得這類包裝能守護環境，對嘉士伯的支持度也隨之提升。在 Snap-Pack 廣受好評的加持下，嘉士伯全球的銷售成績成長了 6%。

　　嘉士伯集團的 CEO 郝瀚思（Cees't Hart）分享道：「我們一直在努力改進，Snap-Pack 的推出，清楚表明了我們期待為消費者提供更好的啤酒體驗，同時減少對環境的影響。」

　　根據嘉士伯的數據分析，Snap-Pack 將為嘉士伯減少高達 76% 的塑料包裝，也就是說，在全球範圍內每年減少超過 1,200 公噸的塑料垃圾（相當於 6,000 萬個塑膠袋）。

　　為了地球的永續性，嘉士伯將把這項膠水技術分享給行業內所有的夥伴。嘉士伯自己將繼續朝創新包裝這條路上奔馳，現在它已陸續推出如可回收的收縮包裝、新的回收瓶，甚至是紙做的啤酒瓶，搭配自己研發的銀色環保油墨與瓶蓋來減少汙染。相信嘉士伯很快又會帶著新產品來與我們見面了。

3. 英國 United Kingdom：
不是塑膠 Notpla

SDG 涵蓋範圍：9,12,13,14,17

　　根據聯合國的數據，從 20 世紀 50 年代初以來，已產生了 83 億噸的塑料。其中只有 9% 被回收利用，12% 被焚燒，其餘 79% 被堆積在掩埋廠或是自然環境中。

　　當人們在思考如何用回收來減少塑料垃圾時，羅德里戈・加西亞・岡薩雷斯（Rodrigo García González）和皮耶爾・伊夫・帕斯利耶（Pierre-Yves Paslier）成立的英國新創公司「不是塑膠」（Notpla），想用新的科技與永續材料來替代塑膠容器。

　　羅德里戈與皮耶爾於英國帝國大學（Imperial College London）與皇家藝術學院（Royal College of Art）合辦的創新研究課程上相遇，因

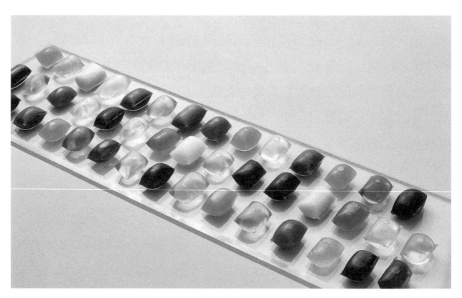

Notpla 的明星商品「Ooho」，就是一顆能連包裝一口吃掉的小水球。（來源：PPAPER）

「Ooho」也能裝調味料如番茄醬、沙拉醬等。（來源：PPAPER）

課堂作業而有了交集。這個作業很特別，要求他們從自然界中找到新的
素材來取代傳統的塑膠瓶。他們做了很多的實驗，最後從米其林的分子
料理（molecular gastronomy）與假魚子醬的球化技術中找到了靈感，
以海藻為材料，研究一種雙層薄膜的包裝，希望藉此取代塑膠。

　　他們成功做出了一個原型，一個較大的透明的泡泡，但堅韌度不
夠，一觸就破。經過了反覆試驗，重新調整配方。藉由把冰球放到氯
化鈣（calcium chloride）和褐藻萃取物（brown algae extract）
的混合物中，一層可食用的薄膜會自行在冰球的外圍生成，等冰在室
溫中融化，留下來的膜遂成為一個天然又可食用的容器。他們命名為
「Notpla」，其實就是源於「not plastic」的意思。

Notpla 能堅實的容納任何液態材料與食物，能裝水，也能裝調味料如番茄醬、沙拉醬等。目前有兩種大小可供選擇，小的叫做「Pop&Go」，可以一口吃進嘴裡。一如他們現在的明星商品「Ooho」，就是一顆能連包裝一口吃掉的小水球。大的則是一顆番茄的大小，約 7 公分，像是一個小袋子，消費者可以撕開或是咬開一個洞再吃內容物。包裝如果吃不下，可以直接丟棄，在 4 周～ 6 周中就可自然分解。

更酷的是，團隊發明了一台小型量產機，能在場地旁邊就地生產飲料球，節省了所有運輸過程可能帶來的浪費。但產品是否能穩定生產，仍需經過試驗。團隊與飲料公司、倫敦馬拉松（London Marathon）、倫敦雞尾酒周（London Cocktail Week）合作，在活動過程中將大顆的「水球」、「能量飲料球」與小顆的「酒水球」發給來賓。試驗非常順利，也大幅減少了原來寶特瓶或塑膠酒杯產生的碳足跡與塑膠垃圾。

團隊又與運動飲料 Lucazade、果汁飲料 Tropicana、酒商格蘭利威（Glenlivet）合作，還與外送平台 Just Eat 達成聯盟關係，在英國的餐館提供了 3 萬個可自行分解、防水及防油的外賣盒，於 2022 年在歐洲各地提供這種盒子。

目前，團隊正在設計更大尺寸的袋子，他們相信只要持續設計並製造可替換塑膠的產品，每年就能阻止 10 億個塑膠瓶流入海洋。

4. 衣索比亞 Ethiopia：
　能在沙漠中保鮮食物的冰箱 WAKATI One

SDG 涵蓋範圍：1,2,12,17

　　撒哈拉以南的非洲是糧食損失最嚴重的地區。特別是衣索比亞，高達 45% 的蔬果在送達市場之前便已損壞，農民無力回天，盼著保鮮期若能拉長 10 天就好了。

　　把這個機動的冰箱化為真實的，是來自比利時的阿納・波維爾斯（Arne Pauwels）。

　　早年阿納曾跟隨企業組織在衣索比亞勘查，當時他就發現當地農民的苦惱。有一天，阿納發現衣索比亞部落裡流傳著一種來自古埃及的食物保存法，那是一種由磚塊、乾沙與 700 公升的水所構成的冷卻系統，讓食物能在儲存過程中降溫，提高保鮮度。阿納從中獲得靈感，發現就算在 30 度高溫，濕度高達 90 度的溼熱環境中，只要有蒸氣存在，就能為蔬果保濕並抑制黴菌，不易腐爛。

WAKATI 冰箱可以將
新鮮蔬果的保鮮期拉長。
（來源：WAKATI）

專案影片：

　　阿納一回到比利時就開始進行一連串的實驗，希望把這個技術簡化，保留精髓並節省能源。最後他順利設計出一款不需製冷，也不須外接電源，就能讓食物保鮮的可移動冰箱「WAKATI One」。

　　WAKATI 在史瓦希里語（Swahili）中，代表「時間」的意思，阿納希望藉由這個冰箱，幫助農民延長農作物的保鮮期外，也能提高他們的獲利。

　　這款小巧靈活，方便攜帶又可摺疊收納的 WAKATI 冰箱，由帆布製成，搭配一個具儲能效果的太陽能板與 3D 列印製成的小風扇。它的使用方式很簡單，由太陽能提供基礎電能，搭配 200 毫升的水，在小風扇的幫助下，創造一個更涼爽、更潮濕又具殺毒效果的微型氣候，可以儲存並保鮮高達 200 公斤的蔬果，讓放在冰箱裡的蔬果能增加 7 到 10 天的保鮮期。

　　冰箱的維護方式也很容易，每周定期加 200 毫升的水，確認太陽能板有照到太陽並充上電，這個系統就能繼續運作了。

　　除了衣索比亞，阿納也在摩洛哥進行實驗，項目進行得非常順利，食物的保鮮期維持在水準上。但 WAKATI 冰箱現仍處於小量生產階段，在荷蘭的公益組織 Cordaid、洛克菲勒基金會（The Rockefeller Foundation）與聯合國世界糧食計畫署（World Food Program）的幫助下，團隊已生產了 170 台冰箱，並於烏干達、阿富汗與海地等地區推廣使用。

　　WAKATI 冰箱解決了非洲電力短缺，難以在高溫環境下儲存食物的問題。它對於缺乏冷藏設備的開發中地區非常實用。WAKATI 團隊希望借助國際組織與當地政府的力量，加快產品的推廣，幫助人們減少食物浪費。

5. 美國 United States：
延長食物保鮮期的小貼布 SAVRPAK

SDG 涵蓋範圍：9,12,17

　　大家知道除了時尚產業，比航空業多出三倍，約佔全球碳排放量 8% 的是什麼嗎？是食物垃圾。在美國，有超過三分之一的食物在沒有開封的情況下被丟棄，其中比例最高的為生菜與漿果類蔬果。

　　比爾・柏根（Bill Birgen）是一名資深的航天工程師，擅長控制噴氣機與火箭的溼度，還喜歡吃沙拉。但只要放一陣子，沙拉裡的生菜就萎縮了，讓他難以下嚥。他想要找到解決方法，最後研發出了一種小保鮮貼布，成效極好。比爾也就順勢創立了「SAVRPAK」，推廣食品保鮮，讓大眾減少糧食浪費。

SAVRPAK 小貼布不單能保鮮生菜，
還能保鮮熱食如披薩和薯條。
（來源：SAVRpak）

SAVRPAK 小貼布能減少多餘水分，
延長沙拉保值期。（來源：SAVRpak）

專案影片：

這個尺寸約 4 × 4 英寸的保鮮小貼布（Peel and Stick），主要的功能是捕捉空氣中的凝結水，以免過多的水氣會加速食物腐爛。根據加州大學戴維斯分校的實驗證明，保鮮小貼布能將萵苣的多餘水分減少 24%，並延長了 18% 的保值期。

小貼布由紙、植物纖維、水和一種吸收聚合物製成，100% 不含化學成分，能自然分解，也符合食品安全，它本身能保持低溫，把水蒸氣吸走。當蔬果從農場出發，開始在各個供應鏈中移動時，小貼布會自動感知環境是否沒有冷藏，並自行啟動，能最大限度的減少新鮮食物上的微生物生長，減緩食物腐爛的時間。

SAVRPAK 的小貼布不單能保鮮生菜，還能保鮮熱食如牛排和薯條。之後，SAVRPAK 又研發出能保鮮嬌嫩蔬果如草莓、黑莓、覆盆子的新貼片（Drop-In）。在團隊與農民的測試下，發現新的貼片能幫助莓果延長 4 到 5 天的保鮮期，南美的金色漿果則能延長 10 天，波斯黃瓜更能保鮮 28 天。

2021 年 SAVRPAK 被《時代》雜誌選為 100 項最佳創新之一。SAVRPAK 的各系列保鮮小貼布現已拓展至全球 20 個國家，分別與各具代表性的連鎖超市與蔬果農場如 Jüsto、RCG Fruits、Divine Flavor、AgrovisionAgrizar、Ocati 展開合作，還與外送平台如 Deliveroo 和 Doorash 配合。專案團隊表示，未來將陸續與西班牙、英國、秘魯和加拿大的各大通路合作。目標是盡快終結每年高達 780 億美元的食物浪費，讓更多人能在保鮮期之內享用新鮮的食物。

6. 英國 United Kingdom：
可用觸摸來分辨效期的食物標籤 Mimica Touch

SDG 涵蓋範圍：9,12,13

　　長久以來，人們仰賴食物包裝上的有效期限，判別食品是否能繼續食用。但它並非最精確的判斷標準，有效期限的偏差性，導致許多食物明明仍可食用卻被提早丟棄。在英國，有 60% 仍可食用的食品被丟棄，每年食物浪費高達 700 萬噸。

　　挪威出身，在英國倫敦布魯內爾大學（Brunel University London）求學的索維加・帕克斯塔（Solveiga pakštaitė），設計了一款能靠觸摸分辨效期的食物標籤「Mimica Touch」，作為畢業代表作。她隨後創辦了「Mimica」公司來推廣這款智慧感知標籤，以取代現有包裝上的有效期限，提高食品安全，減少浪費。

　　索維加表示，早年她在設計公司實習時，曾負責盲人團體的專案，在與盲人互動的過程中，她發現盲人沒有明確工具來辨別牛奶是否還能喝，只好改買對身體負擔較大的奶類加工食品，這讓她產生了設計 Mimica Touch 的靈感。

　　她一開始把產品定位在「幫助視障者辨別食物鮮度」的輔助設計，但在受到 R/GA 創新加速器的投資後，發現普羅大眾也有相同需求。為了從根本上解決全球食物浪費，她與團隊重新調整了定位。

　　Mimica Touch 智慧感觸標籤十分特別，它藉由一種專利設計的高蛋白凝膠，來匹配食物屬性、模擬食物的變質情況；換言之，它的腐爛速度與食物相同。神奇的是，它也能在過程中跟食物一起適應各種不同的環境溫度與條件。

　　Mimica Touch 的標籤分為兩半，一半藍色一半白色。藍色給消費者作為比較，摸起來十分滑順，表示食物還在有效期內。而白色則

是代表食物情況，它分為三層，第一層是給使用者辨別用的觸摸層，第二層為已與食品匹配好的固態凝膠，第三層是突起物。當標籤凹下去變得凹凸不平，使用者可以感覺到第三層的突起物時，就代表食物已變質不能吃了。

　　Mimica Touch 的價格與成本非常親民，成本不到 1 美分，市場定價也僅為 15 美分。它分成兩種包裝，一種為外貼型，能貼在任何尺寸的包裝上，現在已經被活用於果汁、乳製品與肉類上；另一種為內嵌型，直接植入在包裝上，如寶特瓶或其他飲料瓶蓋等，能更好的減少包材。

　　根據學界預測，使用 Mimica Touch 可以減少 50% 的零售食品浪費和 60% 的家庭垃圾，可節省 1.26 億噸的碳排量。希望在可見的未來，台灣也能導入這類智慧標籤，減少在地的食物浪費。

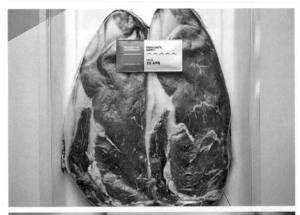

Mimica Touch 現已被靈活的
運用於市場中，消費者
能藉由按壓標籤來判斷
食物是否已經變質。
（來源：Mimica Touch）

專案影片：

第 13 章／ SDG 13
氣候行動 Climate Action：
完備減緩調適行動
以因應氣候變遷及其影響

　　自古以來，人類對「世界末日」都有很多揣想，不知該說幸還是不幸？「世界末日」的樣子，就在我們活著的廿一世紀，已經一步步地向人類逼近了。野火、旱澇等氣候災難已不再罕見，再不展開永續行動，就只能迎接末日來臨了。

SDG 13 氣候行動・細項目標&行為指標

SDG 13 氣候行動細項目標

13.1	強化各國對氣候變遷浩劫、自然災害的抵禦和適應能力。
13.2	將氣候變遷因應措施納入國家政策、策略和規劃當中。
13.3	針對氣候變遷的減緩、調適、減輕衝擊和及早預警，加強教育和意識提升，提升機構與人員能力。

SDG 13 氣候行動行為目標

13.a	履行已開發國家方簽署的《聯合國氣候變遷綱要公約》（United Nations Framework Convention on Climate Change）當中的承諾，2020 年前，每年從各來源募得一千億美元，針對開發中國家需求，進行有意義且透明的減災行動，並盡快讓綠色氣候基金資本化以全盤運作。

| 13.b | 在 LDCs、SIDS 提出有效機制，提高其能力進行有效的氣候變遷規劃與管理，包括聚焦於婦女、青年、在地與邊緣化社區。確認《聯合國氣候變遷綱要公約》是商議全球氣候變遷應對時，國際間、政府間主要的論壇。 |

SDG 13 氣候行動・全球近況與問題

由進度表（▲附圖 1）中我們可以看到，想要在 2050 年時達成 SDG 13 氣候行動的目標，很難。

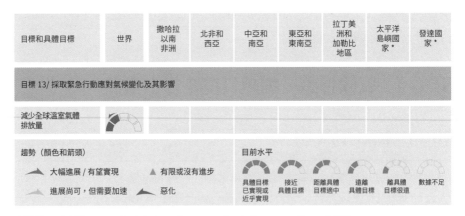

▲附圖 1 （來源：Sustainable Development Goals Progress Chart 2022）

根據《巴黎協定》的規定，要將全球氣候升溫幅度控制在比工業化前的水平高 $1.5°C$ 以內，全球溫室氣體排放量需在 2025 年前達到峰值。一旦達到峰值，必須在 2030 年前下降 43%，並於 2050 年降至淨零。

2020 年，根據實時數據顯示，全球溫室氣體濃度與地球的溫度在持續升高。2021 年（▲附圖 2），全球平均氣溫比工業化前（約 1850～1900 年）的水平（▲附圖 3）高出 $1.11 \pm 0.13°C$。

能源燃燒和工業生產過程造成的二氧化碳排放量,1900-2021年(十億噸二氧化碳)

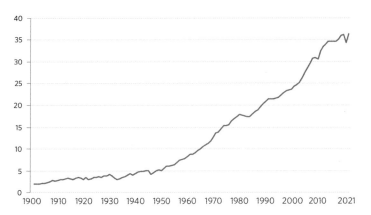

▲附圖 2 (來源:Sustainable Development Goals Progress Chart 2022)

1850-2021年全球年平均氣溫相對於工業化前水準(1850-1900年平均值)的增幅(攝氏度)

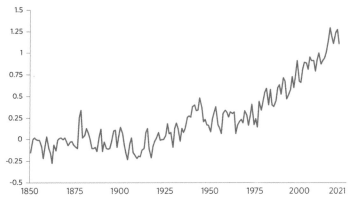

▲附圖 3 (來源:The Sustainable Development Goals Report 2022)

隨著氣溫上升，冰川開始融化、海平面上升，出現越來越多的極端天氣災難事件。2021 年，加拿大創下歷史最高溫，歐洲和亞洲陸續發生大洪水，而非洲與南美洲區域則出現乾旱。

因為疫情的衝擊，全球的能源需求降低，2020 年全球二氧化碳排放量下降了 20 億公噸（約 5.2%），是有史以來最大的降幅。但隨著疫情受到控制，各國對煤、石油與天然氣的需求重新上升。2021 年，與能源有關的二氧化碳排放量增加了 6%，創下了史上新高，完全抵消甚至是超越了前年的碳排量。

如果當前的趨勢持續下去，聯合國預測，到 2030 年，每年中型到大型的災害事件將有 560 起；到 2100 年，全球約三分之一的土地將遭受至少中度的乾旱危機。

即使全球溫室氣體排放量大幅減少、升溫幅度控制在 2°C 以下，到了 2100 年，海平面仍可能上升 30 公分～ 60 公分，導致更頻繁與嚴重的洪水和侵蝕。

即使升溫僅達到 1.5°C，大約 70% ～ 90% 的暖水珊瑚礁仍將消失，而若升溫達到 2°C 則將全部死亡。

這些影響預計將在本世紀內顯現，並將威脅海洋生態系統及超過 30 億依靠海洋為生的人口。

聯合國呼籲各國認真正視並面對現在已十分嚴峻的氣候問題，為了我們自己與後代子孫的未來，所有的行動與改變必須立刻開始。

SDG 13 氣候行動・國際案例分享

1. 墨西哥 Mexico：
用波浪帶動海水淡化 Atmocean

SDG 涵蓋範圍：9,12,13,14,17

　　遠在 16 世紀的航海冒險家，已懂得透過蒸餾的方式，把海水變為淡水。

　　海水淡化（desalination）的技術，隨著工業革命時的煉糖技術與二戰時的飲用水需求變得爐火純青，在 20 世紀因資源的匱乏而急速發展。這項技術在中東地區如沙烏地阿拉伯、以色列最為普遍，當地 70% 的淡水仰賴海水淡化。再來是美國、日本、西班牙等。全球每年海水淡化的規模約以 10% 以上的速度高速成長，這也是解決水資源危機的主要途徑之一。

　　海水淡化技術有幾個缺點：工程材料消耗大、大量的濃鹽水與熱能需要調節，能量損耗更是最大的問題。大多的淡化製程高度仰賴天然氣或柴油燃料驅動高壓泵；帶來淡水的同時，也帶來更多的碳排量。

　　墨西哥的波能公司（Atmocean）想到了一個環境友善的方式，就是利用海水泵系統，乘著波浪的水壓，將海水送上岸。

　　波能的系統由一個 200 英尺 × 200 英尺的海水泵陣列與一個加壓裝置所組成。每個海水泵在海浪經過時，能大幅攝入海水。波浪退去時，海水會以每平方英吋約 180 磅的液壓送至岸上，再按海水淡化製程的需求，加壓至 900 磅，淡水系統便能開始脫鹽，進行海水淨化。

　　波能為求系統的穩定性，與桑迪亞國家實驗室（Sandia National Laboratiories）合作。藉由模型運算，評估海浪上岸時帶來的水量是否符合需求。桑迪亞實驗室物理建模專家里克・吉夫勒（Rick

Givler）表示，根據模擬，只要放置一定數量的海水泵，日常波浪的水壓足以把海水送到陸上的淨化系統中。

波能接著在秘魯沿海進行實測。藉由海浪的動力，系統可以全天候運作，六個月的測試十分成功。平均每年能讓 5,000 萬立方英尺的海水運上陸地，產生 500 萬立方英尺的淡水，適用農業灌溉或是日常飲水。

波能系統的運行成本很低，非常環保，還有助於當地漁業。波能的創辦者菲爾・基利爾（Phil Kithil）表示：「每個泵的陣列都創造了一個海洋保護區，魚群能自由游動不會被限制。當地漁民用漁船協助布置水泵，也為他們帶來了穩定的工作。」

波能不單解決了傳統海水淡化會有的問題，如能源與熱力等。還能在攝入海水的過程中，清理塑膠垃圾，並藉由波浪製造電能。團隊努力加強優化系統，希望能為更多地區帶來更環保的能源。

波能現已穩定與秘魯政府合作。光是秘魯與智利就能設置 13,000 個系統，預計每年能帶來數十億加侖的淡水。

波能公司的海水泵系統，藉由海浪的力量將海水送上岸。
（來源：Atmocean）

專案影片：

2. 巴拿馬 Panama：
可以吸收二氧化碳的綠色混凝土 Partanna

SDG 涵蓋範圍：1,9,12,13,14,17

根據《2022 全球建築和施工狀況報告》，建築業佔全球碳排量的 40%，其中 28% 來自操作排放（如加熱、冷卻和供電結構所需的能源），其餘 12% 則來自於材料和建築。

建築師薩姆・馬歇爾（Sam Marshall）八年前一次因緣巧合，發現了海水淡化的副產品鹵水（brine）與鋼鐵廢料鋼渣結合在一起，會變成一種能吸收二氧化碳又能適應水災的新建築材料：綠色混凝土。

他與前 NBA 湖人隊球員瑞克・福克斯（Rick Fox）心心念念故鄉巴拿馬常受氣候變遷天災之苦，於是攜手創辦了「Partanna」。

Partanna 從材料開始就十分環保，只需要鹵水與鋼渣。

鹵水的回收，對海水淡化廠意義重大。海水淡化廠每淡化一公升海水，就帶來 1.5 立方公尺的鹽水，日積月累，高鹽度鹵水數量驚人，若無法妥善回收，就變成有毒溶液，若流入大海，對生態又是一場浩劫。Partanna 的出現，對海水淡化廠真是一大福音啊！

Partanna 生產綠色混凝土的方式也很特別，它不需要經過高溫燃燒，在化學過程中也不會釋放二氧化碳。它能在室溫下加工，不用仰賴樹脂或塑膠就能自行凝固，過程間不會產生其他有害物質，能源成本非常低。

Partanna 的混凝土與傳統的一樣耐用，也可延展。最讓人驚艷的是，當 Partanna 建築物完工時，它能直接捕捉空氣中的二氧化碳（Direct air capture, DAC），成為全球第一個真正的減碳房屋。

根據團隊調查，1,250 平方英尺（約 35 坪多）的水泥住宅，在生產過程中將產生 70.2 噸碳排放量，但同尺寸的 Partanna 住宅在製造過程中不但零排碳，完工後還能吸收 22.5 噸的二氧化碳，成功達到了

負排碳的效果。

2019 年，巴拿馬經歷一場嚴重的多利安颶風，許多建築與房屋被摧毀，數千人無家可歸。在現場目睹這場災難的瑞克十分痛心，他與團隊積極與巴拿馬政府合作，希望強化當地應對天災的能力。

Partanna 將為巴拿馬建造 1,000 套抗颶風、耐海水腐蝕、還能清除二氧化碳的房屋。首批 30 個單元於 2023 年在阿巴科群島交付，那裡是受颶風影響最嚴重的地區。

同一時間，Partanna 與開發商 Red Sea Global（RSG）合作，將在沙烏地阿拉伯最大的景觀苗圃上安裝 11,000 塊路磚，希望達到淨化附近空氣的效果。同時他們也將嘗試把 Partanna 的海洋彈性混凝土用於紅海的珊瑚礁恢復項目中，看看能否順利活化當地的生態環境。

目前 Partanna 的建材已獲全球碳權認證機構 Verra 認證：該產品能消除空氣中的二氧化碳，是「減碳建材」。

未來，Partanna 希望能為生活在「氣候脆弱」地區（如非洲、南亞、中南美洲、北極等），及常受洪水、乾旱、颶風等災害所苦的人們，建造更多更能適應並改善環境的房屋與基礎建設，讓當地居民能得到居住安全。

Partanna 的建築物能直接捕捉空氣中的二氧化碳。
（來源：Me Construction News）

Partanna 的混凝土能在室溫下加工，
能源成本極低。（來源：Partanna）

3. 法國 France：
節約燃料的智能系統 OptiFlight

SDG 涵蓋範圍：9,12,13,17

航空業製造了全球近 3% 的碳排量，並持續以每年 5% 的速度增長。

為了盡快改善航空業形成的空氣汙染，歐洲航空業者聯合歐洲委員會組成戰略團隊，共同發起了 Clean Sky 的研究項目，開發創新技術，以減少飛機產生的碳排量和噪音水平為首要目標。

第二屆的 Clean Sky 研究項目中，來自法國的新創航空軟體公司 Safey Line 領導「Perf AI」專案，以人工智能來優化飛機性能。OptiFlight 正是該專案中最具潛力的一匹黑馬。

OptiFlight 利用大數據預測飛行軌跡，幫助航空公司節約燃料。藉由機械學習、模型模擬、準確地 4D 天氣預報，來協助航空公司優化所有的飛行程序。

OptiFlight 提供五大解決方案，分別為：

OptiClimb 爬升優化：為不同上升高度制定速度變化。

OptiDirect 路徑優化：根據飛行數據推薦最佳捷徑。

OptiLevel 飛行優化：在逆風環境下提供高度建議。

OptiSpeed 速度優化：推薦省時又省油的最佳速度。

OptiDescent 下降優化：為不同下降高度制定速度變化。

Safety Line 的公司創辦人皮埃爾・約尼奧（Pierre Jouniaux）很高興的說：「駕駛汽車時，你可以在智能手機上使用用戶友好的應用程式來識別捷徑，但飛行員在駕駛艙內卻沒有相應的功能。現在，由於 OptiDirect 的出現，這個情況獲得了改善。」

OptiFlight 在 Transavia 的協助下，完成了為期五個月的測試，

OptiFlight 利用大數據預測
飛行軌跡，幫助航空公司
節約燃料。（來源：SITA）

專案影片：

這段期間超過一千航班使用 OptiClimb 與相關軟體，為每次飛行節省了約 75 公斤燃料。

有 14 架 777F 貨機的 Aerologic 貨運航空公司，使用 OptiFlight 軟體後，每當貨機爬升時都能節省 234 公斤的燃料，統計下來，每年最少能減少 5,000 噸二氧化碳的碳足跡。

自此，Transavia 跟 Aerologic 都成為 OptiFlight 軟體的忠實客戶。至今，OptiFlight 已被多達 21 家航空公司和 857 架客機運用。

2021 年，全球航空運輸的軟體廠商 SITA 併購了 Safety Line，並將 OptiFlight 的功能如 OptiSpeed、OptiDirect、OptiLevel 整合進 SITA 廣泛使用的 eWAS Pilot 應用程式中。該程式能及時提供準確的 4D 天氣預報和航空環境，警告機務人員任何可能的危險如雷爆、閃電、氣流、強風、結冰及火山灰等，還能同時向機組人員顯示速度、高度、路線長短對燃油與時間造成的影響。

目前已有 67,000 多位飛行員使用了 eWAS Pilot 軟體，深深驚艷其精準與實用。新的 SITA 團隊在加拿大設立了一個研究中心，將繼續藉由人工智能的幫助為航空運輸業研發新的解決方案，希望能有效降低目前的碳排放汙染。

4. 肯亞 Kenya：
糧農組織（FAO）對抗沙漠蝗蟲的糧食守衛戰

SDG 涵蓋範圍：1,2,9,13,17

　　蝗蟲，長年跟著季節性氣流遷移。隨著氣候變遷、地貌生態的巨大改變，蝗蟲的遷徙時間與頻率失去規律，民眾無法預估、防範而深受其害。

　　在十幾種蝗蟲中，沙漠蝗蟲的破壞力最高。一隻沙漠蝗蟲幼蟲，每天消耗 2 克植物；一噸沙漠蝗蟲，每天消耗等同 2,500 人份的食物。對全球糧食安全極具威脅。

沙漠蝗蟲每天可移動 150 公里，最大規模的群聚密度高達每平方公里 8,000 萬隻。
（來源：BBC News）

　　2020 年，一場 20 年來最嚴重的沙漠蝗災在東非地區爆發，對當地糧食生計與人民安全造成驚人損害。

　　聯合國糧食及農業組織（Food and Agriculture Organization of the United Nations）簡稱糧農組織，在災情最嚴重的地區如東非、葉門、南西亞、伊朗、巴基斯坦、印度等地一線地區，與大規模的沙漠蝗蟲展開了一場激烈的糧食守衛戰。

　　沙漠蝗蟲繁殖速度驚人，常出沒於土地退化或旱災頻傳的區域。據專家統計，隨著地球暖化，夏季時，蝗蟲總數將增加 400 倍，蝗災頻率與規模將越來越大。

　　沙漠蝗蟲每天可移動 150 公里，最大規模的群聚密度高達每平方公里 8,000 萬隻。所經之處，不論是農作、畜牧，就連植物都被破壞殆盡。

　　為了迎戰蝗蟲大軍，糧農組織集結各路好手，共同研發一系列幫助受害國家提早發現、監控、控制蝗蟲的高科技工具。

　　糧農組織推出「eLocust3」系統，集結實時衛星圖像與來自北非、近東、亞洲西南部等 24 個國家的全天候監控訊息，糧農的沙漠蝗蟲資訊總部得以預估蝗群的飛行路線，並能提前六周對高風險的國家發出警報，提醒各國採取對應行動。

　　目前已有 20 個國家採用「eLocust3」系統。

　　然而，只有 eLocust3 是不夠的，為了方便各地農民快速獲得第一手資料，並解決沒有網路覆蓋的問題，糧農組織找上 PlantVillage 與 Garmin，一同開發一款能應用於智能手機與衛星通信機的蝗蟲監測應用程式。該程式能過濾錯誤數據，僅留下最新與最正確的蝗群定位。

　　為了更精確地從空中捕殺蝗群、分析噴藥位置，糧農組織與 Vulcan、51 Degrees 合作，調度 28 架飛行器加強監測提供訊息。這項技術有效幫助肯亞、衣索比亞等地阻擋蝗蟲大軍。

　　最後，糧農組織找到歐美航太中心合作，藉由三顆衛星的力量，

提早將沙漠蝗蟲扼殺於搖籃之中。它藉由兩顆衛星來判別可能吸引沙漠蝗蟲著床的低降雨與植被地區，再用第三顆衛星探測地表溫度跟土壤濕度鑑別蝗蟲產卵的情況，即時回報給各國的防蝗團隊。

在這些工具的相輔相乘下，入侵衣索比亞、肯亞、索馬利亞的沙漠蝗蟲數量大減。糧農組織拯救了四百萬噸的穀物與八億升的牛奶，保住了 3,660 萬人的糧食。

東非蝗蟲抵禦小組負責人西里爾・費蘭（Cyril Ferrand）表示，雖然情況改善，這場戰役並未打贏。西里爾擔心今年的降雨低於平均水準，環境越來越適合沙漠蝗蟲的繁殖，即使葉門的蝗災獲得控制，但在伊拉克、約旦、黎巴嫩、敘利亞等地都陸續發現了新的蝗群。看來糧農組織非得繼續努力，方能贏來全面勝利！

糧農組織推出「eLocust3」系統以預估蝗群的飛行路線。（來源：Joost Bastmeijer）

5. 美國 United States：
監測氣候與糧食變化的數據平台 Gro Intelligence

SDG 涵蓋範圍：2,9,13,17

日趨嚴重的氣候變遷，打亂了春夏秋冬。無法預知的未來、看不透的天氣、無法確保的糧食、比股票還難預測的期貨價格，這是全世界每天都得面對的課題。人們可能會想，面對這些無法預知的風險，難道只能被迫承受？

來自衣索比亞的的莎拉・門克（Sara Menker）為世人帶來了另一個選擇。

莎拉希望藉由大數據與人工智能，量化氣候變遷帶來的可能影響，譬如預判天災或蟲害的範圍、糧食生產的多寡等。為此，她集結各路精英，創辦了「Gro Intelligence」，全球第一個用於監測氣候變遷與糧食變化的數據平台。

Gro Intelligence 的團隊來自各個領域。他們把 50,000 個來源、650 兆個數據點的資料，與衛星圖像、各國地形圖、平均雨水量、土壤含水量等報告，透過人工智能整合在一起，衍生出高達 200 萬個模型，以了解 15,000 種不同農作物的情況，與各種因氣候變遷或不同災害帶來的可能問題。

Gro Intelligence 的基礎服務是免費的，其中比較知名的服務分別為糧食生產情況調查與蝗蟲路徑追蹤。在糧食生產情況調查的部分，Gro Intelligence 藉由追蹤各國肥料供應，結合大數據資料判別全球糧食生產的情形。如蝗蟲路徑追蹤，團隊追蹤衛星數據，分析蝗蟲可能行經的路徑，協助合作單位部署殺蟲劑，驅逐蝗蟲保護糧食。

Gro Intelligence 的模型十分多元，也能按客戶需求進行客製。Gro Intelligence 的資料規模龐大，讓它能活用模型來追蹤全球禽流

感如何影響雞肉價格、非洲豬瘟如何影響台灣的豬肉市場、氣候變遷帶來的乾旱如何影響加州的杏仁收成等。也能在降雨不規律的烏克蘭，幫助政府重新規劃農作物分配與灌溉順序，以確保作物的收成。

　　隨著全球對氣候風險的關注度升高，Gro Intelligence 現已在肯亞、紐約和新加坡設立辦事處，服務數以千計的客戶，包括國際知名企業如聯合利華、泰森食品，以及法國巴黎銀行、富國銀行與美國商會等。

　　Gro Intelligence 積極地往外拓展，志在幫助更多的人提早防範風險，擁有更多元的選擇權。莎拉表示，他們將繼續研發更多的模型，加快捕捉全球趨勢與資訊的腳步，更快回報市場，幫助人們即時應對與調整。

Wide Range
of Sources

Harvest,
Translate &
Transform

Normalize
Through
Gro's Knowledge
Graph

GRO
PLATFORM

Gro Data
Series

Predictive
Models

Indicators

Insight
Models

Gro Intelligence 藉由大數據與人工智能的力量，來預測全球農作物與糧食的情況。
（來源：Gro Intelligence）

專案影片

第 14 章／ SDG 14
保育海洋生態 Life Below Water：
保育及永續利用海洋生態系
以確保生物多樣性並防止海洋環境劣化

　　根據世界經濟論壇（The World Economic Forum）的報告，全球若不即刻採取行動，2050 年時，海洋中的塑料（9.37 億噸）將比魚（8.95 億噸）還多。因為這 50 年全球塑料使用量比過往增加了 20 倍，等於每分鐘就有一輛裝滿塑料垃圾的卡車衝進大海之中。你，還能對永續無感嗎？

SDG 14 保育海洋生態・細項目標&行為指標

SDG 14 保育海洋生態細項目標

14.1	2025 年前，預防及大幅減少各類型的海洋汙染，尤其來自陸上活動，包括海洋廢棄物和營養汙染。
14.2	2020 年前，永續管理及保護海洋和海岸生態系統，避免產生重大負面影響，包括加強海洋恢復力，並採取復原行動，使海洋保持健康、物產豐饒。
14.3	減緩並改善海洋酸化的影響，包括在各層級加強科學合作。
14.4	2020 年前，有效規範捕撈活動，終結過度漁撈和非法、未通報、未受管制（IUU）和破壞性捕撈，並實施科學管理計畫，在最短時間內恢復魚群數量，至少到達依物種特性，可產生最大永續產量的水準。
14.5	2020 年前，依各國和國際法規，並基於現有的最佳科學資訊，保護至少 10%的沿海與海洋區域。

14.6	2020 前，禁止導致產能過剩和過度捕撈的漁業補助，取消助長 IUU 漁撈的補貼，並避免再制定新的相關補助。同時承認世界貿易組織漁業補助談判協定中，須包含對於開發中國家和最低度開發國家（LDCs）合理、有效的特殊及差別待遇。
14.7	2030 年前，提高海洋資源永續使用對小島嶼發展中國家（SIDS）與 LDCs 的經濟效益，包括透過永續管理漁撈業、水產養殖業與觀光業。

SDG 14 保育海洋生態行為目標

14.a	加強科學知識、發展研究能力、轉移海洋技術，並考慮政府間海洋學委員會（Intergovernmental Oceanographic Commission）制定的海洋科技轉讓之標準與原則，改善海洋健康，促進海洋生物多樣性對開發中國家發展的貢獻，特別是對於 SIDS 和 LDCs。
14.b	提供小規模人工漁撈業者取得海洋資源與進入市場的管道。
14.c	根據《聯合國海洋法公約（UNCCLOS）》針對海洋及海洋資源保育和永續利用提出的合法框架，制定國際法規落實保育和永續利用海洋資源，如同《我們希望的未來》（The Future We Want）第 158 段所述。

SDG 14 保育海洋生態‧全球近況與問題

不論是在增加永續魚類的種類比例，還是增加海洋生物多樣性、提高保護區的覆蓋面積，由進度表（▲附圖1）中我們可以看出，全球要於 2050 年達成 SDG 14 的目標是十分困難的。

海洋吸收了全球四分之一的二氧化碳，緩解了氣候變遷與相關影響，作為代價，它的碳酸鹽比例失衡，海洋酸度大幅增加（▲附圖2）。海洋酸化將嚴重危害到海洋生物與整個海洋生態系統。聯合國預估未來幾十年海洋酸化的速度將加快。

隨著海洋溫度上升與酸化問題日益嚴重，2009 年～ 2018 年間，全世界已失去了 14% 的珊瑚礁，許多海洋生物的棲息地也遭到破壞。

在海洋保護區方面，2021 年，全球海洋保護區覆蓋率達到了沿海水域和海洋的 8%。儘管如此，仍有 55% 的海洋生物多樣性區未受到應有的保護。聯合國呼籲各國加快對應措施，以免有更多海洋的保育類生物凋零。

而魚類的消費，從 1990 年～ 2018 年間增長了 122%，導致魚類資源枯竭。聯合國呼籲各國需採取「從源到海」的方法，直接調整土地、水、三角洲、河口、海岸、近岸和海洋生態系統之間的聯繫，好支持整體自然資源管理和經濟發展。

最後來看一下塑料汙染的部分。2021 年，超過 1,700 萬公噸的塑料汙染了全球的海洋，佔海洋垃圾的 85%。預計到 2040 年，每年汙染海洋的塑料將增加一至兩倍。聯合國告誡各國加快對應的政策管制，保護海洋資源。

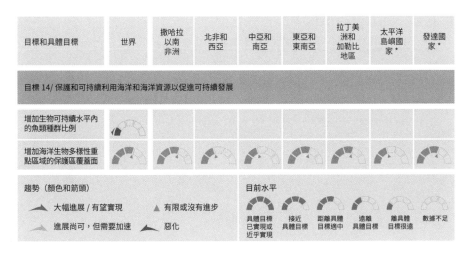

▲附圖 1 （來源：Sustainable Development Goals Progress Chart 2022）

公海代表性採樣站檢測的年平均酸鹼度值，2008-2021年

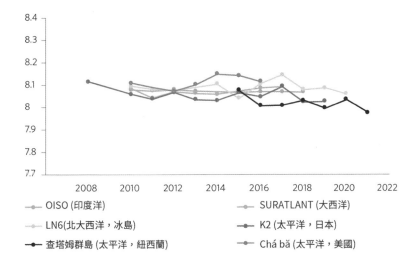

▲附圖 2 （來源：Sustainable Development Goals Progress Chart 2022）

SDG 14 保育海洋生態・國際案例分享

1. 荷蘭 Netherlands：
歷經挑戰的海洋吸塵器 The Ocean Cleanup
SDG 涵蓋範圍：8,13,14,17

十六歲那年，柏楊・史拉特（Boyan Slat）與家人去希臘旅遊，當他興奮地跳進海裡浮潛，映入眼簾的不是五顏六色的魚兒，而是大大小小噁心的垃圾袋。海裡的垃圾比魚多的景象震懾了他，他決心要為海洋帶來改變。

柏楊在荷蘭成立了「海洋吸塵器團隊」（The Ocean Cleanup，簡稱 TOC），旨在建造一個大型的 U 形海洋吸塵器，藉由科技的力量邊航行邊清理海洋，把海中所有的塑料與垃圾都帶走。

海洋深不可測，風向、海浪與洋流的走向時刻變動。TOC 耗費十年調查全球公海汙染與塑料垃圾的情況，設計製造了無數個海洋吸塵器，歷經無數次失敗，才讓第一個機型「01 號／ B 系統」成功打撈海面垃圾。但是這樣的清理速度太慢，柏楊必須要「關上水龍頭」阻止垃圾從河流進入海洋中。

根據團隊的調查，每年約有 115 萬～ 241 萬噸的塑膠垃圾從河川流入海洋，排名前 10 汙染最嚴重的河流集中在

柏楊成立了「海洋吸塵器團隊」，
希望藉由科技的力量清理海洋。
（來源：The Ocean Cleanup）

亞洲如長江、恆河。TOC 藉由全球河流模型圖，發現全球 1% 的河流（相當於 1,000 條河）囤積了大部分的垃圾，並對海洋造成了 80% 的損害。柏楊以此為目標，與團隊一同設計了「河川垃圾攔截器 Interceptor」。

這個全自動、可以量產、100% 由太陽能供電並內設鋰電池、低噪音、低汙染、平均壽命為 20 年的船型河川攔截器，配載兩條攔油索，能把河川上的垃圾順著水流集中到攔截器的垃圾回收入口，履帶會把收集來的垃圾，按照智能系統的指示運送至船艙六個收集桶中。一天最多可以收集 50 立方公尺，約 5 萬公斤的垃圾，感應器察覺到垃圾收集桶快滿了，系統會自動發送手機訊息給管理員，進行清理。

攔截器上的智能系統能與陸上的指揮中心互通，工作人員能即時監控船艙或攔截器上的機械性能、能源、零件狀況隨時處理。而攔截器的預設航線會避開所有船隻與海洋生物，降低一切可能對環境帶來的其他影響。

TOC 的攔截器原型在雅加達順利完成測試，現已與印尼、馬來西亞、越南、泰國、多明尼加等國密切合作，在全球 11 條河流中設立了攔截系統，在塑料流入海洋之前提早捕獲妥善回收。

若單看 TOC 自 2019 年以來在洛杉磯與牙買加金斯頓河流上攔截的垃圾數量，TOC 已經捕獲了高達 200 萬公斤的塑料。團隊的目標是 2023 年在全球設立 20 到 50 個攔截器；並在 2025 年完成全球汙染最嚴重的 1,000 條河川的清理。

柏楊並沒有放棄繼續清潔海洋的目標，當他與團隊按著世界各地河川的需求調整攔截器的設計時，他同步在更新設計 TOC 新的海洋吸塵器「03 號系統」。該機型會是「02 號系統」的三倍大，目標是能在 2040 年去除 90% 的海上飄浮塑料。

「我們只有從兩方面著手，才能真正解決這個問題。」柏楊表示，若一切順利，03 號系統會在 2023 七月初開始部署。

團隊新設計的「河川垃圾攔截器」，現已在全球
11 條河川中使用。（來源：The Ocean Cleanup）

專案影片：

2. 希臘 Greece：
地中海清潔計畫 Mediterranean Clean Up

SDG 涵蓋範圍：1,4,8,12,13,14,17

在希臘，封閉的阿爾戈薩羅尼克海灣（Argo Saronic Gulf）已被五花八門的垃圾汙染。當地漁民在捕魚時，發現他們捕獲了大量的海洋垃圾，其中以塑料垃圾為大宗。事態嚴重，呂特里斯‧阿拉巴基斯（Lefteris Arabakis）決定登高一呼。

呂特里斯出身漁民家庭，聞著海水的味道長大，對海洋有著難以言喻的感情，為了振興日漸萎縮的希臘漁業，並守護希臘的海洋生態，他在柯林頓基金會（Clinton Foundation）的協助下，成立了全國第一所捕魚學校「Enaleia」，傳授永續漁業的技巧。

永續的前提是與環境共存，Enaleia 啟動了「地中海清潔計畫」（Mediterranean Clean Up，簡稱 MCU）。該計畫希望透過漁民網路，對地中海中的海洋垃圾進行大規模的清理。

MCU 的計畫包含進行培訓，協助漁民理解過度捕撈與海洋垃圾對生態環境、經濟活動的負面影響，鼓勵他們主動加入計畫。組織漁民按區域收集海洋垃圾，集中到可回收與分類的區域。協助漁民用拖網船上仍可使用的漁網跟繩索更新漁具，預防可用器材的無故丟棄。

MCU 初期先與 10 艘漁船合作。不到兩年，現已有 229 艘配載拖網的漁船加入，分布於 22 個港口。團隊每年能清除超過 20 萬公斤的海洋垃圾，其中 40% 收集來的塑料被升級為新產品如地毯、T-shirt 和襪子，其餘的則被妥善回收。MCU 帶動並提高了 22 個港口與鄰近社區對於海洋生態保育的認知，集結培訓了 1,300 位漁民。

團隊不單為地中海帶來了更乾淨的環境，還為失業漁民提供了新的機會。只要加入清理團隊，漁民每月能獲得 200 歐元報酬，增加了經濟效益。

在公海上捕魚 30 年的狄米特里斯·達利艾斯（Dimitris Dalianis）表示，參加這個計畫之前，他跟其他同行都在做一樣的事情，就是把釣上來的垃圾與碎片扔回海裡。現在，他和他的五名埃及船員，都是認真的海洋垃圾收集者。

Enaleia 的「地中海清潔計畫」大獲成功，團隊現在正加快往義大利、肯亞、印度拓展的腳步。它們未來的目標是把 MCU 營運、培訓、海洋保育與廢物管制等模式複製到東南亞，希望能為當地有捕魚的社區贏來相似的成功，進而優化社會與海洋環境。

在 229 艘漁船的幫忙下，團隊每年能清除超過 20 萬公斤的海洋垃圾。
（來源：CEOWORLD Magazine）

3. 斯里蘭卡 Sri Lanka：
振興海參養殖 LEED+ Project

SDG 涵蓋範圍：1,8,9,14

曾經盛產稻米的斯里蘭卡，近幾年政府施政不當，造成經濟瀕臨崩潰。根據聯合國世界糧食計畫署（The UN World Food Program）統計，當地每 10 個家庭中就有 9 個家庭一天吃不上一餐飯，甚至高達 300 多萬人正在接受緊急人道援助。

在這樣混亂的情況下，國際勞動組織（International Labour Organization, ILO）在斯里蘭卡啟動了「LEED+」項目（Local Empowerment through Economic Development and Reconciliation Project），旨在扶持當地經濟增長，協助居民創造永續經濟、工作與收入，好有足夠的能力抵禦外部衝擊如疫情、經濟危機等。

LEED 的項目已陸續幫助斯里蘭卡 3,000 多個家庭與青年減少貧困，創造永續的就業機會。納瓦拉特蘭・拉薩庫拉姆（Navaratnam Rasakulam）就是一個最好的例子。

納瓦拉特蘭在國際組織的扶持下，作為關鍵人物改變了他的村莊帕利庫達（Pallikuda）。他原本是當地一名漁夫，後來搖身一變，變成了當地第一位海參養殖業者，進而帶動整個漁村加入了他的的行列。

納瓦拉特蘭從小就對海參很有興趣，只要一有時間就會去抓野生海參，再轉賣給食品公司。當他獲得海參養殖的機會，他立刻就抓住了這個橄欖枝。

全球野生海參長年被過度捕撈，以斯里蘭卡帕克灣和馬納爾灣最為嚴重。其中最珍稀的海參品種，全球數量已剩不到 30%。

海參在海洋生態系統中扮演著極為重要的角色，牠們以沉積物中的碎屑與藻類為食，能清理生態環境，過濾砂石，並排出氮、氨和碳

酸鈣等物質，有助於減緩海洋酸化。當地政府希望藉由海參養殖業的興起，一方面帶動經濟，二來加強野生海參的保護措施。

納瓦拉特蘭由一個養殖農場開始，迄今已擁有 32 個農場。他的農場佔地約 10 英畝，在離海岸線幾百公尺，大約一公尺深的海床上。他每年能賣出 4 萬隻海參。

除了國際勞動組織以及 LEED 項目協助納瓦拉特蘭，桂聯公司（Gui Lian Company）也是專案團隊的一員，它用生態友好人工產卵技術培育海參，在不破壞自然海參數量的前提下，提供幼年海參給當地海參養殖場，輔助當地經濟發展。

納瓦拉特蘭和當地養殖戶會把幼小海參放在海床上的苗圃中，那裡海草茂密，海參寶寶能在安全的環境下安心成長，供貨也更為穩定。現在斯里蘭卡北部海岸邊已有超過 190 個海參養殖場在穩定運作。

納瓦拉特蘭的海參農場約 10 英畝。（來源：ILO）

納瓦拉特蘭在父親的幫忙下曬海參。（來源：ILO）

斯里蘭卡的水產養殖發展局表示，他們將海參養殖文化視為斯里蘭卡北部維護海洋生態、經濟創生與外匯的主要渠道與成功案例。等北部市場穩定並進入飽和後，它們希望能將產業技術複製到國內其他沿海地區，重新恢復疲軟的社會環境，創造能與海洋和平共存的永續城鄉。

專案影片：

4. 美國 United States：
將深海養殖變為可能 Forever Oceans

SDG 涵蓋範圍：9,11,13,14,17

　　傳統的魚類養殖場多位於海灣、河口等近海地區，但在美國發跡的 Forever Oceans 逆其道而行，匯集了工程、基礎建設、生物學、水產養殖與行銷相關的各路專家與技術，為永續、遠洋、深海養殖提供了一套長遠的解決方案。

　　這一切來自傑森・赫卡托恩（Jason Heckathorn）一個瘋狂的念頭。這位 Forever Oceans 團隊創始人、科學家，同時也是一位漁民，對海洋與海洋生物充滿熱情。他想如果用衛星控制公海中的大型魚類圍欄，是否遠程深海養殖變成可行？這是前所未有的大膽嘗試。

　　Forever Oceans 經過幾年不斷的試驗，這個科幻小說般地夢境終於成真。它完成了幾項關鍵性技術突破，能利用遠程通信控管自動化圍欄在海平面 328 英尺處進行深海養殖。遠端養殖系統結合人工智能與監控軟體，配載 360 度環繞的攝影機、感測器、可遠端遙控的機器人和單點停泊系統，工作人員只需在遠端的手機、筆記型電腦或平板電腦上簡單操控介面指揮、監督與維護，在深海中各個養殖據點負責養魚的機器人，便能讓它們適時改變停泊位置、精確餵魚、收穫魚群並清理環境。這項技術大幅提高了養殖漁業的效率，也降低了深海養殖場對環境生態的影響。

　　2022 年，Forever Oceans 完成了所有遠程海洋監測系統的開發與實測，服務內容包含整合來自數十個遠程養殖場的水質、魚類的數量與生長情況等數據報告，以及控管數個能抵禦 4 級颶風的大型深海圍欄與漁業機器人。

藉由遠端智能養殖技術，Forever Oceans 能在海平面 328 英尺處進行深海養殖。
（來源：Forever Oceans）

Forever Oceans 的遠端智能養殖技術開創了深海養殖的無窮商機，也讓人類餐桌能持續呈現深海魚類的鮮美。

Forever Oceans 能按各區所需的魚類進行特殊養殖。例如巴西當地特別喜歡營養豐富的鰤魚（油甘魚），Forever Oceans 先在岸上孵化場培育魚苗，再放到深海圍欄中養殖，讓牠們在海洋環境中健康生長，最後又回到人們的餐桌上。

Forever Oceans 與巴西政府簽署了 20 年的海洋授權，可以在距離巴西利亞州海岸 7 到 15 公里的兩個海洋區中設立 24 個自動圍欄海洋養殖場，該面積達 64,200 公頃，約三個華盛頓特區的大小。這個項目預計未來八年會為當地帶來超過 500 個工作機會。

在大自然保護協會（The Nature Conservancy）的審計評估下，發現 Forever Oceans 的海洋養殖業務產生的碳排放量極低，比傳統網箱式鮭魚養殖少 20%，又比牛肉養殖少 90%，對環境極為友善。

Forever Oceans 第一年的漁穫量高達 45 萬條，它已穩定與數百間歐美餐廳與分銷商合作進行漁貨銷售。

Forever Oceans 的研究總部在夏威夷，現在陸續於巴拿馬、巴西和印尼開展海上業務。它將加快腳步進行全球推廣，希望為各國漁業帶來更永續和創新的選擇。

專案影片：

5. 澳洲 Australia：
創造新海洋生態的活海堤 Living Seawall

SDG 涵蓋範圍：9,11,13,14,17

澳洲知名的城市雪梨，一半以上的海岸線是人工海堤，它們取代了原先海洋生物的天然棲息地如紅樹林叢與珊瑚礁，隨著當地海洋生物的流失，雪梨的海港生態在塑料垃圾日積月累的汙染下破敗不堪。

知名瑞典車廠沃爾沃集團（Volvo）為貫徹公司支持永續環境的理念，每年定期舉辦環球帆船競賽，海洋淨灘，以減少各地塑料汙染。沃爾沃注意到雪梨人造海堤的問題，主動與長期關注海洋生態的礁岩設計實驗室（Reef Design Lab）、雪梨海洋科學研究所（Sydney Institute of Marine Science）和雪梨政府單位合作，一同設計並推出了模仿珊瑚交疊結構的「活海堤」（Living Seawall），為雪梨港邊的海洋生物提供棲息地，恢復生物多樣性。

「活海堤」每一片約 50 × 50 公分大小，用回收來的塑膠與穩固結構的海洋級混凝土作為基礎材料，由 3D 列印製作。團隊一開始先做了 50 片，一片片裝載到雪梨港堤上，取代一般的人工海堤。

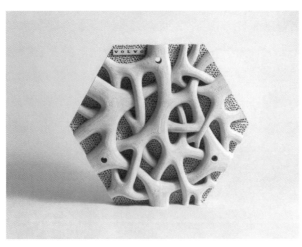

團隊用 3D 列印的方式
製作「活海堤」，
每一片大約 50 × 50 公分。
（來源：Dezeen）

專案影片：

256

團隊把製作好的「活海堤」一片片裝載到雪梨港堤上。（來源：WPP）

　　「活海堤」不同於傳統人工海堤為垂直牆面，它立體的空間、縫隙與孔洞設計有助於吸引濾食性生物如牡蠣、藤壺、貽貝、軟體動物或其他小型的海洋生物。濾食性生物能有效吸收並過濾塑膠顆粒和重金屬汙染物，淨化水質、維持環境。隨著海浪攀附而上「活海堤」的海藻能提供牠們食物並過濾二氧化碳，創造出無數個新的小型生態系統。

　　沃爾沃團隊表示，「活海堤」增加了雪梨既有海堤結構的複雜性，為海洋生物提供了新的棲息地。目前「活海堤」已比雪梨十幾年前裸露的人工海堤多支持了三分之一以上的物種，研究人員在板磚上發現超過三十多種魚類與百種不同的無脊椎動物與海藻等生態系統。

　　「活海堤」是個持續進行的計畫，未來 20 年內專案團隊將與研究小組一同定期於雪梨監測它們運作、生態聚落與改善水質的情況，希望能找出最佳的「活海堤」設計，提高該產品在雪梨港的覆蓋面積。團隊的短期目標是在幾年內安裝超過 500 多個新的「活海堤」，為雪梨的海港環境創造代代乾淨的海洋生態。

6. 美國 United States：
用破碎技術種植百萬珊瑚
Plant a Million Corals

SDG 涵蓋範圍：4,9,13,14,17

　　珊瑚礁是海洋生物的家園，為生物的多樣性與人類的日常生活帶來了極大的貢獻。據統計，全球高達 5 億人口仰賴珊瑚礁獲得食物、收入與保護。

　　自 20 世紀 50 年代以來，全球一半以上的珊瑚礁因為疾病、海洋溫度和酸度上升，開始白化凋零。隨著珊瑚礁數量日漸減少，對生態產生深遠的影響，海洋生物多樣性減少、強浪與極端氣候的問題大幅增加。

　　海洋生物博士大衛・沃恩（Dr. David Vaughan）一次陰錯陽差，不小心在實驗過程中弄碎了珊瑚，結果不到兩周，這株珊瑚居然長回了原樣，其他的碎片也同步長大了。這意外的發現，讓大衛認知到碎裂的珊瑚能快速生長，就像人類皮膚會自行癒合一樣。

小珊瑚塊一開始會被固定在一個墊板上，放入水箱培育，等牠再長大一點後，才會被移植到海裡面的岩石上。（來源：PLANT A MILLION CORALS FOUNDATION）

為了推廣這項技術，拯救瀕臨滅絕的珊瑚礁，大衛創辦了「種植百萬珊瑚基金會」（Plant A Million Corals Foundation，簡稱 PAMCF）。

大衛表示，被分裂的珊瑚成長恢復的速度是自然生長的 25 倍～ 50 倍。以前，一個小珊瑚長成一株大珊瑚要花上 25 年～ 100 年的時間。現在從同一株珊瑚切下來的珊瑚塊重新種植到原先的珊瑚礁上時，能在短短幾年內十分自然的快速融合，變成一株大珊瑚頭，這個優勢使短期內大量修復、複製生長珊瑚礁的可能性大幅提升。

更重要的一點是，這些新培育的珊瑚雖然像幼兒園的孩子，但牠們的大小與能力已等同成熟的珊瑚，能在產卵季節成為繁殖者。這使得珊瑚的修復進展能更為快速而且天然。

為了避免珊瑚在完全成長之前受到環境影響如疾病感染，大衛與團隊會先把小珊瑚塊固定在一個小墊板上，再放入水箱培育，等牠長得大一點再移植到海裡面的珊瑚礁或是水下的岩石上。這樣的培育成本低，技術單純，能讓珊瑚穩定的生長。

大衛與團隊培育珊瑚礁十分的成功，五年前新培育的珊瑚礁旁只有幾條魚，幾年後回去看，發現珊瑚礁不但變得茂盛，四邊圍繞著數百條魚，還有許多小蝦及無脊椎動物，自成一個小型的生態圈。

PAMCF 現在與各國非營利團體、社區合作，指導當地居民認識並學習恢復珊瑚礁的技術。PAMCF 的工作人員會定期監督與訪問各個珊瑚礁恢復據點，確認他們能獨立運作，並持續種植養育更多的珊瑚礁。

在大衛的努力之下，他與團隊已經種植了超過十萬多隻珊瑚。為了方便推廣，他們還設計了一盒珊瑚苗圃，開放給全球想要開發或自行養育珊瑚的人申請取用。他希望有一天全球所有的國家與沿海區域都能順利復育珊瑚礁，重新塑造健康且多樣的海洋生態環境。

專案影片：

第 15 章／ SDG 15
保育陸域生態 Life on Land：
保育及永續利用陸域生態系
確保生物多樣性並防止土地劣化

　　一棵樹幹直徑 45 公分的樹，每年能產生足以支持一家四口的氧氣，能減少 30% 的空調需求，甚至節省 50% 的供暖耗能。樹木還具有神奇的療癒功能，人們注視蒼翠枝葉，血壓會降低，壓力會減輕，心情都會變好。

　　我們享受了這麼多好處，對自然環境的永續發展，當然責無旁貸了。

SDG 15 保育陸域生態・細項目標&行為指標

SDG 15 保育陸域生態細項目標

15.1	2020 年前，根據國際協議的義務，確保陸地與內陸淡水生態系統及其功能運作，獲得保護、復原和永續利用，尤其是森林、濕地、山脈和旱地。
15.2	2020 年前，促進落實各式森林的永續管理，終止毀林、恢復退化森林，以及大幅增加全球造林和再造林。
15.3	2030 年前，對抗沙漠化、恢復退化的土地與土壤，包括受到沙漠化、乾旱及洪水影響的土地，致力實現沒有土地破壞的世界。
15.4	2030 年前，確保山區生態系統的保育，包括其生物多樣性，以加強其對永續發展提供至關重要的益處。
15.5	採取緊急且大規模的行動，減少自然棲息地的破壞，以及遏止生物多樣性喪失，並在 2020 年前，保護及預防瀕危物種滅絕。
15.6	根據國際共識，確保公平公正地分享使用基因資源創造的利益，並促進獲取基因資源的適當管道。

15.7	採取緊急行動，終結盜採、盜獵與非法走私受保護物種，並處理非法野生動植物產品的供需問題。
15.8	2020 年前，採取措施防止外來物種入侵，大幅減少其對土地、水域生態系統的影響，並控制或根除須優先處理的物種。
15.9	2020 年前，將生態系統與生物多樣性價值，納入國家與地方的規劃、發展流程、脫貧策略和帳目規劃中。

SDG 15 保育陸域生態行為目標

15.a	動員並大幅擴增財源，以保護及永續利用生物多樣性與生態系統。
15.b	動員來自各地方、各層級的大量資源，資助永續森林管理，並給予開發中國家誘因推動森林管理，包括保護與造林。
15.c	加強全球支持，努力打擊盜採、盜獵和販運受保護物，包括增加地方社區追求永續性生計機會的能力。

SDG 15 保育陸域生態・全球近況與問題

　　健全的林地與陸上生態環境除了能為生物提供食物、水、藥物和住所外，還能淨化空氣和水。但由進度表（▲附圖 1）中我們可以看出，全球離達成 SDG 15 保育陸域生態的目標尚有一段距離。

　　因農業耕地面積與放牧需求，每年有 1,000 萬公頃的森林（相當於一個冰島的總面積）被破壞，使得世界森林面積持續減小。值得高興的是，2010 年至 2021 年間，在森林保護與認證的計畫下林地面積增加了 35%。2020 年，中亞、歐洲和西亞，超過 7 億公頃森林已納入法定保護區。

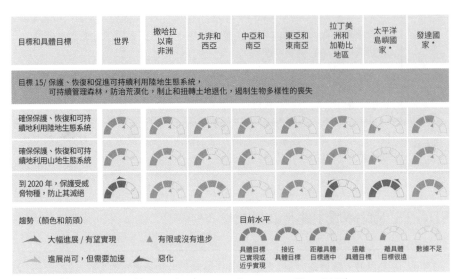

目標和具體目標	世界	撒哈拉以南非洲	北非和西亞	中亞和南亞	東亞和東南亞	拉丁美洲和加勒比地區	太平洋島嶼國家*	發達國家*
目標 15/ 保護、恢復和促進可持續利用陸地生態系統, 可持續管理森林,防治荒漠化,制止和扭轉土地退化,遏制生物多樣性的喪失								
確保保護、恢復和可持續地利用陸地生態系統								
確保保護、恢復和可持續地利用山地生態系統								
到 2020 年,保護受威脅物種,防止其滅絕								

趨勢(顏色和箭頭)

大幅進展 / 有望實現　　　有限或沒有進步

進展尚可,但需要加速　　　惡化

目前水平

具體目標已實現或近乎實現　接近具體目標　距離具體目標適中　遠離具體目標　離具體目標很遠　數據不足

▲附圖 1 （來源：Sustainable Development Goals Progress Chart 2022）

　　隨著人口激增,根據預估,有 4 萬物種在未來幾十年將瀕臨滅絕。其中又以中亞和南亞、東亞和東南亞,以及小島嶼、開發中國家最為嚴重,當地依然過度獵殺野生物種。

　　全球生物多樣性重要區域(簡稱 KBAs),被保護區覆蓋的平均比率由 2000 年的四分之一,增長到了 2021 年的二分之一(▲附圖 2),雖然振奮人心但仍待努力。特別是北非、西亞、中亞、南亞、東亞和東南亞以及大洋洲這四個地區的海洋、陸地、淡水河、山地等生物多樣性的平均覆蓋度,仍不足 35%。

淡水、陸地和山地生物多樣性重要區域被保護區覆蓋的平均比率,
2000-2021年(百分比)

▲ 附圖 2
（來源：
Sustainable
Development
Goals Progress
Chart 2022）

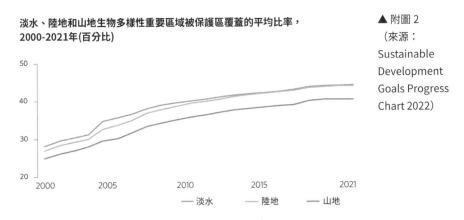

淡水　　陸地　　山地

SDG 15 保育陸域生態・國際案例分享

1. 波蘭 Poland：
最後一棵聳立的樹 To the Last Tree Standing

SDG 涵蓋範圍：4,9,15,16

　　比亞沃維耶扎原始森林（The Białowieża Forest）位於白俄羅斯與波蘭的交界處，是世界上最大的原始森林之一，以豐富的生物多樣性著名，被聯合國教科文組織列為世界遺產。

　　然而波蘭環境部部長楊・西斯科（Jan Szysko），卻以對抗樹皮甲蟲的侵襲為由，支持大面積的砍伐森林，預計將砍去 18 萬立方公尺的林地面積。

　　這個決策讓國際環保組織綠色和平（Greenpeace）相當寒心，為了守護森林，它試著與更多居民溝通，希望一同上書阻止政府的決定。但波蘭是個政治敏感的國家，成年人對環保的態度趨於保守，不希望被貼上「左派」的標籤。綠色和平組織只好另覓他途。它想到了波蘭的年輕世代。波蘭的青少年，合法連署年齡為 13 歲，他們沒有特別的政治傾向，未來也將成長為社會中堅。

　　波蘭當地盛行「做個創世神」（Minecraft）這款遊戲，每天有 800 萬人觀看遊戲實況主在遊戲中探險。綠色和平組織與波蘭奧美（Ogilvy）及來自丹麥的 GeoBoxers 公司合作，希望透過遊戲平台，影響當地年輕世代，他們一同設計出「最後一棵聳立的樹」（To the Last Tree Standing）的遊戲活動，一步一步提高孩子們對森林保育的意識及認知。

　　該專案極為特別，團隊參考衛星圖像，花了六周的時間，在「做個創世神」遊戲中，1:1 還原製作了比亞沃維耶扎的森林地圖。在這 700平方公里的區域裡，種滿了 700 萬棵樹，有自然的晝夜與天氣變化，有

草地、溪流、沼澤、茂盛的花朵與許多野生動物，這個虛擬數位森林的模型由 500 億塊積木組成，在活動期間免費開放給大眾下載線上探險。

團隊通過兩分鐘的短影片和遊戲照片進行宣傳，並請波蘭最知名的自然電影主持人克利斯汀那・丘博夫納（Krystyna Czubówna）為影片配音；還製作了一個長達半小時的紀錄片，介紹比亞沃維耶扎森林，及目前被砍伐的情況。團隊額外請 12 位波蘭知名的攝影師為數位森林模型進行攝影、製作其他短影片，並將作品整合在一起，舉辦展覽，邀請民眾觀賞。

波蘭奧美執行總監特圖斯・克雷帕茲（Tytus Klepacz）分享：「我們為年輕人創造了一個安全的空間，讓他們在不產生對抗的情況下進行自我教育和知識交流。現在是波蘭假期的第三周，我們看到成千上萬的年輕人自願在家裡認識比亞沃維耶扎森林，這都要感謝這項活動。」

活動大受歡迎，成為最熱門的遊戲主題。工作團隊感覺玩家們都熟悉了比亞沃維耶扎森林的地圖後，某一天，在完全無預警的情況下，把地圖上的樹木全砍光，只留下一棵樹，並要求玩家為了達成任務，必須找到這棵樹藏身何處？

團隊同步邀請知名玩家 Gimper 在遊戲實況平台 Twitch 上直播，讓沒有玩遊戲，但喜歡看遊戲實況的民眾也能看到這個畫面。當 Gimper 打開地圖時，比亞沃維耶扎森林裡的樹都不見了，僅留下最後一棵，唯一一棵樹，孤伶伶地聳立在一片荒蕪之中。

這個畫面太震撼了，強烈的被剝奪、失落感壟罩了玩家與觀看者的內心，他們對著螢幕尖叫，要製作團隊把樹木全部還回來。他們立即聯想到現實的森林也可能受到破壞……人們激動地站了出來，為了保護生態環境，他們與綠色和平組織一同發起抗議，用 17 萬個連署阻止森林砍伐。

在民眾與團隊的努力下，波蘭環境部長楊被撤職，砍伐計畫叫停，成功保護了比亞沃維耶扎森林。新上任的部長承諾，未來絕不會允許任何破壞當地森林的行為發生。

專案團隊表示，未來希望藉由類似的方式提倡更多重要的理念，幫助不只是波蘭，甚至各國的民眾，能更珍惜愛護身邊的自然環境。

專案團隊在某一天，
毫無預警的把地圖上的樹木
全砍光，只留下一棵樹。
（來源：D&AD）

專案影片：

2. 巴西 Brasil：
良心程式碼 Code of Conscience

SDG 涵蓋範圍：9,15,16,17

亞馬遜雨林保護區是世界最大的雨林，號稱「地球之肺」，也是300 萬種動植物，以及 100 萬原住民的家園。然而根據統計，三分之一的保護區仍持續遭受人為破壞。

如果人類行為無法被控制，至少機器可以。巴西創意公司 AKQA 與全球的非政府組織 NGO 合作，一同設計出了一款「良心程式碼」，讓工具機一旦跨入保護區範圍就能自動停機，保護森林。

這款程式碼是專案團隊根據聯合國 245 個國家與 26 萬個保護區的世界保護區資料庫（World Database on Protected Areas）的資訊撰寫的。這些資訊各國與相關組織會不斷更新。

為能適用各類工具機，特別是沒有定位系統的老舊機款，良心程式碼配載了一個小控制板，內附 4G、數位儲存芯片與衛星定位系統（GPS）。只要工具機、挖土機或是其他相關的機台配載了這款控制板，進入生態保護區範圍，良心程式會及時回報位置、開始檢測保護區被破壞的情況，並同步發送訊號給工具機系統，阻止引擎繼續接收油料，接著機器就會自行停工，無法再運作了。

若工具機本身已設有 GPS 系統，只要讓良心程式碼與工具機的營運系統配合，也有同樣效果，不用加裝控制板。目前良心程式碼免費開放給所有人使用，有需求的民眾或業者可直接於團隊官方網站（codeofconscience.org）進行下載。

一開始，專案團隊在澳大利亞與巴西南部的農場進行程式測試。運行非常順利，也讓巴西農業公司 3Tentons 十分驚艷。現在，它所有的機台都配載了這款程式碼，同心守護地球。

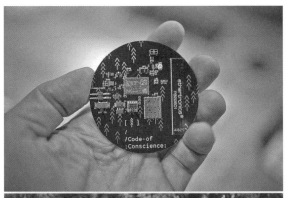

只要工具機裝上了
「良心程式碼」，一旦跨入
保護區範圍就會自動停機。
（來源：Code of Conscience）

郝倪向全球十大工具機
製造商喊話，希望他們的
工具機都能配載「良心」。
（來源：Code of Conscience）

專案影片：

　　AKQA 團隊邀請巴西少數民族卡雅波（Kayapo）知名大酋長郝倪‧麥修戴爾（Raoni Metuktire）做專案代言人，向世界喊話：「守護環境！守護雨林！」並一起制定了《良心準則》，阻止更多無視約束的人為破壞。

　　郝倪也向全球十大工具機製造商如 Caterpillar、Komatsu、Hitachi CM、Volvo CE、Liebherr、XCMG、Doosan Infracore、Sany、John Deere、JCB 喊話：「願所有重型機器製造商與領導人都來看看這個程式……，保護我們的森林。」團隊同步將嵌入良心芯片保育類動物的木雕玩偶，贈送給這十大廠商的執行長，希望邀請他們為工具機配置「良心」，成為行業中的領航員。

　　目前團隊正在努力與各國政府與業者合作，希望明訂法律，讓所有的工具機裝上良心程式碼，降低人為破壞，保護更多的生態區域。

3. 美國 United States：
複製古樹 Champion Tree Project

SDG 涵蓋範圍：4,9,13,15,17

在氣候變遷的影響下，美國加州紅杉森林公園（Sequoia National Park）四分之一的樹被野火吞噬，其中幾萬棵古老的紅杉（Giant Sequoia）面臨生死存亡，創下史上最高紀錄。

紅杉屬於世界上最龐大最古老的樹木，主要分布在內華達山脈（Sierra Nevada）西部，樹幹最高可長到 90 公尺以上，平均一生能從大氣中封存 250 噸的二氧化碳。根據統計，2020 年的森林大火從 8 月燒到 12 月，7.5 萬棵老樹約有 14% 被燒毀，創下史上最高紀錄。

值得慶幸的是，這些紅杉，特別是其中有三千年歷史、直徑達 35 英尺的那幾棵老樹，事先被來自美國、出生植樹世家的大衛・米拉奇（David Milarch）成立「大天使古樹檔案館」（Archangel Ancient Tree Archive）所提出的「冠軍樹計畫」（Champion Tree Project）複製復育，如今 75 棵老樹的迷你幼苗已重新種植於舊金山的普西迪奧（Presdio）國家公園，讓人們在未來還能見到這些古樹的子子孫孫。

大天使古樹檔案館是一個非營利團體，旨在提升人們對樹木保育的認知，積極進行古樹與特別樹種的基因複製，希望拯救古樹，讓它們不至於從地球上消失。

這個計畫並不是臨時起意，而是來自一次瀕死經驗。大衛在生死交會的一瞬間，感知到上天賦予他一個任務，他得守護這些生態環境，保護地球上的原始森林。他提出「冠軍樹計畫」，在美國 800 多種樹中找到最大的標本，將其複製，再種植到全國各城市中。

歷經初期的懵懂，到成功完成複製樹，是生命永續的奇蹟。仔細

「冠軍樹計畫」成功復育了數棵三千年歷史、直徑達 35 英尺的老紅杉樹。
（來源：Archangel Ancient Tree Archive）

培育的複製樹正健康地在 330 英畝的農場裡生長。大衛表示，美國大多的樹木平均不到十年就會死亡，僅有 2% 存活下來。他與團隊謹慎的篩選值得複製的冠軍樹，僅挑選那些古老的、長壽的、能夠更好抵禦空氣汙染與環境危害的樹，剪取初萌的枝枒，為之後的複製與研究做準備。現在團隊已經複製了 170 種冠軍樹，復育並種植了 30 多萬株。

　　大衛是怎麼複製樹的呢？團隊會先將原始老樹身上收集的樹枝或組織，經過生物實驗，精細的提取細胞，培育成幼苗，獨自扶養或嫁接到其他樹的根莖上。單單這個過程，至少得花上兩年時間。被獨自撫養的幼苗會被安放在有營養果凍的培養皿中，等長大成苗株後，送到國家公園、研究機構或其他的私營苗圃中，等待未來的計畫性培育（如移植到個人、公司或城市公園的苗圃中）。

大衛從美國 800 多種樹中，挑選那些古老、長壽、能夠更好抵禦空氣汙染的樹，複製復育。（來源：Traverse）

　　紅杉的苗株一培育出來，團隊便把迷你老樹苗送往世界各地。大衛表示這些樹苗具有非凡的潛力，可以為後代子孫淨化空氣、水和土壤。

　　保護地球是所有人的責任，但複製樹木絕對不是唯一的辦法。所以團隊在培育複製新樹的間歇，會定期舉辦活動，為學生普及森林保育的重要，教導學生如何在森林野火常發生的區域，用防火鋁箔毯包裹樹幹、裝設灑水裝置、清除易燃物質，預防林地損失。

　　團隊堅信人人都有心守護地球時，這個世界才會變得越來越美好。

專案影片：

4. 南非 South Africa：
藉由「下毒」保護犀牛角
Rhino Rescue Project

SDG 涵蓋範圍：4,9,15,16,17

全球的犀牛因為角的珍稀性，被非法獵殺到瀕臨滅絕。南非有全球 80% 的犀牛族群，近 10 年來，已有多達 8,000 隻犀牛慘遭偷獵者殺害。

保育組織「犀牛拯救計畫」（Rhino Rescue Project）找到一個創新方式打擊非法狩獵，就是在犀牛角上「下毒」，破壞其市場、藥用等價值。

「犀牛拯救計畫」的創辦人洛琳達・埃爾恩博士（Dr. Lorinda Hern）解釋，他們其實並不是真的「下毒」，而是在犀牛角上注射混著紅色色素的寄生蟲殺蟲劑，幫助犀牛驅蟲，同時讓犀牛角看起來不再完美。該藥劑不會對犀牛造成任何影響，但人類誤食，則會有噁心、嘔吐、抽搐等症狀。

犀牛角由壓縮的角蛋白構成，成分類似人類的指甲、鸚鵡嘴、馬蹄。犀牛角在犀牛的有生之年，每年以一到三英寸的速度增長。相比牛角來說，犀牛角具有更高的滲透性，這方便組織工作人員大範圍的幫犀牛角染色，卻又不至於傷害到生物體。

雖然有學者批評重複驅蟲跟染色的效益不高，為了保護犀牛，應該替犀牛去角，但去一次角的費用從 620 美元到 1,000 美元不等，比較之下，邊驅蟲邊染色，順帶「噁心」一把偷獵者的「下毒」方式，顯得十分經濟實惠。

「犀牛拯救計畫」的工作人員會在完成染色的園區外，貼上注意安全的標語，上面寫著「此處的犀牛角經過處理，不可食用」（Rhino Horns On This Property Are Contaminated With Toxins And

Should Not Be Handled Or Consumed By Humans）。警惕偷獵者或不知情人士，不要靠近犀牛群。

如今更多的保護園區如狄諾肯（Dinokeng）、恩杜莫（Ndumo）、騰貝大象（Tembe Elephant）野生動物保護區，以及私人野生動物保護園區如卡帕瑪（Kapama）都央請「犀牛拯救計畫」協助為園區的犀牛染色，讓牠們遠離被非法盜獵的危險。

「犀牛拯救計畫」至今已陸續幫許多國家公園的犀牛「下毒」，根據統計，目前已被染色過的 700 多隻犀牛中，僅有 2 隻不幸罹難，大幅提高了犀牛的存活率。

團隊現正積極與南非金山大學（Witwatersrand University）合作，希望共同研發出一種不帶生物威脅性，卻有放射效果的物質，能順利被犀牛角吸收，能更好的追蹤犀牛角的行蹤，阻止犀牛被走私出境。

然而，這些方式僅能減緩，卻不能根除盜獵問題。「犀牛拯救計畫」組織呼籲消費大眾減少對犀牛角的需求。只有終端需求的降低，才能真正守護犀牛，達成生物保育的目標。

「犀牛拯救計畫」大幅提高了犀牛的存活率。（來源：Rhino Rescue Project）　　專案影片：

5. 坦尚尼亞 Tanzania：
　 生態保護園區的智慧哨兵 TrailGuard AI

SDG 涵蓋範圍：9,15,16,17

　　隨著非洲偷獵者日益猖獗，全球每年失去 35,000 頭大象，平均每 15 分鐘就有一頭大象被殺害。專家預測未來十年，許多大型動物都將面臨威脅。如何更有效率的遏阻偷獵者保護野生動物，迫在眉睫！

　　國家保育公園向來面積廣大，譬如坦尚尼亞的賽倫蓋提（Serengeti）國家公園，面積跟一個比利時的國土相同，卻僅由 150 名護林員守護管理。巡邏隊為了節省人力，只能分頭巡查，無法及時收集情報。園中的通訊時好時壞，讓護林員難以應付突發情況，僅能在盜獵發生後清理善後。

　　致力守護環境的非營利組織 RESOLVE 與電腦大廠英特爾（Intel）、衛星通訊公司 Inmarsat、軟體公司 CVEDIA 合作，希望創造出價格親民，能協助護林員更有效保護野生動物的產品。團隊最後共同設計開發了「TrailGuard AI」，這是一款智能辨識保安系統，可以監測、防止偷獵者擅入國家公園、生態保育園區。

TrailGuard AI 設計十分小巧，大約一個手掌的長度，比一根指頭再寬一點。（來源：Global Conservation）

273

TrailGuard AI 設計十分小巧，大約一個手掌的長度，比一根指頭再寬一點。狹長的身形極易隱藏偽裝，裝置於公園小徑、樹叢之間，不易被動物與偷獵者發現。RESOLVE 的野生動物解決方案總監埃里克・迪內斯坦（Eric Dinerstein）將之稱為「智慧哨兵」。

智慧哨兵配載的鏡頭雖小，度數與廣度極佳，日夜都能精準拍攝，可辨識拍攝到的是人類、動物還是車輛。如果 TrailGuard AI 拍到人類或車輛，它會及時發出電子警報，通過全球移動通信系統（GSM）及衛星網路，將可疑照片傳到護林員的手機與國家公園的總部系統中，讓護林員派遣緊急應對小組在盜獵者靠近動物前制止悲劇發生。

TrailGuard AI 拍攝的圖像十分清晰，在賽倫蓋提跟格魯美地（Grumeti）保護區進行的實測，安裝後的 15 個月裡，成功識別 20 多個非法狩獵集團成員，及時逮捕了 30 名偷獵者、查獲了高達 1,300 磅的叢林肉。

TrailGuard AI 的耗能極低，它能持續在野外執行任務長達一年半，不用替換電池，比傳統監控設備至少一個月就得換一次電池更節能，也更易於藏匿，讓偷獵者不易發現。

目前在國家地理學會（National Geographic Society）、李奧納多・狄卡皮歐基金會（Leonardo DiCaprio Foundation）和其他相關基金的幫助下，RESOLVE 陸續把 TrailGuard AI 部署到非洲 100 個重要的野生保護區中。

等團隊完成剛果加蘭巴（Garamba）國家公園的設置後，RESOLVE 希望把產品拓展到東南亞與南美等地區，以保護更多野生動物。

TrailGuard AI 日夜都能精準拍攝，
可辨識拍攝到的是人類、動物還是車輛。
（來源：Global Conservation）

專案影片：

6. 肯亞 Kenya：
智慧防獵系統 SMART

SDG 涵蓋範圍：9,15,16,17

　　非法野生動物貿易（IWT）是毒品、人口販賣、武器之外的全球第四大行業，估計每年的市值超過 100 億美元。近年來，非法貿易高度發展，嚴重威脅野生動物的存續。當盜獵者更新狩獵工具，使用更先進昂貴的設備躲避巡邏員的追查，全球的保育管理員也找到了對應方法，用創新技術領先一步。

　　國際上長年關注生態環境的非政府組織 CITES-MIKE、法蘭克福動物學會（Frankfurt Zoological Society）、北卡羅來納動物園（North Carolina Zoo）、野生動物保護協會（Wildlife Conservation Society）、野生動物與自然基金會（World Wildlife Fund & Zoological Society of London）為了更好的推廣野生動物保育，共同成立了「SMART」組織，並研發了「空間監測和報告工具」（Spatial Monitoring And Reporting Tool），簡稱「SMART」的手機應用軟體。它能協助巡護員更好的記錄、追蹤野生動物的狀態和地理位置，以及周圍的可疑人物，讓相關人員如警方、法醫、監察官更清晰的辨別犯罪現場，精準的追捕盜獵者。

　　「這個軟體徹底改變了我們的巡邏方式，減少了我們用槍的需求。」肯亞姆帕拉公園（Pamula Park）的研究中心巡護員埃里克‧伊瑞爾（Eric Irere）說道。很多動物與巡邏員的情況與路線變得更容易記錄與追溯。

　　最重要的改變是，這個軟體幫助許多國家與保育生態公園發現過去盜獵事件難以追溯的原因：巡護員普遍不識字。以前巡護員是用紙本方式記錄巡邏情況，但大部分的巡邏員是文盲，只有少數有能力書寫。只要這些識字的巡邏員不在，大部分的工作就停擺了。

　　SMART 軟體的優點是，只要手機下載便能使用，完全免費。它結

合 GPS 定位功能、用電子表格取代紙本、用圖示代替文字。不識字的巡護員也能意會表格的意思，懂得如何勾選或是註明巡邏當天有無動物受到威脅或傷害。若仍是難以理解，SMART 配有培訓手冊，也提供詢問和用戶互動平台，讓使用者能在軟體上交流。

「SMART」能協助巡護員更好的記錄、追蹤野生動物的狀態和地理位置。（來源：SMART Partnership）

更酷的是，SMART 軟體能同步整理各個巡護員更新的內容，以無線傳輸的方式實時把數據內容傳給遠程的同事與總部，讓更多的巡護員甚至警方、監察員、政府官員共享資訊，知道那些區域或是動物有情況。

園區總部的管理員不單能用 SMART 備份功能儲存所有的巡邏資料，還能藉由 SMART 的分析工具，生成統計資訊、事件地圖和趨勢分析，策略性的調整巡邏路線，在容易發生事故的區域加強防線。

根據肯亞當局表示，國內各個國家公園開始使用這套軟體後，大象被獵捕的數目已經有效下降。

現在全球已有 70 個國家把 SMART 軟體應用在 140 個地點，其中 21 個國家將之運用於陸地、海洋生態國家保育園區的管理上。肯亞將 SMART 用來保衛草原象、西非獅、獵豹，尼泊爾、泰國、印尼、俄羅斯用來保育老虎，印度用來守護亞洲獅，喀麥隆則用來看守穿山甲。

SMART 在尼泊爾帕爾薩（Parsa）野生動物園區實施的第一年，30 多位盜獵者被捕，上繳超過 11 次的武器；當地的巡護員還發現並摧毀了藏匿在園區中的 22 個狩獵營地。SMART 讓全球生態保育管理者更積極、更有效率的保護動物。

第 16 章／SDG 16
和平、正義及健全制度
Peace, Justice and Strong Institutions：
促進和平多元的社會，確保司法平等，建立具公信力且廣納民意的體系

　　「權力使人腐化，絕對的權力使人絕對的腐化。」這是英國阿克頓爵士（Lord Acton）的名言，也提醒著我們，當權掌政者一定會無所不用其極的阻擋一切不利於他們抓權的新聞報導、時論。你「聽說」的真的是那樣的嗎？地球永續的努力目標，也包括了對和平、正義的追求。

SDG 16 和平、正義及健全制度・細項目標&行為指標

SDG 16 和平、正義及健全制度細項目標

16.1	大幅減少各地各種形式的暴力，以及暴力相關事件的死亡率。
16.2	終結對兒童進行虐待、剝削、販賣，以及一切形式的暴力和酷刑。
16.3	促進國家和國際層級的法治，確保人人都有平等獲得司法的途徑。
16.4	2030 年前，大幅減少非法的資金與武器流動，加強被盜資產的歸還和回復，並打擊一切形式的組織犯罪。
16.5	大幅減少各種形式的貪汙賄賂。
16.6	在各層級建立有效率、負責且透明的制度。
16.7	確保各級的決策皆能回應民意、兼容各方，且具備參與性和代表性。

16.8	擴大及強化開發中國家參與全球治理機構。
16.9	2030 年前，為所有人提供合法身分，包括出生登記。
16.10	依據國家立法與國際協議，確保民眾可取得各項資訊，保障基本自由。

SDG 16 和平、正義及健全制度行為目標

16.a	強化國家機制，包括透過國際合作方式，建立各階層預防暴力和打擊恐怖主義與犯罪的能力，尤其是在開發中國家。
16.b	促進及落實沒有歧視的法律與政策，以實現永續發展。

SDG 16 和平、正義及健全制度・全球近況與問題

　　由進度表（▲附圖 1）中我們可以看出，各國衝突頻繁、社會動盪不安、官員普遍貪腐、國民顛沛流離、非法武器盛行、人權體制薄弱、凶殺案層出不窮，想在 2050 年達成 SDG 16 目標，仍需付出許多努力。

　　全球有四分之一的人口生活在有衝突、內亂的國家。截至 2022 年 5 月，全世界有 1 億人口不得不離鄉背井；這個數字在俄烏戰爭的持續延燒下，將繼續增加。

　　2021 年，35 個國家發生了 320 起針對人權捍衛者、記者和工會成員的攻擊事件，帶來致死的風險。聯合國呼籲人權人士依然得注意自身安全，才能為更多的人帶來權益。

　　非法武器的貿易活動依然十分猖獗。如何系統化的追查武器來源，仍是一項艱鉅的挑戰。根據調查，2016 年至 2020 年間，各國繳獲的武器中 48% 已被銷毀，僅有 28% 能被查出來源，其中 60% 的武器能

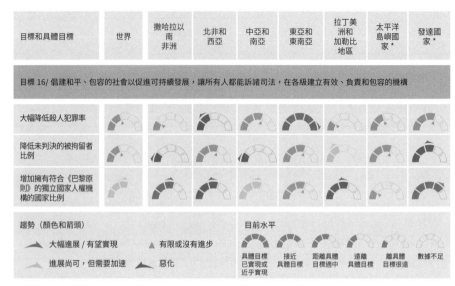

▲附圖 1 （來源：Sustainable Development Goals Progress Chart 2022）

通過國內登記處確認，其餘則需通過國外登記處進行查核。這顯示國際間的武器追緝合作仍不夠充裕，需要加強。

比較樂觀的是，至 2020 年，全球凶殺率下降了 5.2%。統計顯示，全球的凶殺案受害者中 10 位有 8 位是男性，然而在被親密伴侶或家庭成員殺害的所有凶殺案受害者中，婦女和女孩則佔了 60%（▲附圖 2）。聯合國呼籲各國應用更多元的政策來遏制公共的暴力事件。

貪汙問題方面，根據統計，全球每 6 家企業中就有 1 家被政府官員索要賄賂，而這種現象多發生於與稅務官員會面的交易中。東亞和東南亞以及低開發中國家賄賂發生率最高，影響了約 30% 的企業，而拉丁美洲和加勒比地區以及歐洲與北美的賄賂發生率最低，分別為 9% 和 8%（▲附圖 3）。

以性別分別統計的全球兇殺率的趨勢和預測，2000-2030年(每10萬人中的兇殺案數量)

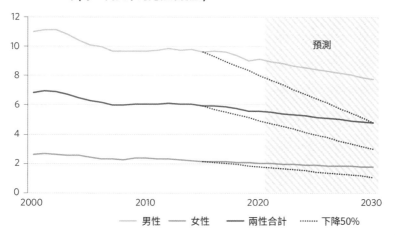

註：2021-2030年的預測是按觀察到的2015-2020年的趨勢的線性外推。

▲ 附圖 2（來源：The Sustainable Development Goals Report 2022）

被索賄的企業比例，2006-2021年的最新資料（百分比）

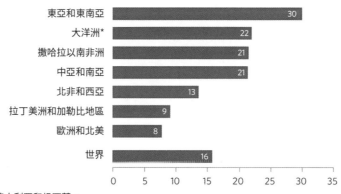

* 不包括澳大利亞和紐西蘭。

▲ 附圖 3（來源：The Sustainable Development Goals Report 2022）

SDG 16 和平、正義及健全制度 · 國際案例分享

1. 巴西 Brasil：
貪腐偵測器 Corruption Detector

SDG 涵蓋範圍：9,16

　　巴西是全球最腐敗的國家之一。每逢選舉，面對四萬多名候選人眼花撩亂的廣告與背景資料，想投票的民眾看完一輪，仍不知道該信任誰？要投給誰？

　　巴西最大的消費者保護與意見組織「Reclame Aqui」，決定幫助臉盲或平時不那麼熱衷政治的民眾，用一種直接的方法，快速辨識巴西所有的政治人物。

　　Reclame Aqui 與巴西行銷公司格雷（Grey）合作，開發出了「貪腐偵測器」（Corruption Detector）。這是一款手機應用軟體，它能藉由臉部辨識系統，幫助使用者辨別眼前的巴西政客「有沒有貪腐」？

　　「貪腐偵測器」是「貪腐的顏色」（The Color of Corruption）的衍生產品，是免費應用程式。「貪腐的顏色」是由 Reclame Aqui、巴西格雷與巴西大學的師生花了數個月，匯集全巴西七萬多名政客、數百個法院有關貪汙的指控與定罪紀錄，整理分析而成。專案團隊把資訊濃縮成簡單的圖表與介紹，用一個能外掛於瀏覽器的程式顯示官員是否貪汙。使用者只要下載程式，搜尋政客名字，就能看到貪汙的政客被塗上紫色，如同螢光筆特別標註。只要用手點開，就能看到一個外加的文字方塊，詳細列出政客個人資料、法院指控、犯罪紀錄與貪腐數據。

　　活用之前的數據基礎，在微軟（Microsoft）的臉部識別技術幫助下，「貪腐偵測器」變得更容易上手，使用者只要手機下載程式，拍

攝真人、電視、網頁、廣告或報紙上政客的圖像，真相就一目了然，貪汙者的黑歷史在陽光下無所遁形。

專案團隊選在巴西選舉前推出產品，於選舉日發送簡訊給用戶，提醒民眾睜大眼睛，千萬不要投錯人。

「貪腐偵測器」推出一周，軟體就受到 40 萬人次的下載，成為蘋果最喜愛程式與谷歌趨勢程序中的第一名。該程式躍升巴西熱門議題，也是貪汙政客最痛恨、清廉官員最欣賞的應用軟體。預估專案受眾超過 1.2 億人。

Reclame Aqui 的總裁莫里西奧・巴爾加斯（Maurício Vargas）表示：「假新聞充斥的時代，只有獲得高品質的資訊才能改變國家的未來。巴西人不只是擁有一個發現腐敗政客的應用軟體，而是可以做為推動國家轉型的工具。」

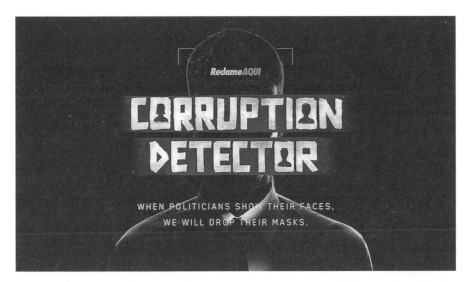

「貪腐偵測器」是一款免費的手機軟體，
它能藉由臉部辨識系統，幫助使用者辨別
巴西政客「有沒有貪腐」。
（來源：Creative Review）

專案影片：

2. 印度 India：
我付了行賄金 I Paid a Bribe

SDG 涵蓋範圍：9,16,17

試著想像，從某一天開始，必須透過賄賂，才能見到自己新生的孩子、修好屋裡的管線、獲得駕照、通過考試，日子會不會很難過下去？但，這卻是印度的日常，每天都會發生的事。

根據印度透明國際組織（LocalCircles and Transparency International India）進行的最新《2019 年印度腐敗調查》（India Corruption Survey 2019）顯示，在印度有高達 50% 的人至少賄賂過政府官員一次。當問到人們為何賄賂，八成的人回答因為政府沒有明確措施能遏止腐敗，而六成的人表示為了確保他們的工作得以完成，賄賂是必要的。

在印度出生從歐美回來，看到印度變得如此腐敗的拉梅什（Ramesh Ramanthan）和斯瓦帝・拉瑪納坦（Swati Ramanathan）覺得十分痛心，作為「人民的力量」（Janaagraha）非營利組織的創始人，他們決定捲起袖子，結合民眾與網路的力量，對國內的行賄體制展開反擊。

「我付了行賄金」鼓勵國民鉅細靡遺地記錄他們的行賄經歷。
（來源：I PAID A BRIBE）

他們創辦了一個匿名舉報的網路平台「我付了行賄金」（I Paid a Bribe）。網站標語上寫著：「揭開腐敗的市場價格。」鼓勵國民作為賄賂的受害者（捕捉賄賂事件）與賄賂鬥士（人們抵制賄賂的經歷），鉅細靡遺地記錄他們的行賄經歷，如腐敗官員的名稱、提供的服務、收賄的金額、地點、原因等。

團隊知道僅靠道德說教是沒用的，為了改善這種惡質文化，就得先了解它的規模到底有多大。於是，每一則匿名分享都會在事件地圖上變成一個小圖釘，隨著圖釘越來越密集，使用者一眼就能辨別那些區域是「賄賂熱點」。

隨著網站日漸成熟，平台也開始提供一些正面的訊息，民眾能在「我遇到一個誠實的官員」類別中表彰認真、誠實的官員；或是在「我不想支付賄賂」的類別分享如何避免賄賂的方法。

該網站剛成立沒多久，已累積 140 萬次點擊，收穫了超過 2 萬多起在 500 多個城市、19 個政府部門的行賄經驗。為了方便人民使用，團隊還推出了手機程式，讓民眾能直接在手機上分享經驗。隨著積累的案例數量越來越多，該網站成為一個強而有力的工具，政府逼不得已只好開始進行改善措施。

卡納塔克邦的國家運輸部（the State Transport Department of Karnataka）就是個好例子，部門的主管巴斯卡‧拉奧（Bhaskar Rao）邀請了斯瓦帝的團隊，讓隊員分享平台上的案例，一起來探討部門員工「有多腐敗」。員工發現自己行賄的行為變得眾所皆知，瞬間無顏面對印度父老。20 多名高級官員受到警告。其餘員工則乖巧地配合團隊一同改善工作程序，降低行賄風險。

這個網站帶動了神奇的國際效應，共有 26 個國家的非政府組織表示想複製它的營運模式，為當地政府帶來改善的契機。目前在中國、美國、肯亞、印尼、巴基斯坦、菲律賓、希臘和蒙古皆已開始出現類似的平台。

3. 印度 India：
安全城市 SafeCity

SDG 涵蓋範圍：5,9,16,17

根據聯合國婦女署（UN Women）統計，全球每三位婦女中就有一位曾遭遇過性騷擾、性侵害。在印度，情況更嚴重，平均每 20 分鐘就有一起強姦案發生。高達八成的女孩們選擇避而不談，不願回憶，害怕被社會撻伐，被軍警人員找碴。受害者的沉默鼓勵了犯罪者，讓他們更加肆無忌憚，生活環境也變得更加危險。

2012 年，23 歲正值青春年華的吉奧蒂・辛格（Jyoti Singh）在新德里的公車上被輪姦致死，這可怕的案件震撼了世界，也刺激了艾爾莎・瑪莉・德席爾瓦（Elsa Marie D'silva）。

艾爾莎決定站出來，她必須幫助婦女打破沉默，把這些發生在公共場所的侵害一一記錄下來，讓社區、城市甚至國家的管理者正視問題，共同找出解決方案。她與薩洛尼・馬爾霍特（Saloni Malhotra）和蘇里亞・維拉莫里（Surya Velamuri）滿腔熱血創辦了保護婦女安全與權益的「紅點基金會」（Red Dot Foundation），並推出了「安全城市」（SafeCity）專案。

「安全城市」是一個結合手機程式的網路平台，旨在為婦女提供一個平等、安全並能獲得療癒的公共空間。受害婦女可以在平台上依地點或騷擾類別，匿名分享她們曾受過性騷擾或虐待的故事。這些紀錄將彙整為地圖上的熱點，幫助使用者分辨哪些地方比較安全，要注意哪些危險等。

「承認事件的發生，是尋求幫助的第一步。」艾爾莎鼓勵女孩們勇敢談論，把它變成一個不諱言的問題，引發社會的重視。

「安全城市」還為當地社區、學校和工作環境提供教育訓練，教

導女孩們遇到事情該如何處理面對，捍衛身體自主權。團隊密切地與印度孟買、新德里、果阿的警政部門合作，協助學校加強兒童性虐待的認知教育，讓孩子們懂得及時求救。

　　「安全城市」的數據對各國政府與相關部門來說極為重要，有助於辨別各地案發原因，解決問題根源。團隊依據資訊，與警方、市政府、交通局合作，調整巡邏時間、增加巡邏次數、改善街道燈光、增加街燈數量、修剪樹枝、掃除陰暗角落、改善公共廁所設施，有效制止侵害案件重複發生。

　　「安全城市」現已從印度到肯亞、喀麥隆、尼泊爾、千里達及托巴哥、奈及利亞等 17 個國家、50 多個城市中收集了逾 5 萬個故事。此外，「安全城市」已經培訓了 35,000 名青年成為校園大使；與 500 個教育機構合作，積極推廣校園安全計畫。艾爾莎表示，團隊不會停下腳步的。他們正在加快開拓北非、墨西哥和加勒比海地區，目標是達到全球覆蓋。

「安全城市」讓婦女能匿名分享
她們曾在哪裡受過性騷擾或虐待，
這些紀錄將彙整為地圖上的熱點，
幫助使用者分辨哪些地方會有危險。
（來源：Safecity）

4. 瑞典 Sweden：
娜塔莉亞計畫 Natalia Project

SDG 涵蓋範圍：9,16,17

在俄羅斯的車臣，2009 年 7 月 15 日，一個平凡的早晨，一位女士一如往常地走出公寓，準備搭車去上班，瞬間四個男人從後面架住她，凶狠地擄上車，一路疾駛到車臣隔壁的印古什共和國（Ingushetia），在杳無人煙的邊境槍殺了她。這件事情震驚了全球。

這位女士不是別人，她是娜塔莉亞・埃斯蒂米洛娃（Natalia Estemirova），是俄羅斯最大的人權組織「紀念」（Memorial）車臣辦公室的負責人，知名的人權捍衛者。她在車臣戰爭期間，為組織收集並核實俄羅斯和親俄軍隊對人民的虐待和戰爭罪刑，最後不幸因此罹難。

為了避免類似的遺憾再度發生，保護珍貴的人權運動領袖，曾與娜塔莉亞往來、懷抱革命情感的瑞典人權組織「民權捍衛者」（Civil Rights Defenders）和行銷公司 RBK、安全監控公司 PFO、網路公司 Tele2 合作，為紀念娜塔莉亞，推出了「娜塔莉亞計畫」（Natalia Project），一款專門為人權捍衛者設計，具備衛星定位的警報手環。

娜塔莉亞手環只要被民權捍衛者戴上後，若是被迫拿下或拉扯手環，警報立即啟動，向緊急聯絡人、合作團體、位於斯德哥爾摩的團隊總部，發出精準的求救訊號，讓救援人員能在第一時間馳援，為民權運動者帶來多線生機。

娜塔莉亞手環配載的是由 PFO 與 Tele2 所提供的安全監控與網路系統，讓人權運動者在 450 多個國家移動時，不用擔心衛星、網路斷線訊號無法發送的問題。

更酷的是，娜塔莉亞手環與社交媒體如臉書、推特同步串聯，關注娜塔莉亞計畫的民眾可以隨時看到、收到關於配戴手環，在世界各國移動的民權捍衛者的情況。

專案開始，不到兩周，娜塔莉亞計畫便受到全球媒體的高度關注與高額自發性捐款。團隊先向全球 50 位具有代表性的民權運動者提供訓練，並請其中 20 位戴上手環進行測試。

肯亞的環境人權捍衛者菲利斯‧奧米多（Phyllis Omido）正是其中之一，他分享道：「如果你一直生活在報復的恐懼中，就不可能實現任何具體的改變。娜塔莉亞計畫使我擺脫了這種恐懼，讓我可以放大人民的聲音，因為我知道有人在關注我。」

之後，在各企業組織的協助之下，娜塔莉亞計畫迄今已覆蓋全球如俄羅斯、中亞、非洲之角（東北非洲）、東南亞、拉丁美洲、巴爾幹半島的民權鬥士，為世界帶來了更多的希望與保護。

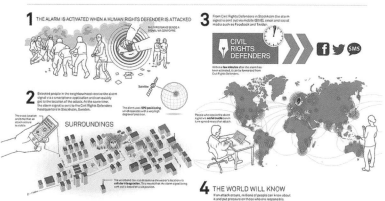

專案影片：

「娜塔莉亞計畫」是一款專門為人權捍衛者設計，
具備衛星定位的警報手環。（來源：Sofii）

5. 德國 Germany：
未經審查圖書館 The Uncensored Library

SDG 涵蓋範圍：4,9,16,17

全球仍有許多國家沒有新聞自由。政府把持一切，控制媒體與網路，當正義的記者站出來勇敢發聲，他們往往受到官方罰款、監禁、流放、殺害的迫害。

非營利的記者無國界組織（RSF）希望找到一個繞過各國網路審查機制的方式，把現實的真相帶給全球民眾。最終，他們把腦筋動到了遊戲身上。

「做個創世神」（Minecraft）遊戲是風行全球、自由度極高的經典遊戲，也是年輕世代黏著度最高的平台。記者無國界組織與創意公司 DBB、場景設計工作室 Blockworks 合作，在虛擬遊戲中蓋了一座「未經審查圖書館」（The Uncensored Library），讓年輕一代能在探險的過程中，發現許多被隱瞞的消息，進而了解各國政治局勢與當地最真實的新聞報導。

「未經審查圖書館」的外型設計參考了紐約公共圖書館與古羅馬時期的建築。由來自 16 個國家的 24 位專家，耗費 250 個小時，用 1250 萬塊磚建造而成。

圖書館面積非常的大，共分為六個區域。它由五個新聞自由度較低的國家（墨西哥、俄羅斯、埃及、沙烏地阿拉伯、越南）與一個無國界記者組織專區所組成；每個區域都能讓玩家盡情探險，發掘真相。在記者組織專區，探險者能查詢到全球 180 個國家的新聞自由程度與排名。而在五個國家的區域裡，都設有一個講台，上面放著一本書，記載著該國政府對於媒體控制的情況，以及當地新聞自由的指數。

「未經審查圖書館」讓年輕一代能在探險的過程中,了解各國最真實的新聞報導。(來源:BlockWorks)

專案影片:

　　圖書館裡有 200 多本藏書,每一本都詳細紀載著被政府當局抹殺掉的新聞、或是被殺害的記者留下的文章與音檔。墨西哥知名的記者兼作家哈維爾‧巴爾德斯(Javier Valdez)就是一個很好的例子,他是《Riodoce》報紙的創始人,專門報導墨西哥最暴力的錫那羅亞州的犯罪與腐敗;他的成功惹惱了當局,於 2017 年 5 月 23 日被槍殺,年僅 50 歲。圖書館收錄了他所有的作品。

　　專案團隊特地選在 3 月 12 日「世界反對網路審查日」讓圖書館正式亮相。開幕以來,已有 175 個國家的 2,500 多萬玩家前往探訪,並被下載了多達 20 萬次。

　　「未經審查圖書館」在全球引起轟動,各國的玩家樂於分享在地的媒體文化並自主分享了 400 多個遊戲影片到 YouTube。許多知名大學與高等教育學校將它做為教學工具,與學生探索何謂真正的言論自由。

　　現在圖書館將無限期的免費對外開放,讓所有人、尤其年輕世代,都能隨時進入這個圖書館,觀看真實的世界面貌,思考什麼才是更美好的未來。

6. 瑞典 Sweden：
人道金屬 Humanium Metal

SDG 涵蓋範圍：9,16,17

　　槍殺是非自然死亡最常見的原因，僅次於交通事故。根據統計，全球每天有 500 多人死於槍殺，2,000 多人受槍傷。按此趨勢發展，到 2030 年，死於槍殺的人數將高達 66 萬人。

　　若能有效控制非法槍枝，許多的槍枝械鬥是能避免的。但絕大部分的非法槍械來自政府、生產者與合法槍械持有者。有效抑止非法流通的槍械，最好的方式便是徹底銷毀，不留痕跡。

　　如何回收槍械，又不至於浪費，瑞典的非營利組織 IM（Individuell Människohjälp Swedish Development Partner）與策略夥伴彼得‧布魯納（Peter Brune）、約翰‧皮爾（Johan Pihl）、米格爾‧巴雷羅（Miguel Alexandre Barreiro）想出了一個創意十足的解決方式。他們共同推出了「人道金屬」（Humanium Metal）。

　　人道金屬由全球非法槍械熔化鍛鍊而成，是一塊混有許多雜質的金屬合金。重量約 4.5 公斤重，與一把 AK47 自動步槍相同。它能被二度加工成可用於 3D 列印的金屬粉末，或成為藝術設計的基礎材料。現在已普遍應用於藝術雕塑、手錶、珠寶、耳機、手環、鋼筆、錢幣與其他具有設計性的藝術品上。

　　一如國際原子能機構前主任、同時也是反非法槍枝倡議者之一的漢斯‧布利克斯（Hans Blix）所說：「人們可以用它做一把致命的手槍或左輪手槍，但同樣的，它能被用於非常美、善的用途上。」

　　人道金屬是全球第一個用於回饋生命的合金金屬，團隊將所有銷售金屬的收入，用來支持更多的非法槍械銷毀項目，例如協助各國修改法律、創建「禁止槍枝」的空間，保護和教育那些曾受過嚴重武器

「人道金屬」是全球第一個
用於回饋生命的合金金屬。
（來源：Humanium Metal）

專案影片：

傷害的人。

　　團隊一開始選在槍殺頻繁、非法槍械氾濫的薩爾瓦多 (El Salvador)，銷毀第一批武器，生產了約 1 噸的金屬。他們接著在薩爾瓦多與瓜地馬拉 (Guatemala) 建立了金屬工廠，銷毀更多槍枝煉製更多金屬。團隊與各國政府合作，指導它們如何收集非法槍械，並按社會企業的需求鍛鍊人道金屬塊、丸、絲或是粉末，並為其驗證，貼上人道標籤，再將金屬收入回饋給材料來源國的受害者。

　　「我們希望人道金屬倡議能激勵世界各國領導人更積極的推動武器銷毀計畫，作為永續發展 2030 年議程下承諾的一部分。」團隊的創始人之一彼得深深期待。

　　在團隊的努力之下，越來越多的國家加入聯盟，成員目前已達一百多個。迄今，有超過 12,000 件非法槍枝變成了人道金屬。團隊表示，他們將繼續為了和平而努力。目標是用人道金屬替代所有現有金屬能用的配件，進而減少傷亡。

第 17 章／ SDG 17
多元夥伴關係
Partnership for The Goals：
建立多元夥伴關係，協力促進永續願景

曾經有一首歌唱著：「We are the world,we are the children; We are the ones who make a brighter day, so let's start giving.」是的，四海一家，唯有建立多元夥伴關係，團結力量大、合作前景寬，當你好、他好時，我還會不好嗎？

SDG 17 多元夥伴關係・細項目標

SDG 17 多元夥伴關係細項目標

17.1	強化國內資源動員，包括透過向開發中國家提供國際支援，改善其國內稅收、和其他收益取得能力。
17.2	已開發國家充分履行其官方發展援助承諾，包括向開發中國家提供國民所得毛額（GNI）（▲註 1）中的 0.7％作為政府開發援助（ODA），以及向最低度開發國家（以下簡稱 LDCs）提供國民所得毛額中的 0.15 至 0.2％為開發援助。鼓勵開發援助提供方設定目標，提供佔國民所得毛額至少 0.2％的開發援助給 LDCs。
17.3	為開發中國家多方籌集額外的財務資源。

▲註 1：
國民所得毛額（Gross National Income, GNI），是指衡量本國常住居民提供要素所創造之所得，與國內生產毛額（GDP）不同。

17.4	透過政策協調，酌情推動債務融資、債務減免和債務重整，協助開發中國家實現長期債務永續性，並處理高負債貧窮國家的外部負債，以減輕其負債壓力。
17.5	為 LDCs 採用及實施投資促進方案。
17.6	加強在科學、技術和創新領域的南－北、南－南、三角形區域與國際合作，以及強化依照相互議定條件提高知識交流，做法包括改善現有機制之間的協調（特別在聯合國層級），以及透過全球技術促進機制加強協調。
17.7	按照共同議定原則，使用有利的條款和條件，包括特許權和優惠條款，針對開發中國家促進環保科技的發展、轉移、流通及擴散。
17.8	2017 年前，全面落實開發 LDCs 的技術庫，建立科學、科技與創新能力培養機制，並擴大其科技使用，尤其是資訊傳播科技（ICT）。
17.9	強化國際支持，為開發中國家實施有效且鎖定目標的能力培養，以支持各國落實各項永續發展目標的國家計畫，包括南－北、南－南和三方合作。
17.10	在世界貿易組織（WTO）下，建立一個全球性、遵循規則、開放、無歧視以及公平地多邊貿易系統，包括透過杜哈發展議程完成協商。
17.11	大幅增加開發中國家的出口量，尤其是在 2020 年前，讓 LDCs 的全球出口佔比增加一倍。
17.12	按照世界貿易組織之決策，如期對所有 LDCs 實施持續性免關稅、免配額的市場進入管道，包括適用於 LDCs 進口的原產地優惠規則，必須簡單且透明，有助其進入市場。
17.13	透過政策協調與一致性來加強全球宏觀經濟穩定性。
17.14	加強永續發展政策的一致性。
17.15	尊重每個國家的政策空間和領導權，以建立及執行消除貧窮與永續發展的政策。

17.16	透過多邊合作加強促進永續發展的全球夥伴關係，動員和分享知識、專業、科技與財務資源，支持所有國家、尤其是開發中國家實現永續發展目標。
17.17	以夥伴關係的經驗和籌資策略為基礎，鼓勵和促進有效的公共、公私營和民間社會夥伴關係。
17.18	2020 年前，加強協助開發中國家、包括 LDCs 與小島嶼發展中國家（SIDS）建立能力，大幅增加其獲取高品質、即時且可靠的數據，包括按收入、性別、年齡、種族、族裔、移民、身心障礙、地理位置以及各國其他人口分類的各項數據取得。
17.19	2030 年前，依據現有措施，制定衡量永續發展進程的方式，使國內生產總值（GDP）計算更為完善，並協助開發中國家培養統計能力。

◎ **SDG 17 多元夥伴關係未訂行動目標。**

SDG 17 多元夥伴關係・全球近況與問題

　　由進度表（▲附圖1）中我們可以看出，各國受戰爭與疫情的影響，經歷物價上漲、高通膨、失業等狀況自顧不暇，無法為未開發國家付出更多經濟援助與科技輔助。

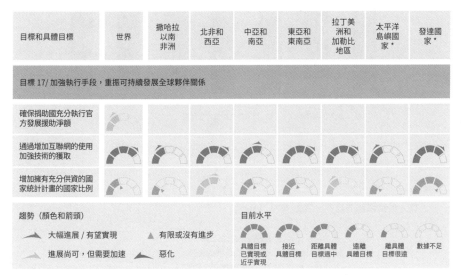

▲附圖1（來源：Sustainable Development Goals Progress Chart 2022）

　　俄烏戰火越燒越烈，各國對難民、軍武援助以及其他相關事務開銷增加，直接影響到 2022 年的官方發展援助（▲附圖2），也使較貧窮國家更難獲得即時的經濟支持。

　　在直接投資方面，已開發國家獲得的資金增幅最大，依次為開發中國家、低開發國家。聯合國呼籲各國共體時艱，仍要加強協助低開發區域的發展，才能減緩逐漸拉大的差距。

　　在全球網路覆蓋方面，根據調查，2021 年全球已有 49 億人（約全球人口的 63%）使用網路（▲附圖3）。相信在不久的未來，全球八成的人都能使用網路來工作、學習與日常通訊。

官方發展援助淨流量的組成，2015-2021年(10億美元，以2020年不變值美元計算)

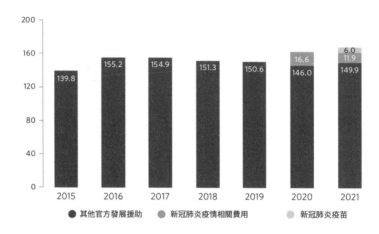

● 其他官方發展援助　　● 新冠肺炎疫情相關費用　　◐ 新冠肺炎疫苗

▲ 附圖 2（來源：Sustainable Development Goals Progress Chart 2022）

個人使用網路的比例，2021年（百分比）

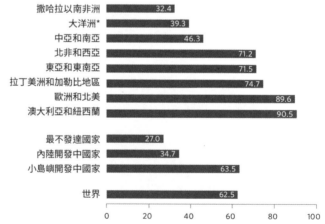

＊ 不包括澳大利亞和紐西蘭。

▲ 附圖 3（來源：Sustainable Development Goals Progress Chart 2022）

SDG 17 多元夥伴關係・國際案例分享

1. 厄瓜多 Ecuador：
自然代表人 #NatureRepresented
SDG 涵蓋範圍：13,14,15,17

全球的法律體系向來將生態與物種歸類於對象與財產，導致自然環境長年因經濟考量而被大幅破壞。

為了改變態度，守護自然，厄瓜多政府於 2005 年擬訂並批准了一套新憲法，賦予自然生態系統與物種存在、再生、進化並永續生存的法律權利。厄瓜多成為世界上第一個賦予自然權利的國家。

儘管明定了法規，許多跨國企業依然不斷地挑戰厄瓜多的法律底線，致使厄瓜多的自然侵犯案件數量，遠遠超過當地志願律師能承載的程度。

Sambito 是厄瓜多擅長提供環境解決方案的諮詢顧問組織。Sambito 的總經理何塞・哈威爾・瓜德拉斯（José Javier Guarderas）說，他們意外發現，政府雖為厄瓜多的自然生態環境建立了一套完善的法律框架，卻缺乏足夠的專業律師或團隊能活用這套系統，為環境帶來實質的幫助。

為了守護厄瓜多的大自然，遏止跨國企業肆無忌憚地開墾土地，Sambito 與厄瓜多的律師公會、創意公司格雷（Grey）合作，決心為

Nature Represented seeks to build an international pro bono network for legal advice and consultancy.

#NatureRepresented

厄瓜多的自然環境建立一個國際守護團隊，彌補當地的人力缺口。

團隊首先設立了「自然代表人」（#NatureRepresented）計畫的官網，並上傳了多達 533 個自然與生態物種的資料與介紹，譬如吼猴（chorongo monkey）、巨犰狳（giant armadillo）、侏食蟻獸（pygmy anteater）、維爾卡巴巴河（Vilcabamba River）、納波河（Napo River）、卡揚貝火山（Volcan Cayambe）等。

接著透過各個平台、網路、媒體與影片積極招募當地與全球的專業律師事務所與律師。團隊邀請有意願的律師從官網上五百多個厄瓜多的生態系統與物種中，圈選希望代表的自然體，接受約聘文件後，這些律師將名副其實的成為「自然代理人」，按捐獻的法律服務時間，守護厄瓜多的自然體。

計畫一開始便獲得各界熱烈響應。3,850 位國內外律師共捐贈了約 2.02 億美元的法律時數。累積至今，厄瓜多的大自然已有 5,552 專業法律代理人，平均捐獻了 283,110 個小時，隨時準備正面迎戰企圖染指自然環境的跨國大企業。

團隊表示，目前哥倫比亞最高政府也已授權哥倫比亞亞馬遜具有與人類相同的權利，正逐步為諸項法律擬定框架。團隊不單感到欣慰，也希望未來能看到更多的國家願意修憲保護自然與珍稀物種。

在專案團隊的努力下，
厄瓜多五百多個自然體，
將交由「自然代表人」來守護。
（來源：Nature Represented）

專案影片：

2. 澳洲 Australia：
獅子的一份 The Lion's Share

SDG 涵蓋範圍：13,14,15,17

全球企業十分愛用動物作為廣告主角，然而最常上鏡的十種動物中，有九種如犀牛、老虎、雪豹等正在瀕臨滅絕。

一直想對全球的野生動物有所貢獻的知名澳洲導演克里斯多福．涅利烏斯（Christopher Nelius）在一次商務活動後，忽然靈光一閃：所有的明星出場都要通告費，那，動物為什麼不該索取代言費？

克里斯多福與同在創意製片 FINCH 公司工作的導演羅布．加盧佐（Rob Galluzzo）分享了這個主意，隨後他們陸續與創意公司 BBDO、瑪式（Mars）、尼爾森（Nielsen）、聯合國開發計畫署（UNDP）一同創辦了「獅子的一份」（The Lion's Share）基金會，旨在為野生動物從跨國行銷、媒體、品牌公司中爭取牠們應得的「最大的一份」。

「獅子的一份」基金會首要目標是守護全球最後 4,000 隻野生老虎、保護 100 萬公頃的荒野、打擊象牙和犀牛角的非法貿易，以及改善全世界超過 2 億隻動物的福利。

身為創辦人之一的克里斯多福笑說，他們希望能帶動一個新的全球風潮。他說：「100 多年來，品牌商利用動物的形象製作世界上最令人難忘和最有效的廣告。然而，現在我們生態系統的危機意味著消費者期待著更多的私人企業能夠站出來。我們的獅子基金是一種創新的方式，鼓勵品牌對我們星球上的生物多樣性做出一些回報。」

組織邀請全球 100 大企業、品牌，只要在廣告或媒體活動中有使用到動物圖像（真實相片、卡通或是電腦合成圖等），就得貢獻媒體支出的 0.5% 給「獅子的一份」基金。團隊會將資金用於實現守護動物的目

標，並積極與聯合國開發計畫署在全球加強野生動物的保護與福利。

聯合國開發計畫署長阿希姆・施泰納（Achim Steiner）在基金會推廣期間，向各界呼籲道：「生物多樣性，包括野生動物和健康的生態系統，是所有社會的福祉、安全和恢復力的基礎。然而，100 萬個動植

「獅子的一份」基金會，旨在為野生動物爭取「代言費」。（來源：Campaign Brief）

「獅子的一份」基金會以改善全球野生動物的福利為目標。（來源：UNDP）

物物種在未來幾十年內將面臨滅絕的危險，這主要是人類活動造成的。這次全球疫情危機嚴酷的提醒我們，如果我們忽視對自然的破壞，我們將面臨危險。但是，這場危機同時顯示了人類集體行動的潛力。利用創造力和夥伴關係的力量，『獅子的一份』的想法和它將產生的深遠影響一樣迷人。這一雄心勃勃的獨特措施所產生的收入和接觸的新受眾，將對我們的地球、我們和動物的未來，產生真正和持久的影響。」

在團隊的努力下，基金會成功的與 7 家跨國企業、50 多個品牌如 The Economist、JCDecaux、Kering Group、Gucci、Cartier、Alexander McQueen 等成為合作夥伴，募得 1,600 萬美元。

其中，卡地亞全球總裁兼首席執行長思禮樂（Cyrille Vigneron）表示「獅子的一份」基金會的使命與他們一直以來的理念不謀而合，他說道：「自然界的美一直是卡地亞永恆作品的靈感和創意來源。作為世界公民，我們有責任保護生物多樣性並對野生動物保護產生影響。這意味著我們將加強卡地亞與『獅子的一份』基金會等創新夥伴關係的支持，並聯合起來為子孫後代保護世界自然遺產。」

各界熱烈的響應，使團隊非常振奮。他們在印度與北蘇門答臘（North Sumatra）為瀕危的老虎、犀牛和猩猩買下 26 萬公頃的雨林設為保護區；在南美洲潘塔納爾森林（Pantanal Forest）與 13 個國家合作，一起發展永續貿易來保護美洲虎；在太平洋珊瑚大三角區（The Coral Triangle）協助復育 570 萬平方公里的珊瑚礁，以保護當地多樣性海棲生物；幫助莫三比克（Mozambique）的尼亞薩國家保護區（Niassa National Reserve）減少大象盜獵行為；另外，還撥款資助非洲、亞洲和拉丁美洲等 9 個國家的當地野生保育項目。

克里斯多福表示，團隊將協助更多開發中國家減少狩獵，以觀光的方式推廣當地經濟，為人們培育一個生機勃勃的地球。

3. 帛琉 Palau：
帛琉誓言 Palau Pledge

SDG 涵蓋範圍：11,14,17

　　帛琉，位於西太平洋，是由 300 多個美麗島嶼組成的國家，人口不到兩萬，每年國際旅客卻有 16 萬。許多遊客來自內陸國家，從未看過如此蔚藍的海洋，常常興奮地踩碎珊瑚礁、驚嚇魚群、摘取海龜的殼、任意棄置塑膠袋，對當地的海洋生態造成嚴重破壞。

　　勞拉・克拉克（Laura Clarke）與身任澳洲與帛琉海洋事務官的丈夫到帛琉旅遊時，深深被觀光客帶來的汙染震撼，她無法視而不見。勞拉與另外三個朋友妮可・法根（Nicolle Fagan）、珍妮佛・卡斯特林・吉本斯（Jennifer Kaskelin-Gibbons）、娜娜・辛格（Nanae Singeo）共同創辦了「帛琉傳承計畫」（Palau Legacy Project），決定藉由永續活動守護帛琉的生態環境。

　　一開始沒有資金，在一次因緣際會下，勞拉遇到了帛琉總統夫人黛比・雷蒙傑索（Debbie Remengesau）。黛比與丈夫非常支持團隊的計畫，帛琉政府為團隊提供了一筆種子基金。由於額度不高，勞拉又找上雪梨的 Host/Havas 才獲得突破。

「帛琉誓言」為了有效約束旅客行為，以入境章的形式推出。
（來源：Palau Pledge）

Host/Havas 使命感十足的加入了團隊，與帛琉政府、教育部共同舉辦了一個兒童工作坊，邀請來自帛琉十六州的兒童，寫下想要對國外遊客說的話。團隊把這些話加以整理，成了後來知名的「帛琉誓言」。

「帛琉誓言」為了有效約束與改變旅客行為，以護照與入境章的形式推出。它共有五種語文，分別為英文、日文、韓文、簡體中文、繁體中文。

國際旅客在即將抵達帛琉之際，飛機上將會先播放帛琉的傳說「巨人的故事」。

很久很久以前，有一個巨人在蛤中誕生，成長得非常快速，居民害怕他會吃光所有的食物，恐懼之下把巨人燒死，巨人的身體就成了後來的帛琉群島。在「巨人的故事」這部影片中，劇情稍有改編，劇中的巨人，暗指著即將來訪的陌生遊客，在當地孩童們的細心教育下，懂得如何友善地與大地和海洋相處，也成為孩子們的朋友，和樂融融，相互接納。

國際遊客下機後，會獲得一個宣導小冊子，請來賓尊重當地文化、不餵魚、不收集海洋生物當紀念品、不觸摸珊瑚礁、不採取鮮花水果、不追逐野生動物、不亂扔垃圾與在限制區域外吸菸；同時解釋為何人們需要簽署誓言。

帛琉誓言寫得非常美，全是出自孩子們之手：「帛琉之兒女，我身為貴境之客，我宣誓保護您美麗獨特的島嶼之家，我發誓會輕手輕腳，行事行善、小心探索。不是給我的東西，我不會拿走。不傷害我的事物，我不會傷害。我留下的唯一印跡，是會沖刷掉的腳印。」遊客要親自於誓言上簽下自己的名字，表示願意為自己的行為負責，共同守護帛琉這個美麗的島嶼。

帛琉誓言於 2017 年 12 月推出，立刻獲得了全世界的支持。2018年，政府正式立法，將帛琉誓言列入入境手續的一環，成為第一個為了守護環境，以環保為動機而修改移民法的國家。

團隊把帛琉十六州的兒童想對遊客說的話，
彙整成「帛琉誓言」。
（來源：Palau Pledge）

專案影片：

4. 丹麥 Denmark：
為難民與家人建立重逢的橋樑 Refunite

SDG 涵蓋範圍：9,17

全球有超過 8,240 萬人口被迫離開家園，在世界各地流離。難民很容易在途中與親人意外走散，他們沒有電話、甚至身分文件，要找回父母家人、兄弟姊妹，難如登天。

早期為找回親人，難民只能求助於國際人道組織或紅十字會。但由於隱私法的限制，紅十字會和聯合國無法查看其他區域的資訊，只得仰賴第三方盲目地在其他國家隨機搜索，搜尋效率自然極差。

來自丹麥的大衛（David Mikkelsen）和克里斯多福·米克爾森（Christopher Mikkelsen）兄弟因為一次意外的機緣，遇到了一位與家人失散的阿富汗男孩曼蘇爾（Mansour）。曼蘇爾跟家人為了逃離塔利班，被偷渡者拆散。偷渡者答應分次將他們送往北歐國家，曼蘇爾先被送到了丹麥，之後再也沒有見過他的家人。數年來，他不斷的在尋找失散的弟弟。

米克爾森兄弟十分同情曼蘇爾的際遇，也想知道在這樣的情況之下，跨國尋找另一位難民有多困難？他們開始在全世界尋找曼蘇爾的弟弟。花了九個月時間在歐洲跟中東地區來回進出，在過程中發現全球的資訊並未流通，缺乏基礎建設，他們要填寫大量的表格，在國家跟組織之間不斷的申請，等上好幾個月才有回音。費盡千辛萬苦，兄弟倆終於在俄羅斯找到了曼蘇爾失蹤十年的弟弟。

他們把弟弟帶回去跟曼蘇爾重聚，看著兩兄弟喜極而泣，緊緊抱在一起的畫面，米克爾森兄弟暗自下定決心，他們想幫助更多的家庭找到彼此。

　　米克爾森兄弟於丹麥成立了非營利組織「Refunite」，用手機應用程式與網站從無到有的架設了一個全球難民搜索平台，他們要成為「難民的谷歌」。

　　Refunite 的搜尋平台，服務完全免費，以「每個人都有權知道他們的家人在哪裡」為核心理念，賦予難民能自己找人的能力。他們只要有一支手機，不論是智慧型或是傳統手機，或是電腦，便能使用該平台。

Refunite 的搜尋平台，
賦予難民能自己
找人的能力。
（來源：The Next Project）

米克爾森兄弟成立了
「Refunite」，志在成為
「難民的谷歌」。
（來源：The Next Project）

平台目前配載 12 種語言，使用者只要註冊後，便能開始搜尋並與其他的使用者建立連接。若使用者所在之處較為落後，是尚未被網路覆蓋的城鎮，難民也能用 Refunite 所提供的簡訊、免費熱線、快速碼（USSD）等服務，在無網情況下搜尋親人。

Refunite 提醒使用者，所有上傳的資料都是公開而透明的，為了隱私安全，人們可以用匿名、綽號來註冊，留有親人容易識別的個人資訊，譬如胎記位置、生活習慣、最後集合的地點、自己最喜歡的食物等，方便其他人來相認，而陌生人也不至於趁機竊取別人的身分資料。

為了能提供更好的服務，Refunite 在 22 個國家設立了服務據點，與 20 家技術與通訊公司合作。Refunite 最大的技術夥伴是愛立信（Ericsson），其他策略夥伴分別為聯合國難民署（UNHCR）、國際救援委員會（IRC）、宜家與 H&M 基金會，以及其他的慈善組織。

在策略夥伴的資金支持下，Refunite 新增設了互動式語音應答（IVR）服務，以便更好的協助文盲使用平台完成註冊。

除了索馬利亞、阿富汗等地，Refunite 接著陸續在剛果、肯亞、烏干達、蘇丹、巴基斯坦、伊拉克進行開展，用多元服務協助難民尋找失蹤親友。Refunite 目前已招募到 7,000 位社區領袖來協助難民使用平台，更貼切地為難民服務。

迄今，Refunite 已成為全球最大的難民家族成員搜索平台。它的用戶遍布世界各地，在 50 多個國家幫助 6,200 多萬人。它成功地幫助 65,000 多名家庭成員重新連絡上彼此，並善用自己的經驗來幫助更多失散的家庭。

專案影片：

5. 義大利 Italian：
為國際移民設計的個人電子醫療紀錄 e-PHR

SDG 涵蓋範圍：3,8,10,17

　　隨著越來越多的難民、移民進入歐洲地區，當地的醫療體系面臨了嚴峻的挑戰。各國資訊無法互通，新移民的基本資料、醫療資訊都得重新建立。若不幸在此時病患突然病發，看診情況將變得十分險峻。

　　為了盡量避免這種情況，歐盟委員會衛生暨食品安全總署（EC-DG SANTE）和國際移民組織（IOM）共同設計研發了一個能通用於歐盟會員國之間的健康系統「個人電子醫療紀錄」（Electronic Personal Health Record，簡稱 e-PHR），提供一個統一的健康評估工具，協助歐洲各國對難民、移民的醫療需求更為了解，加強跨境疾病監測和應對的能力。

　　e-PHR 系統有助於新移民重新建構醫療紀錄，就算哪天移民從希臘搬家到義大利看診，也不用再重新填寫個人資訊，只要授權同步使用系統的成員國，義大利的醫護人員就能從系統中清楚地了解該病患的病史、檢查、用藥、疫苗接種、或是其他特別的醫療需求，提供最適合的診治及諮詢服務。

「個人電子醫療紀錄」
為歐洲各國提供一個統一的
健康評估工具。（來源：IOM）

專案影片：

國際移民組織為了讓成員國以及醫護人員充分理解如何使用 e-PHR 系統，特別提供一份指導手冊詳細講解。若覺得手冊過於複雜，需要有工作人員從旁輔導，移民組織也提供醫療系統輔導員。輔導員多是經驗豐富的新移民，除了輔導醫護人員外，也能為成員國提供專業培訓。

e-PHR 系統提高了急診室的使用效率，使醫療資源獲得妥善分配。更重要的是，它能

「個人電子醫療紀錄」協助歐洲各國更了解難民、移民的醫療需求。（來源：UN）

生成客製報告，詳細分析疾病趨勢、病患分布以及特殊的醫療需求，讓當地決策者及時獲得公共衛生資訊，即時對應調整。

IOM 一開始在歐盟、歐洲疾病控制中心（European Center for Disease）、世界衛生組織等的協助之下，先於希臘、義大利、克羅埃西亞、斯洛維尼亞架設、實施並測試 e-PHR 系統。由於營運得非常成功，系統重新更新後，e-PHR 正式作為歐盟健康評估的統一工具，並被拓展至保加利亞、賽普勒斯、塞爾維亞等國。

臨床醫學博士多明尼克·澤納（Dominik Zenner）與團隊分析了來自 92 個不同國家，19,564 個臨床檢驗的結果，發現兒童難民不單多有慢性疾病，還有許多急性傳染病會突然發作，需要長期觀察。多明尼克肯定 e-PHR 系統的幫助，讓醫療團隊能更有效率的追蹤病患情況。

如今 IOM 與合作夥伴正積極地為系統升級，以方便歐盟以及其他開發中國家容易導入，希望有助於歐洲與其他國家處理與防治新一波的疫情與未知病毒，為人們創造更安全的生活環境。

永續發展的回響

拯救世界的懶人指南

◎文／李盈

　　看完這麼多酷炫的案例，相信大家都十分振奮，然而更酷的還在後頭，那就是由丹麥與荷蘭掀起的永續風潮。

　　丹麥現正於哥本哈根從無到有的建造一個完全符合十七項永續發展目標的生態村（UN17 Village），目標將有五棟建築，由回收、環保、低碳的建築材料與再生能源所構成。周邊種有茂密的森林，將自然環境與社區做連接。居民生活在共享中心：共享物品、共享果園、共享料理教室與醫療中心。人們可以更舒適自在地居住其中。

　　另一方面，荷蘭正努力把首都阿姆斯特丹在 2050 年前轉型成100% 的循環城市。衣服、太陽能電池到城市建築物，都要能直接循環再利用，而非透過舊有的提取方式進行回收。阿姆斯特丹的實驗中心正如火如荼地進行研究，看看如何將亞麻、大麻、木頭、再生鋁等材料組合成新的建築配方；如何用模組模式設計出新建築，加強建築物的壽命。

　　這兩個國家的城市轉型行動在在顯示改變是可能的、也是必須的，各國都應該動起來，勇敢迎向挑戰，積極調整國民既有的消費模式，導入永續經濟，好確保後代子孫能享有相同甚至更豐富的資源，健康幸福的成長。

　　這個目標，需要集結所有人的力量。

　　聯合國為了呼籲全球人民積極參與 2050 的永續發展目標，特別在聯合國大會設立了一個「人民的座位」（The People's Seat）。這個座位是留給全球人民的，象徵這一切是以全球人民的最高權益和福祉為考量。

　　人們可能會被永續目標的遠大志向所震撼，認為以個人之力結束貧窮、打擊不義、解決氣候問題太過艱難，應該由各國政府、國際組織與影響力強大的企業家來領軍才有意義，個人的力量太過渺小了，與其做白工，不如躺平。

　　但是，躺平也有躺平的行動方法。聯合國表示，就算是全世界最懶惰的人，都能對世界有所貢獻。為了證明所言不虛，聯合國列出了四個環境，分別為：可以在沙發上、家裡、屋外、工作中做的事。有效證明即便在這些環境下，人們也能輕輕鬆鬆地「躺平」完成永續目標。

　　例如：人們能在沙發上用手機分享氣候與平權議題相關的文章給親朋好友、把沒有使用的電器電源關掉、隨時關注當地與全球新聞。在家裡，讓頭髮跟衣服自然乾燥、洗衣機裝滿衣服才啟動、以淋浴替代泡澡、少吃肉類、做好塑膠與紙張回收、選擇較節能的燈具等。室外部份，支持購買當地產品、用購物清單減少衝動購買、多使用大眾交通工具、少用餐巾紙、支持永續漁產、捐出不需要的東西代替丟棄。在工作中，多輔導年輕人、支持同工同酬、確保公司和有保障勞工安全的供應商合作等。

　　若您有興趣觀看更多聯合國的《拯救世界的懶人指南》（The Lazy Person's Guide to Saving the World），可以到聯合國官網上了解更多細節。

　　如果這樣還不夠，對想更積極的展開行動者，AWorld 開發的手機軟體「現在行動」（Act Now）將會是一個值得參考的工具。它把聯合國鼓勵人們能為永續目標採取的行動，按類型設計成不同的小任務，把結果量化，方便使用者追蹤他所做的小小行動為環境帶來哪些幫助？譬如節省了多少二氧化碳、水和電等。

　　「現在行動」還提供了教育課程、團體挑戰與小測驗，幫助所有好學的使用者能更快上手，深入了解每個目標與行動最後的意義，進而協助普羅大眾，與親朋好友分享，為世界帶來更多的改變。

後記

看得見的希望

◎文／李小敏

我們只有一個地球！

若地球告急，人類垂危，誰來拯救？

疫情三年終於趨緩，人類的世界依舊哀鴻遍野。

俄烏戰爭重創全球經濟，死亡人數節節升高，能源不足，農產品價格飆升，通膨肆虐，股市重挫，企業萎縮，債務違約，難民流離，弱勢婦女依舊遭受霸凌，新區塊戰爭一觸即發……，幾乎人人憂心忡忡！

日益惡化的氣候變遷，造成「全球炙熱化」現象，前所未有的高溫、乾旱、強降雨、森林大火，讓地球上所有的生靈面臨巨大威脅。

這是我們必須為存亡而戰的時刻！

呼應聯合國 SDGs 十七項永續發展目標，搜尋撰寫題材時，我們發現許多不為人知的角落，埋藏著令人痛心疾首的事，而讓人驚喜感動的是，竟然有那麼多個人、組織、企業，早已默默的、主動的、認真的、一步一步改變了一個原本非親非故、甚至遙不可及的陌生國家、陌生族群，甚至陌生女子的生死苦境和無奈命運。

這真是讓人熱血沸騰、熱淚盈眶！

聯合國關注的十七個項目，我們精選了一百多個質樸真實又激勵人心的國際代表性範例和您分享。

我們一直在思考，這些改變世界的人，到底和您我有什麼不同？

他們未必更有錢，更有才智，更有魅力影響力，而是更有心、更勇敢！

除了人溺己溺的撒馬利亞精神，他們具有以下五項了不起的特質，值得敬佩和學習。

一、覺察：看得見問題並且感同身受。

二、決心：鍥而不捨找出解決方案。

三、謙卑：願意彎腰與當地團體或政府合作，落實執行。

四、精進：持續追蹤，專業能力不斷升級。

五、悲憫：全球視野，胸懷天下。

這些人當中，有學生、有老人、有婦女，有退休教授、登山客、農夫、醫護，有科學家、企業家、媒體人、電影人，有基金會及非營利組織成員……。

一切的開始起於單純一念，源於一個夢想。平凡的他們也沒想到會創造如此非凡的成績，由一個國家帶動另一個國家。

例如：

孟加拉的格萊珉銀行，厄瓜多的媽媽毯，西班牙的團結冰箱，法國的黑色超市，英國的用手語說故事……。

更叫人驚艷的是，這些方案執行簡易充滿了創意和人性，甚至利用熱門遊戲，擄獲年輕人的心。

例如：

柬埔寨的幸運小鐵魚，烏干達的太陽能手提箱，印度的嬰兒保溫袋，中國的熱血江湖手遊 CPR 復甦術，波蘭的最後一棵聳立的樹，德國的未經審查圖書館……。

許多由企業大力投入的環保行動，也為企業建立了優質社會形象和綠色企業聲譽。

雖然每日負面新聞不斷，然而這些為地球、為人類永續努力的美好事跡，彷彿挪亞方舟越過洪水考驗後，天空出現的那道彩虹，讓我們在灰暗的日子中看見了希望。

很喜歡十七世紀英國詩人約翰 · 多恩（John Donne）寫的這首
詩——《喪鐘為誰而鳴？》

沒有人是一座孤島

可以自我完善

每個人都是大陸的一片

如果海水沖掉一塊

陸地就減少

如同一個海岬失掉一角

如同你的朋友

或你自己的領地失掉一塊

任何人的死亡

都是我的折損

因為我是人類的一員

因此

不要問喪鐘為誰而鳴

它就為你敲響

是的，我們都在一條船上，同為一體息息相關。記得蝴蝶效應嗎？
任何一片森林的消失、任何一個人的苦難，都是你我的創傷。地球是
我們最美麗的家園，我們心愛的人生長繁衍的地方。沒有人願意看著
地球毀壞消亡……。

親愛的，看完這些動人例證，你有沒有想一想，自己能為地球及
子子孫孫的永續做些什麼？

無論你是捐獻金錢、奉獻時間，或是奉行節能簡約生活，只要一
點一滴的做，傷痕累累的地球，總有得到喘息康復的一天。

無論怎麼做，只要立即開始，希望就看得見！

參考文獻

2030calculator. (n.d.) *The 2030 calculator: A Product Carbon Footprint Calculator.* https://www.2030calculator.com/docs/methodology

A, M. (2022, July 28). *AirAsia implements new digital solutions to improve efficiency, reduce carbon footprint.* Airasia newsroom. https://newsroom.airasia.com/news/airasia-implements-new-digital-solutions-to-improve-efficiency-reduce-carbon-footprint#gsc.tab=0

Aardman. (n.d.) *StorySign.* https://www.aardman.com/interactive/storysign/

Abdulla, H. (2022, July 8). *Simplifyber in US$3.5M funding win to scale Green Clothing Tech.* Just Style. https://www.just-style.com/news/simplifyber-in-us3-5m-funding-win-to-scale-green-clothing-tech/

ABILITY Magazine. (2023, February 27). *Tommy Hilfiger apparel for differently abled consumers.* https://abilitymagazine.com/tommy-hilfiger-adaptive-apparel-for-people-with-disabilities/

AdaptNSW. (2023, May 30). *Living seawalls.* https://www.climatechange.environment.nsw.gov.au/living-seawalls

AddMaker. (2021, February 23). 不再疊肉粽！Volvo 的 Living Seawall 消波磚．加點製造誌．https://mag.addmaker.tw/2019/03/29/%E4%B8%8D%E5%86%8D%E7%96%8A%E8%82%89%E7%B2%BD-volvo-%E7%9A%84-living-seawall-%E6%B6%88%E6%B3%A2%E7%A3%9A/

Admin, M. (2022, January 25). *Docthers - million lives collective.* The Million Lives Club. https://www.millionlives.co/members/docthers

Adobo Magazine Online. (2019, May 23). *Campaign spotlight: Cheil turns game into a life-saving CPR lesson with Samsung's BACK2LIFE campaign on Blood River.* https://www.adobomagazine.com/campaign-spotlight/campaign-spotlight-cheil-turns-game-into-a-life-saving-cpr-lesson-with-samsungs-back2life-campaign-on-blood-river/

Ads of the WorldTM. (n.d.) *Andea: Awa: The soap that cleans the rivers.* https://www.adsoftheworld.com/campaigns/awa-the-soap-that-cleans-the-rivers

Ads of the WorldTM. (n.d.) *Civil Rights Defenders: Natalia project.* https://www.adsoftheworld.com/campaigns/natalia-project

Ads of the WorldTM. (n.d.) *Shwapno: UCB agrobanking o ADS OF THE WORLDTM: Part of the clio network.* https://www.adsoftheworld.com/campaigns/ucb-agrobanking

Ads of the WorldTM. (n.d.). *Central Office of Public Interest: Addresspollution.*org. https://www.adsoftheworld.com/campaigns/addresspollution-org

AFN. (2019, August 16). *Mimica is creating alternative food labels for consumers to feel when food has expired.* https://agfundernews.com/mimica-is-creating-alternative-food-labels-for-consumers-to-feel-when-food-has-expired

African Clean Energy. (2020, August 17). *The role of gender empowerment in community development.* https://africancleanenergy.com/smartphone-tender-form-2/

African Clean Energy. (2020, February 7). *A day in the life of Mosotho Women: Stories of strength and responsibility.* https://africancleanenergy.com/a-day-in-the-life-of-mosotho-women-stories-of-strength-and-responsibility/

African Clean Energy. (n.d.) *Ace One.* https://africancleanenergy.com/ace-one/

Aircraftit. (n.d.) *Safety Line has obtained a patent for OptiDirect, an in-flight digital solution suggesting direct routes to aircraft pilots to reduce fuel burn and emissions.* https://www.aircraftit.com/news/safety-line-has-obtained-a-patent-for-optidirect-an-in-flight-digital-solution-suggesting-direct-routes-to-aircraft-pilots-to-reduce-fuel-burn-and-emissions/

Akqa. (2019, September 4). *Code of conscience.* The Drum. https://www.thedrum.com/creative-works/project/akqa-code-conscience

AKQA. (n.d.) *Code of conscience.* https://www.akqa.com/news/code-of-conscience/

Al-Aidroos, A.& Page, T. (2019, December 4). *How*

a poop on Everest inspired a toilet that could save lives (and your dignity). CNN. https://edition. cnn.com/2019/12/04/health/ecoloo-waterless-toilet/index.html

Alderton, M. (2022, November 10). *WaterLight: The 200 best inventions of 2022*. Time. https://time.com/collection/best-inventions-2022/6230036/waterlight/

Alen. (n.d.). 太陽能公司 **M-kopa** 獲得國際金融公司 **6500 萬美元貸款** . 最新最快太陽能光伏資訊 . https://www.kesolar. com/headline/211508. html

Alice, F. (2021, August 17). *Minecraft Library provides gamers with "a safe haven for press freedom."* Dezeen. https://www. dezeen. com/2021/08/17/uncensored-library-reporters-without-borders-minecraft-censored-books/

Analyst, A. (2019, November 15). *How Huawei and FCB Inferno's StorySign is helping deaf children learn to read*. The Drum. https://www. thedrum.com/news/2019/11/15/how-huawei-and-fcb-inferno-s-storysign-helping-deaf-children-learn-read

Android Authority. (2018, July 2). *Gboard testing smart replies for Snapchat, WhatsApp, more*. https://www.androidauthority.com/gboard-smart-replies-879898/

Android Authority. (2018b, July 11). *Here's the heartwarming story of why the Gboard Morse code option exists*. https://www. androidauthority.com/gboard-morse-code-885118/

Andy, D. (2014, December 31). *Solar-powered "tent" keeps fruit and Veg Fresh Five Times longer*. Mirror. https://www.mirror.co. uk/news/technology-science/technology/solar-powered-tent-keeps-fruit-veg-4894683

Ang, M. (2020, Feburary 21). *Study shows that Tesco is the most sustainable retailer in Malaysia*. SAYS. https://says.com/my/news/study- shows-that-tesco-is-the-most-sustainable-retailer-in-malaysia

Anheuser-Busch. (n.d.). *Michelob Ultra Pure Gold Launches Initiative Supporting Farmers' transition to organic production*. https://www. anheuser-busch.com/newsroom/michelob-ultra-pure-gold-launches-initiative-supporting-farmers-

AnPost. (2019, April 5). *An Post launches New Address Point Service*. https://www.anpost. com/Media-Centre/News/An-Post-launches-new- Address-Point-Service

AoiroStudio. (n.d.) *Have you given up on being inspired?* https://abduzeedo.com/node/87033

Arabian Defence. (2021, September 18). *Bombardier challenger 3500 jet leverages Sita-powered eco app to reduce Carbon Foot Print*. https://www.arabiandefence. com/2021/09/18/bombardier-challenger-3500-jet-leverages-sita-powered-eco-app-to-reduce-carbon-foot-print/

Ashden Climate Solutions. (2022, September 24). *Sistema.bio*. https://ashden.org/awards/winners/sistema-bio/

Atlas of the Future. (2022, March 28). *The pollution-hungry soap cleaning rivers and clothes*. https://atlasofthefuture.org/project/awa/

Atmocean. (2014, December 9). *Atmocean gets green light for Peru Wave Energy Project*. Offshore Wind. https://www.offshorewind. biz/2014/12/09/atmocean-gets-green-light-for-peru-wave-energy-project/

Atticus. (2021, May 12). 比爾蓋茲 **Netflix** 紀錄片： 不用管線的馬桶、自產能源的汙水處理廠和重 新發明核電廠 . Cool3c. https://www.cool3c. com/article/148321

August Segerholm. (n.d.) *Natalia Project Campaign*. http://augustsegerholm.com/natalia-project-page

Avila, A. (2019, October 29). *Symplifica a new support in Mexico for domestic employees though technolgy*. Medium. https://medium. com/@adan.abyua/symplifica-a-new-support-in-m%C3%A9xico-for-domestic-employees-though-technolgy-e7b817c14954

B, M. (n.d.). *#PROJECTFREEPERIOD, an anti-human trafficking initiative by Stayfree India: Best media info*. Bestmediainfo. https://bestmediainfo.com/2018/05/projectfreeperiod-an-anti-human-trafficking-initiative-by-stayfree-india

Balachandran, D. (2019, August 23). *10 Agtech Startups for smallholder farmers in Sub-Saharan africa*. AFN. https://agfundernews. com/10- agrtech-startups-for-smallholder-farmers-in-sub-saharan-africa

Balwani, K. (2019, March 4). *Incredible edible todmorden gives free access to locally grown* food to everyone. Shareable. https://www. shareable.net/incredible-edible-todmorden-gives-free-access-to-locally-grown-food-to-everyone/

BBC. (n.d.) 黎巴嫩抗議示威：WhatsApp 稅引發的與眾不同的群體事件. https://www.bbc.com/zhongwen/trad/world-50394337

BBC. (n.d.) *An Post launches free postal address service for Homeless*. https://www.bbc.com/news/world-europe-47828806.amp

BBC. (n.d.) *Ocean plastic: How tech is being used to clean up waste problem*. https://www.bbc.com/news/technology-64744926.amp

BBC. (n.d.) 古樹之死：如何延續巨大古樹的基因. https://www.bbc.com/zhongwen/trad/science-62182980

BBC. (n.d.) 沙漠蝗蟲，圖證鋪天蓋地的恐怖真相. https://www.bbc.com/zhongwen/trad/chinese-news-51851222

BBC. (n.d.) 取水新概念：從空氣中的巨大湖泊裏取水喝. https://www.bbc.com/ukchina/trad/vert-fut-45602573

Bergan, B. (2022, April 23). *The power of smog tower turns pollution into a chance to save ourselves. The world's first Smog Tower turns pollution into diamonds*. Interesting Engineering. https://interestingengineering.com/innovation/the-smog-tower-pollution

Betterfutureawards. (n.d.) *Palau pledge*. https://betterfutureawards.com/now/project.asp?ID=16677

Biomimicry Institute. (2016, February 2). *Design Challenge Finalist makes forbes' top 30 under 30 list*. https://biomimicry.org/news-top30/

Birnbaum, M. (2022, August 31). *His family fished for generations. now he's hauling plastic out of the sea*. The Washington Post. https://www. washingtonpost.com/climate-solutions/interactive/2022/plastic-pollution-greece-enaleia-lefteris-arapakis/

Bizsys. (n.d.) *Acessibility Mat - Ford*. https://www.bizsys.com.br/en/2019/05/02/acessibility-mat/

Boehringer. (n.d.) 4950 片巧克力 講一個社會創新的故事. https://www.boehringer-ingelheim.tw/csr/4950

Boissonneault, T. (2019, February 1). *AddUp*

software to gain simulation capabilities in spring 2019. VoxelMatters. https://www. voxelmatters.com/addup-simulation-software-2019/

Bold Business. (2019, August 13). *Atmocean & its system for the smart desalination of seawater for drinking*. https://www. boldbusiness. com/human-achievement/atmocean-desalination-seawater-drinking/

Borealisgroup. (2023, March 29). *Stopping plastic leakage into the environment: Borealis supports ecopost to drive circular economy in Kenya*. https://www.borealisgroup.com/news/stopping-plastic-leakage-into-the-environment-borealis-supports-ecopost-to-drive-circular- economy-in-kenya

Branding news. (2018, December 12). *#TBT: Tesco's unforgettable bag promises to Save Oceans*. https://www.branding.news/2018/12/12/tbt-unforgettable-bag-to-save-oceans-from-drowning-in-plastic/

Branding.news. (2018, May 3). *#TBT: Greenpeace uses Minecraft to Save Primeval Forest*. https://www.branding.news/2018/05/03/tbt- greenpeace-maps-out-polish-primeval-forest-with-minecraft/

Brazil, J. (n.d.). *Ford - Accessibility Mat - J. Walter Thompson Brazil*. AdForum. https://www.adforum.com/agency/1149/creative- work/34587397/ford-accessibility-mat/ford

Brewer World. (2022, August 22). *Carlsberg Snap Pack, an innovation to reduce plastic*. https://www.brewer-world.com/carlsberg-snap- pack-an-innovation-to-reduce-plastic/

Brodwin, E. (n.d.). *A startup founded by 2 college friends is turning mushrooms into walls - and it's already doing deals with major companies like Dell*. Business Insider. https://www.businessinsider.com/ecovative-turns-mushrooms-into-packaging-ikea-dell-2016-8#what-were-doing- is-an-exciting-and-innovative-approach-to-try-a-bunch-of-ideas-learn-a-lot-and-grow-something-really-awesome-bayer-told-business-insider-3

Building Centre. (n.d.) *Incredible edible todmorden*. https://www.buildingcentre.co.uk/news/articles/incredible-edible-todmorden

Bureau, M. (2019, June 22). *Open door project*

by FCB wins the only Gold for India at Cannes 2019. MediaNews4U. https://www.medianews4u.com/open-door-project-by-fcb-wins-the-only-gold-for-india-at-cannes-2019/

Bureau, O. (n.d.) *The millennium schools launches The open door project to educate disadvantaged children after school hours.* BW Businessworld. https://www.businessworld.in/article/The-Millennium-Schools-Launches-The-Open-Door-Project-To-Educate-Disadvantaged- Children-After-School-Hours/16-04-2019-169395/

Business and Sustainable Development Commission. (2017, January 1). Better Business, Better World.

Business Insider. (2023, April 6). *Elixir of life? Belgrade installs liquid trees to combat pollution and this is how they work.* https://www. businessinsider.in/science/environment/news/belgrade-installs-liquid-trees-to-combat-pollution-and-this-is-how-they- work/articleshow/99294472.cms

Business Insider. (n.d.) *Former NBA Champ is transforming the $11 trillion construction industry.* https://markets.businessinsider.com/news/stocks/former-nba-champ-is-transforming-the-11-trillion-construction-industry-1031923852

Butcher, M. (2021, August 3). *Gapsquare, a pioneer of machine learning into gender pay disparity, is acquired by xperthr.* TechCrunch. https://techcrunch.com/2021/08/03/gapsquare-a-pioneer-of-machine-learning-into-gender-pay-disparity-is-acquired-by-xperthr/

Cachia, E. (n.d.) *Using flight data to support fuel savings at transavia.* Aircraftit. https://www.aircraftit.com/articles/using-flight-data-to-support-fuel-savings-at-transavia/

Cameron, R. (2021, July 12). *"Project free period" campaign - a unique approach to fighting the sex trade in India.* Branding in Asia Magazine. https://www.brandinginasia.com/project-free-period/

Campaign Ad Net Zero Awards. (n.d.) *Addresspollution.org.* https://www.campaignadnetzeroawards.com/finalists/address-pollution-e0003

Campaign Brief Asia. (2018, April 4). *Grey group Malaysia helps save the ocean with Tesco's new "unforgettable bags" campaign.* https://campaignbriefasia.com/2018/04/04/grey-group-malaysia-helps-save/

Campaign Brief Asia. (2021, June 7). *Ogilvy Pakistan Takes Out Top Platinum Award for telenor pakistan "naming the invisible by Digital Birth Registration" at Asia Pacific Tambuli awards.* https://campaignbriefasia.com/2021/06/06/ogilvy-pakistan-takes-out-top-platinum-award-for- telenor-pakistan-naming-the-invisible-by-digital-birth-registration-at-asia-pacific-tambuli-awards/

Campaign Brief Asia.(2019, May 24). *Cheil Pengtai and Cheil Worldwide hong kong get gamers to learn life-saving CPR.* https://campaignbriefasia.com/2019/05/22/cheil-pengtai-and-cheil-worldwide-hong-kong-get-gamers-to-learn-life-saving-cpr/

Campaign Brief. (2019, November 6). *Cannes Lions announces €279,000 distribution of Sustainable Development Goals Lions proceeds; the Lion's Share Fund, winner of the SDG Lions Grand Prix 2019, receives donation.* https://campaignbrief.com/cannes-lions-announces- e279000-distribution-of-sustainable-development-goals-lions-proceeds-the-lions-share-fund-winner-of-the-sdg-lions-grand-prix-2019-receives-donation/

Campion, M. (2011, June 5). *Bribery in India: A website for whistleblowers.* BBC News. https://www.bbc.com/news/world-south-asia- 13616123

Caples. (n.d.) *IMPACT BBDO. An Nahar | An Nahar Newspaper | The New National Anthem Edition.* https://caples.org/2020-winners- results/?id=444&cat=PR

Caracol TV. (2021, March 16). *Symplifica: plataforma digital para la gestión de los empleados del hogar.* https://www.caracoltv.com/tecnologia/symplifica-plataforma-digital-para-la-gestion-de-los-empleados-del-hogar

Carlsberg Group. (n.d.) *Snap pack. an innovation to reduce plastic.* https://www.carlsberggroup.com/sustainability/case-stories/snap-pack- an-innovation-to-reduce-plastic/

CCTV. (2019, January 18). 出手急救，你也可以！http://m.news.cctv.com/2019/01/18/ARTIBBbvAXpzOvouQ5gZ6MAH190118.shtml

Cerini, M. (2016, September 30). Could this smog-eating tower solve China's pollution problem? CNN. https://edition.cnn. com/style/article/smog-eating-tower/index.html

Chant, T.(2023, May 8). *Carbon-negative concrete startup Partanna raises $12m*. TechCrunch. https://techcrunch. com/2023/05/03/partanna-concrete-startup-climate-tech/

Chaudhari, A. (2021a, April 1). *Andea Awa introduces "Magic soap" that Cleans River Water*. Planet Custodian. https://www.planetcustodian. com/andea-awa-soap-cleans-river/17395/

Chen, W. (2022, September 26). 《傑出行銷創意 44》BLACK SUPERMARKET. https://whcconsulting.blogspot.com/2019/09/41black-supermarket. html

Chiu, A. (2020, January 2). 世界最善良的巧克力！零童工血汗製作，荷蘭「Tony's Chocolonely 東尼的寂寞巧克力」台灣也買得到！GQ Taiwan. https://www.gq.com.tw/life/article/%E6%9D%B1%E5%B0%BC%E5%B7%A7%E5%85%8B%E5%8A%9B-%E9%9B%B6%E5%A5%B4%E5%B7%A5-%E7%AB%A5%E5%B7%A5-%E5%AE%B6%E6%A8%82%E7%A6%8F

Chiu, A. (2022, September 29). *The aspiring "coral factory" restoring reefs wrecked by climate change*. The Washington Post. https://www.washingtonpost.com/climate-solutions/interactive/2022/coral-farms-restoration-bahamas-coral-vita/

Chloe. (2023, February 17). *Enabling village: An inclusive environment for integration*. FuturArc. https://www.futurarc.com/project/enabling- village/

Chou, C. (2021, July 29). *How a school uniform in Mexico made detecting malnutrition in Young Kids Easy*. Mad Over Marketing. https://mad- over-marketing.com/how-a-school-uniform-in-mexico-made-detecting-malnutrition-in-young-kids-easy/

Christou, L. (2019, July 31). *Trailguard ai: AI-powered cameras deployed to protect against poachers*. Verdict. https://www.verdict.co.uk/trailguard-ai/

Chuang, D. (2023, April 22). 「負碳」環保混凝土，材料竟可吸收二氧化碳. TechNews. https://technews.tw/2023/04/22/concrete-absorbs- co2/

CIEH. (n.d.) *Air pollution is brought home*. https://www.cieh.org/ehn/public-health-and-protection/2021/march/air-pollution-being-brought- home/

CISION. (2022, January 14). *Forever oceans signs deal with Brazilian government for world's largest offshore concessionfor sustainable seafood production*. https://www.prnewswire.com/news-releases/forever-oceans-signs-deal-with-brazilian-government-for-worlds-largest-offshore-concession-for-sustainable-seafood-production-301460567.html

CISION. (n.d.) **Forever Oceans 與巴西政府簽署世界最大的可持續海產品生產海上特許權協議**. https://hk.prnasia.com/story/348665-2.shtml

Civil Rights Defenders. (2023, January 23). *Natalia Project - protecting those who fight for our rights*. https://crd.org/nataliaproject/about/

Civil Rights Defenders. (2023, January 23). Natalia Project. https://crd.org/nataliaproject/

Claire. (2016, February 27). *Electricity: The omniprocessor is the future*. Powertime. https://www.powertime.co.za/online/electricity-the- omniprocessor-is-the-future/

Clean Cooking Alliance. (2021, August 24). *Sistema.bio: A global leader in Biogas Technology*. https://cleancooking.org/news/sistema-bio-a- global-leader-in-biogas-technology/

CleanTechnica. (2019, July 13). *Tapping wave energy to create fresh water with Atmocean*. https://cleantechnica.com/2016/12/14/tapping- wave-energy-to-create-fresh-water-with-atmocean/amp/

ClimeCo. (2022, September 15). *ClimeCo partners with Enaleia to establish a Verra Plastic Collection Project in Kenya*. PR Newswire. https://www.prnewswire.com/in/news-releases/climeco-partners-with-enaleia-to-establish-a-verra-plastic-collection-project-in-kenya- 894711433.html

CNET. (n.d.) *This company builds its headphones*

using an improbable source: Guns.
https://www.cnet.com/tech/mobile/recycled-guns-give- these-headphones-heft-and-a-cause-yevo-humanium-dell-apple/

Code of conscience. (n.d.) *Code of Conscience.* https://www.codeofconscience.org/

Cohen, J. (2022, October 26). *Can cloning coral save the planet?* NowThis News. https://nowthisnews.com/earth/can-cloning-coral-save-the- planet

Compostable, V. (n.d.) *Savrpak: A Sustainable Food Preservation System.*Very Compostable. https://www.verycompostable.com/posts/savrpak-a-sustainable-food-preservation-system/

Contagious.(n.d.) *Cannes Lions: Creative effectiveness winners 2022.* https://www.contagious.com/news-and-views/cannes-lions-creative- effectiveness-winners-2022

Cooper, L. (n.d.). *Closing the gender pay gap.* Startups Magazine. https://startupsmagazine.co.uk/article-closing-gender-pay-gap

Copec. (2023, March 20). **Fast company：2023 拉丁美洲最具創新十家公司**. https://www.sohu.com/a/656550660_100055509

Cotw. (2019, July 8). *Carrefour - the black supermarket: Ooh advertising.* Campaigns of the World. https://campaignsoftheworld.com/outdoor/carrefour-black-supermarket/

Cotw. (2023, May 9). *Corruption detector by Reclame Aqui.* Campaigns of the World. https://campaignsoftheworld. com/technology/corruption-detector-by-reclame-aqui/

Coules, C. (2022, April 29). *97% of UK addresses breach at least one who limit for Air Pollution.* AirQualityNews. https://airqualitynews. com/headlines/97-of-uk-addresses-breach-at-least-one-who-limit-for-air-pollution/

Creativebrief. (n.d.) *Addresspollution.org.* https://www.creativebrief.com/agency/amv-bbdo/case-studies/addresspollution-org

Cruz, M. (2023, January 20). *Echale! A Tu Casa.* Business Call to Action. https://www.businesscalltoaction.org/member/echale-a-tu-casa

CSRWire. (n.d.) *Resolve and insight Terra announce AI tailing monitoring.* https://www.csrwire.com/press_releases/759041-resolve-and- insight-terra-announce-strategic-partnership-launch-ai-enabled

Cumbers, J. (2023, May 11). *Ecovative: Growing better materials.* Forbes. https://www.forbes.com/sites/johncumbers/2023/05/10/ecovative- growing-better-materials/?sh=49c38da917b0

CyberTracker. (2023, July 12). *Smart conservation.* https://cybertracker.org/partner/smart-conservation/

Cynthia, C. (n.d.). *The story of Docthers.* The Center for Health Market Innovations. https://healthmarketinnovations.org/blog/story-docthers

D&AD. (n.d.) *Addresspollution. org.* https://www.dandad.org/awards/professional/2020/231713/addresspollutionorg/

D&AD. (n.d.) *Black Supermarket.* https://www.dandad.org/awards/professional/2018/media/27073/black-supermarket/

D&AD. (n.d.) *Code of conscience.* https://www.dandad.org/awards/professional/2021/234640/code-of-conscience/

D&AD. (n.d.) *Contract for change.* https://www.dandad.org/awards/professional/2021/235065/contract-for-change/

D&AD. (n.d.) *Naming the invisible by digital birth registration.* https://www.dandad.org/awards/professional/2021/234741/naming-the- invisible-by-digital-birth-registration/

D&AD. (n.d.) *Palau pledge.* https://www.dandad.org/awards/professional/2018/branding/26733/palau-pledge/

D&AD. (n.d.) The 2030 calculator. https://www.dandad.org/awards/professional/2021/234929/the-2030-calculator/

D&AD. (n.d.) *The New National Anthem Edition.* https://www.dandad.org/awards/professional/2020/231712/the-new-national-anthem- edition/

Dahir, A. (2018, March 15). *The global leader in pay-as-you-go solar power is downsizing to stay profitable.* Quartz. https://qz. com/africa/1229170/m-kopa-solar-lays-off-kenya-uganda-staff-as-it

Daniel Thomer (n.d.) *The commitment copy.* https://danielthomer.com/The-Commitment-copy

Daniel. (2023, July 5). *Gapsquare - utilising data-science and AI to re-imagine the future of work.* Innovate The World. https://innovationsoftheworld.com/gapsquare/

Darabi, G., & Darabi, M. about G. (2017, July 5). *Pink dye to save Black Rhinos.* New Internationalist. https://newint. org/blog/2014/11/24/pink-dye-rhino

DBNR. (2022, January 14). *Tommy Hilfiger's adaptive clothing line campaign.* https://disabledbutnotreally.org/awareness/tommy-hilfiger- adaptive-clothing-line/

DDB Mudra Group. (2023, March 24). *Stayfree empowers sex workers by turning 3 days of periods into 3 days of learning.* https://ddbmudragroup.com/work/stayfree-empowers-sex-workers-by-turning-3-days-of-periods-into-3-days-of-learning/

DDB, F. (2021, March 30). *Meet "awa", the soap that cleans the rivers by Andea & Fahrenheit DDB.* Designboom. https://www.designboom. com/readers/awa-soap-cleans-rivers-andea-fahrenheit-ddb-03-30-2021/

Deciwatt. (n.d.) *Gravitylight - light from the lift of a weight.* https://deciwatt.global/gravitylight

Deighton, K. (2018, January 21). *Minecraft marketing: How ogilvy & greenpeace tapped gamer platforms to combat deforestation.* The Drum. https://www.thedrum.com/news/2018/01/21/minecraft-marketing-how-ogilvy-greenpeace-tapped-gamer-platforms-combat

Design Indaba. (n.d.) *We care solar: A suitcase that powers health care in developing nations.* https://www.designindaba. com/articles/creative-work/we-care-solar-suitcase-powers-health-care-developing-nations

Designboom. (2020, November 5). *Mimica touch is a label that tells you the real date your food will expire.* https://www.designboom.com/design/mimica-touch-label-real-food-expiration-11-04-2020/

Designboom. (2022, September 21). *The Ocean Cleanup shares 3rd phase of ending the Great Pacific Garbage Patch in new video.* https://www. designboom.com/technology/the-ocean-cleanup-end-great-pacific-garbage-patch-09-21-2022/

DesignWanted. (2022, October 3). *Mimica touch tactile interface replaces expiring dates.* https://designwanted.com/mimica-touch-food- label/

Deutsche Welle. (2020, August 13). *Kenya's elephant numbers more than double.* https://www.dw.com/en/elephant-baby-boom-in-kenya- numbers-double-over-three-decades/a-54544415

Development Impact Lab. (n.d.). *We care solar.* https://dil.berkeley.edu/technology-portfolio/current-projects/we-care-solar/

Devex. (n.d.) *African Clean Energy BV (ACE).* https://www.devex.com/organizations/african-clean-energy-bv-ace-124117

Devex. (n.d.) *Refugees United (refunite).* https://www.devex.com/organizations/refugees-united-refunite-54745

Devi, S. (2023, June 6). *RSG and Partanna agree to pilot carbon-negative concrete pavers. World Construction Network.* https://www.worldconstructionnetwork.com/news/rsg-pilot-concrete-pavers/

Dexigner. (n.d.) *Ford & GTB Brazil Design Accessibility Mat for Disabled Drivers.* https://www.dexigner.com/news/31578

Dickinson, E. (2018, April 4). *Tesco pushes sustainability in Malaysia by paying shoppers to use 'unforgettable bag'.* Mumbrella Asia. https://www.mumbrella.asia/2018/04/tesco-pushes-sustainability-malaysia-paying-shoppers-use-unforgettable-bag

Dieline. (n.d.) *Mark Cuban backed Savrpak promises to keep your delivery and takeout fresh.* https://thedieline.com/blog/2021/5/14/mark- cuban-backed-savrpak-promises-to-keep-your-delivery-and-takeout-fresh

Digitaling. (n.d.) 英國公司 Notpla 為環保支招，用可以吃的水包裝代替塑膠瓶．https://www.digitaling.com/projects/120119.html

Digitaling. (n.d.) 挪威電信數字版出生證明，為黑戶小孩正名．https://www.digitaling.com/projects/170456.html

DigitalLing. (n.d.) Kellogg's：這件校服，能讓營養不良的孩子無處藏身．https://www.digitaling.com/projects/36224.html

Dillet, R. (2018, May 8). *Google adds Morse code input to gboard.* TechCrunch. https://techcrunch.com/2018/05/08/google-adds-morse-code- input-to-gboard/amp/?guccounter=1&guce_referrer=aHR0cHM6Ly93d3cuZ29vZ2xlLmNvbS8&guce_referrer_sig=AQAAAC6Y_dVpkwGcTrTFLoAhkaJrlFP5kqkq5_LL-5IY9qhY-8RzFcvqkwpeAahnccy310J_KZoBVZaxJPWJKjRoobnTV8G3qRbh2vv2uwIBZZDLwkIvsV1bsJQSu07QvINNwAB5IZLlvOntlzzef1XcI-9F2ht0lPnHRYWevT1051a

Dilworth, D. (2023 April 5). *SAVRpak helps tackle the food waste problem.* Brand Innovators. https://www.brand-innovators. com/news/savrpak-helps-tackle-the-food-waste-problem

Div Portal. (n.d.) *DoctHERs: Saving lives & Empowering Women via Nurse-Assisted Telemedicine.* https://divportal.usaid. gov/s/project/a0gt0000000rW6UAAU/docthers-saving-lives-empowering-women-via-nurseassisted-telemedicine

Diverseability Magazine. (2022, August 15). *Tommy Hilfiger's adaptive clothing line offers more choices for people with MS and other disabilities.* https://diverseabilitymagazine.com/2022/08/tommy-hilfigers-adaptive-clothing-line-offers-choices/

DoctHERs. (2023, May 18). *Connecting people. improving health.* transforming lives. https://docthers.com/

Dodhy, M. (2016, November 11). *Meet docthers, a startup becoming the face of telemedicine in Pakistan.* TechJuice. https://www.techjuice.pk/meet-docthers-a-startup-becoming-the-face-of-telemedicine-in-pakistan/

Dowling, N. (2020, June 30). *Volvo's winning wall.* GoAutoNews Premium. https://premium.goauto.com.au/volvos-winning-wall/

Drupa. (2019, September 20). *Combatting ocean plastic pollution with 3D-printed living seawall tiles.* https://blog.drupa.com/de/fully- automated-production-concept-for-metal-3d-printing-3/

DW. (2023, June 16). *The uncensored library in Minecraft.* https://www.dw.com/en/virtual-information-the-uncensored-library-in-minecraft/video-65940170

Earth, T. & Kanie, K. (2022). **SDGs: 我們想要的未來 17 項永續發展目標 & 國際實踐範例**．台灣環境教育協會．

EC R&I Success stories. (2018, April 17). *Clean sky 2 - the largest research programme for aviation ever launched in Europe.* https://ec.europa. eu/research-and-innovation/en/projects/success-stories/all/clean-sky-2-largest-research-programme-aviation-ever-launched-europe

Ecovative. (n.d.) *Media kit.* https://www.ecovative.com/pages/media

EEPAfrica. (2023, March 15). *African Clean Energy.* https://eepafrica.org/Portfolio/african-clean-energy/

EIT Food. (n.d.) *Scale-up and deployment of mimica touch labels to be universally compatible across various brand packaging formats.* https://www.eitfood.eu/projects/mimica-touch-labels

Ellen Macarthur Foundation. (n.d.) *Packaging from "mushroom plastic": Ecovative.* https://ellenmacarthurfoundation.org/circular- examples/packaging-from-mushroom-plastic-ecovative

Enabling Village. (2023, July 3). Enabling Village - Home. https://enablingvillage.sg/

Energy Observer Solutions. (n.d.) *Smog free tower, a giant air purifier for polluted cities.* https://www.energy-observer. media/en/solutions/videos/smog-free-tower-giant-air-purifier-polluted-cities

Engineering. (n.d.) *Gravitylight brings clean energy to Kenya.* https://www.engineering.com/story/gravitylight-brings-clean-energy-to-kenya

Envirotech Online. (2019, March 7). *What is Volvo's living seawall?* https://www.envirotech-online.com/news/ environmental- laboratory/7/breaking- news/what-is-volvos-living-seawall/48341

Envirotech Online. (2023, April 1). *Could liquid trees be a game-changer for Urban Air Pollution?* https://www.envirotech-online. com/news/air-monitoring/6/international- environmental-technology/could-liquid- trees-be-a-game-changer-for-urban-air- pollution/60122

Erin, H. (n.d.). 娶媳婦全靠搶？在吉爾吉斯斯坦，「綁 架新娘」是一項浪漫傳統？ https://mp.weixin. qq.com/s/TqLslbyHQ7PQVgsk0oDktA

Eurobest. (n.d.). 2019 *Media: KOSHOGO*. https://www2.eurobest.com/winners/2019/ media/entry.cfm?entryid=3426&award=2

Every little d. (2020, March 24) 玩家耗費250小時、 超過1250萬塊磚，在遊戲中蓋了一座禁書圖書 館— The Uncensored Library. https://everylittled. com/article/132739

EXPANSION. (2016, February 15). *México transforma el emprendimiento.* https://expansion.mx/seps/2015/06/10/ mexico-transforma-el- emprendimiento

Fanaka. (2023, February 1). E*copost, l'entreprise Verte Au Service du Developpement durable en afrique.* https://fanaka.co/en/ ecopost- lentreprise-verte-au-service-du- developpement-durable-en-afrique/

Farin, T. (n.d.) *Amsterdam-based Chocolate brand Tony's chocolonely is committed to creating premium chocolate without recourse to modern-day slavery.* KfW Stories. https://www.kfw.de/stories/economy/ companies/tonys-chocolonely/

Fast company. (n.d.) *A rocket scientist's solution for your moldy strawberries.* https://www. fastcompany.com/90753062/a-rocket- scientist- designed-a-solution-for-your- moldy-strawberries

Fast Forward. (2018, November 27). *Refugees United (REFUNITE) - tech nonprofit.* https://www.ffwd.org/tech-nonprofits/s/ refugees-united- refunite/

Feliba, D. (2023, April 26). *Nubank reaches 80 million customers in Latam, up 33% yoy.* News. https://news.fintechnexus.com/ nubank- reaches-80-million-customers-in- latam-up-33-yoy/

Felipebartorilla. (n.d.) *Corruption detector.* https://www.felipebartorilla.com/ corruption-detector

Fernández, D. (2011, January 28). *Échale a tu Casa, una franquicia social.* https://expansion.mx/ emprendedores/2011/01/26/echale-a-tu- casa- una-franquicia-social

Finke, K. (2021, February 16). *Smog Free Towers: Innovation for Reducing Air Pollution.* Seventeen Goals Magazin. https://www. 17goalsmagazin.de/en/the-smog-free-tower- innovation-for-air-pollution/

Finlayson, T. (2018, July 11). *Making Morse code available to more people on gboard.* Google. https://www.blog. google/products/search/ making-morse-code-available-more-people- gboard/

Fishing for Litter. (n.d.) *GREECE: ENALEIA.* https://fishingforlitter.org/greece-south/

Food and Agriculture Organization. (2019, December 23). *«Я смотрю в будущее с гордостью и уверенностью».* https://www. fao. org/fao-stories/article/ru/c/1256391/

Food and Agriculture Organization. (2021, June 5). 高科技應對方案助力各國戰勝沙漠蝗 . https://www.fao.org/fao- stories/article/zh/ c/1397876/

Food and Agriculture Organization. (n.d) *Setting the stage to withstand the crisis.* https://www.fao.org/fao-stories/article/zh/ c/1301642/

Food and Agriculture Organization. (n.d.) **Elocust3：新技術解決老問題** . https://www. fao.org/fao-stories/article/zh/c/1246481/

Forbes Colombia. (2020, June 2). *Mi Águila y Symplifica se juntan para transportar empleadas domésticas.* https://forbes. co/2020/06/02/tecnologia/mi-aguila- y-symplifica-se-juntan-transportar- empleadas-domesticas

Forbes Magazine. (n.d.). *Arne Pauwels.* https://www.forbes.com/profile/arne- pauwels/?sh=3fa3d7c33421

Forbes Mexico. (2015, June 12). *CNH Flexibiliza bases en Segunda Convocatoria de Ronda Uno*. https://www.forbes.com.mx/cnh-flexibiliza- bases-en-segunda-convocatoria-de-ronda-uno/

Ford, A. (n.d.). *From peace fellow to international advocate. Rotary peace fellow fights street harassment and violence. Rotary International*. https://www.rotary.org/en/rotary-peace-fellow-fights-street-harassment-and-violence

Ford, J. (n.d.). *How the gravity light is set to shine in the developing world*. The Engineer. https://www.theengineer.co.uk/content/in-depth/how-the-gravity-light-is-set-to-shine-in-the-developing-world/

Fox News. (2016, December 9). *Program seeks to use seized guns for good in El Salvador*. https://www.foxnews.com/world/program-seeks- to-use-seized-guns-for-good-in-el-salvador

FOX13 News. (2020, June 30). *Remarkable women: Tania Finlayson's extraordinary pursuit of an "ordinary" life*. https://www.fox13seattle.com/news/remarkable-women-tania-finlaysons-extraordinary-pursuit-of-an-ordinary-life

Frayer, L. (2015, August 13). *To cut food waste, Spain's Solidarity Fridge Supplies Endless Leftovers*. NPR. https://www.npr. org/sections/thesalt/2015/08/13/431960054/to-cut-food-waste-spains-solidarity-fridge-supplies-endless-leftovers

Free period project STL. (n.d.). *Free Period Project STL*. https://freeperiodprojectstl.com/

Freethink. (2021, July 7). *This app is saving elephants from poachers*. https://www.freethink.com/energy/elephant-poaching

FreshPlaza. (2022, May 18). *Moisture control technology launches to extend shelf life of produce*. https://www.freshplaza.com/north-america/article/9428135/moisture-control-technology-launches-to-extend-shelf-life-of-produce/

Fruit Growers News. (n.d.) *Savrpak extends shelf life of berries, grapes during trials*. https://fruitgrowersnews.com/news/savrpak-extends- shelf-life-of-berries-grapes-during-trials/

Fund for Rural Prosperity. (n.d.) *M-kopa solar*. https://frp.org/finance-oriented/m-kopa-solar

Gagne, Y. (2022, September 22). *How Sara Menker is Forecasting Supply Chain Disruption and Helping Businesses Plan Ahead*. Fast Company. https://www.fastcompany.com/90779689/how-sara-menker-is-forecasting-supply-chain-disruption-and-helping-businesses-plan-ahead

Galeana, E. (2022, November 18). *Jüsto, SAVRpak Celebrate Alliance To Fight Food Waste*. Mexico Business. https://mexicobusiness.news/agribusiness/news/justo-savrpak-celebrate-alliance-fight-food-waste

Galloway, L. (2022, May 25). *Palau's world-first "good traveller" incentive*. BBC Travel. https://www.bbc.com/travel/article/20220517-palaus- world-first-good-traveller-incentive

Gallucci, N. (2021, October 29). *Tommy Hilfiger unveils innovative clothing line for people with disabilities*. Mashable. https://mashable. com/article/tommy-hilfiger-tommy-adaptive-disibility-friendly-clothing

Gapsquare. (2023, June 6). *Pay analytics for inclusive employers*. https://gapsquare.com/

Gardiner, B., Gardiner, B., Pearce, F., Pearce, F., Goodell, J., & Goodell, J. (2018, December 27). *Arborists have cloned ancient Redwoods from their massive stumps*. Yale E360. https://e360.yale.edu/digest/arborists-have-cloned-ancient-redwoods-from-their-massive-stumps

Gates, B. (2015, August 11). *Update: What ever happened to the machine that turns feces into water?* Gates Notes. https://www.gatesnotes. com/Omni-Processor-Update

Gates, B. (2015, January 5). *This ingenious machine turns feces into drinking water*. Gates Notes. https://www.gatesnotes. com/Omniprocessor-From-Poop-to-Potable

Gates, B. (2021, July 27). *Flush with innovation: 10 years of reinventing the toilet*. Gates Notes. https://www.gatesnotes.com/10-years-of-reinventing-the-toilet

Gelles, D. (2022, January 7). *"I know what the end of the world looks like."* The New York Times. https://www.nytimes. com/2022/01/07/business/sara-menker-gro-intelligence.html

Gerretsen, I. (2022, February 24). *How pedestrians are lighting homes in Sierra Leone.* BBC Future. https://www.bbc. com/future/article/20210713-how-pedestrians-are-lighting-homes-in-sierra-leone

Gillespie, A. (2015, October 6). *The race to save the world's great trees by cloning them.* Smithsonian.Magazine. https://www. smithsonianmag.com/science-nature/race-save-worlds-great-trees-cloning-them-180956832/#:~:text=Not%20 everyone%20is% 20convinced%20that%20 cloning%20big%20old,to%20protect%20 the%20health%20of%20the%20entire%20 ecosystem.

Global Citizen. (n.d.) *These engineers are turning human waste into Drinkable Water.* https://www.globalcitizen.org/en/content/ omni- processor-water-sanitation-senegal/

Global Conservation. (n.d.) *Trailguard ai: Interview with Eric Dinerstein.* https://globalconservation.org/news/ trailguard-ai/

Go.Asia. (2018, November 27). 新加坡全球首 座「健障共融」 enabling village 多元 支援身障人士投入社會 . https://www. go.asia/%E6%96% B0%E5%8A%A0%E5% 9D%A1%E5%85%A8%E7%90%83%E9% A6%96%E5%BA%A7%E3%80%8C%E5% BB%BA%E9%9A%9C%E5%85%B1%E8% 9E%8D%E3%80%8D%E7%9A%84enabling-village-%E5%A4%9A%E5%85%83%E6%94% AF%E6%8F%B4%E8%BA%AB%E9%9A%9C/

Goldwich, C. (2022, August 17). *The enabling village is an inclusive community centre in SG, with disability-friendly gym & shops.* The Smart Local. https://thesmartlocal.com/ read/enabling-village-singapore/

González, E. (2018, June 20). *Grey Brazil Winns Mobile Lions grand by a corruption detector app.* Eastwind Marketing. https://eastwind. es/marketing/en/cannes-lions-2018-grey-brazil-winns-mobile-grand-prix-by-the-corruption-detector-app/

Gonzalez, M. (2019, December 11). *Introducing the EcoLoo, a fully sustainable toilet inspired by the poop-filled Mt. Everest.* The Independent Singapore News. https://theindependent.sg/introducing-the-ecoloo-a-fully-sustainable-toilet-inspired-by-the-poop-filled-mt-everest/

Gonzalez, M. (2020, February 28). Intel tests TrailGuard AI to fight poaching in Africa. TechAcute. https://techacute.com/intel-tests-trailguard-ai-to-fight-poaching-in-africa/

GoodZero. (n.d.) *Project African Clean Energy.* https://www.goodzero.com/african-clean-energy

Gourtsilidou, M. (2022, October 17). *CEO spotlight: Lefteris Arapakis director, co-founder at enaleia.* CEOWORLD magazine. https:// ceoworld. biz/2022/10/14/ceo-spotlight-lefteris-arapakis-director-co-founder-at-enaleia/

Gov.br. (2023, April 5). *Find out more about Brazil's new laws and decrees to combat violence against women.* https://www.gov. br/secom/en/latest-news/find-out-more-about-brazil2019s-new-laws-and-decrees-to-combat-violence-against-women

Goyal, M. (2012, December 2) *Ipaidabribe.com: A website that encourages Indians to share their bribe giving experiences.* The Economic Times. https://economictimes. indiatimes.com/tech/internet/ipaidabribe-com-a-website-that-encourages-indians-to-share-their-bribe- giving-experiences/ articleshow/17443931.cms?from=mdr

Gpmarketing. (2022a, February 17). *Purifying the Mediterranean - the impact of Enaleia. Impact Collective.* https://impactcollective. eco/purifying-the-mediterranean-the-impact-of-enaleia/

Grain Nigeria. (n.d.) *Wakati One...World's Low Cost Food Preservation Technology.* http://grain-nigeria.blogspot.com/2016/11/ wakati- oneworlds-low-cost-food.html

Grätzel, P. (2018, October 3). *Personal Health Records in Europe: National or beyond?* MobiHealthNews. https://www. mobihealthnews. com/news/emea/personal-health-records-europe-national-or-beyond

Greene, L., Weaver, E., Larson, C., Nierenberg,

D., Seeley, E., Keleher, A., Yee, K., May, S., Fang, G., & Ribich, J. (2022, August 29). *New tool uses AI to combat food insecurity in Africa.* Food Tank. https://foodtank.com/news/2022/08/new-tool-aims-to-strengthen-food-security-in- africa/

Group, C. (2018, September 12). *Carlsberg crafts new six-pack holders to cut plastic waste.* New Atlas. https://newatlas.com/carlsberg-snap- pack/56273/

Gunseli, Y. (2020, August 7). *Volvo creates living seawall to combat pollution and promote biodiversity.* Dezeen. https://www.dezeen.com/2019/01/31/volvo-living-seawall-pollution-biodiversity-design/

H&M Foundation. (n.d.). *Re-connecting families with refunite.* https://hmfoundation.com/project/reconnecting-families/

Haenni, S., & Lichand, G. (2020, June 30). *Harming to signal: Child marriage vs. public donations in Malawi.* SSRN. https://papers.ssrn. com/sol3/papers.cfm?abstract_id=3633803

Hahn, J. (2021, April 27). *Waterlight is a portable lantern that can be charged with salt water or urine.* Dezeen. https://www.dezeen. com/2021/04/23/waterlight-edina-wunderman-thompson-colombia/

Halvorson, O. (2022, March 4). *An uncensored library created in minecraft defies authoritarianism.* Howchoo. https://howchoo. com/news/an-uncensored-library-created-in-minecraft-defies-authoritarianism

Halvorson, O. (2022, March 4). *How to visit Minecraft's Uncensored Library.* Howchoo. https://howchoo.com/technology/how-to-visit- minecraft-s-uncensored-library

Hassan, F. (2022, December 20). S*mog free tower - air pollution, a global disaster: To be solved with solar-powered air cleaners.* Lampoon Magazine. https://www.lampoonmagazine.com/article/2021/11/27/smog-free-tower-daan-roosegaarde/

HdE AGENCY - The Performance Growth Agency. (n.d) *An interview with Dr Zara nanu co founder of gapsquare.* https://growwithhde.com/an-interview-with-dr-zara-nanu-co-founder-of-gapsquare/

Health Seas. (2022, November 7). *Working with Enaleia to collect nets from fishers in Greece and Italy.* https://www.healthyseas.org/2022/10/10/working-with-enaleia-to-collect-nets-from-fishers-in-greece-and-italy/

Heho 親子. (2022, January 28). 腦性麻痺是什麼？認識腦麻原因及治療方法，如何及早發現守護孩子的健康. https://kids.heho.com. tw/archives/153730

Hello Partner. (2022, November 2). *How MSL leveraged influencers to raise awareness of Huawei's StorySign app and deaf children's literacy across 11 markets.* https://hellopartner.com/2020/09/28/msl-influencers-huawei-storysign/

Henry, H. (2022, December 13). *Samsung teaches CPR to China's online gamers during their gaming.* Branding in Asia Magazine. https://www.brandinginasia.com/samsung-uses-online-gaming-platform-to-teach-cpr-in-china/

Heymann, D. (2020, October 22). *Meet the CEO: Asher Hasan, co-founder of HealthTech Startup docthers and the transformation of healthcare in Pakistan.* Galen Growth News. https://news.galengrowth.com/meet-the-ceo-asher-hasan-docthers/

Hindustan Times. (2023, March 25). *Watching over wildlife reserves: Ai Camera System set to revolutionise security.* https://www. hindustantimes.com/cities/others/watching-over-wildlife-reserves-ai-camera-system-set-to-revolutionise-security-101679763232248.html

Hindustan Times. (2023, May 2). *Minecraft's uncensored library provides virtual haven for Press Freedom Fighters.* https://www. hindustantimes.com/technology/minecrafts-uncensored-library-provides-virtual-haven-for-press-freedom-fighters-101682988968170.html

Ho, S. (2022, December 1). *Can these 6 marine tech startups help solve the many issues facing our oceans?* Green Queen. https://www. greenqueen.com.hk/marine-tech-startups-ocean-conservation/

Hsu, C. (2022, March 14). 讓包裝消失的可食用水球，Notpla 以海藻的力量發起革命，邁向零廢棄生活願景，為世界帶來新的可能. 萬秀洗衣店. https://www.wantshowlaundry.com/notpla/

Hydrotech. (n.d.) *The Ocean Cleanup Project continues. the new system aims to clean both oceans and Rivers*. https://www.hydrotech-group.com/blog/the-ocean-cleanup-project-continues-the-new-system-aims-to-clean-both-oceans-and-rivers

Hyer, H. (2022, November 22). *Savrpak partners with Mexican supermarket on Shelf Life Extension*. Supermarket Perimeter. https://www. supermarketperimeter. com/articles/8975-savrpak-partners-with-mexican-supermarket-on-shelf-life-extension

I/O, C. (2021, October 13). *Insight & Strategy: NAMING THE INVISIBLE BY Digital Birth Registration*. WFA. https://wfanet. org/ knowledge/diversity-and-inclusion/ item/2021/10/13/Insight--Strategy-Naming-the-Invisible-by-Digital-Birth-Registration

ICC. (2023, January 13). *ICC joins the Lion's Share Fund to harness private sector leadership to protect wildlife habitats*. https://iccwbo. org/news-publications/news/icc-joins-the-lions-share-fund-to-harness-private-sector-leadership-to-protect-wildlife-habitats-2/

IFAW. (n.d.) *Why some creative poaching solutions fail*. https://www.ifaw.org/journal/ why-some-creative-poaching-solutions-fail

iFuun. (2018, May 14). 一紙貿易協定讓該國人痛苦不堪，兒童營養不良，成年人營養過剩. http://www.ifuun. com/a2018051413032197/

Iiveer. (n.d.) 非洲支付產品介紹系列之 MPESA. 知乎. https://zhuanlan.zhihu.com/p/127096358#:~:t ext=Mpesa%E6%98%AF%E7%94%B1% E8%8 2%AF%E5%B0%BC%E4%BA%9A%E5%8F%8 A,%E8%BD%AC%E5%B8%90%E3%80%81%E 5%AD%98%E6%AC%BE%E3%80%81%E5%8 5%91%E7%8E%B0%E7%AD%89%E3%80%82

Iligo. (2018, June 26). *Corruption detector*. https://www.iligo.fr/observatoire/ corruption-detector/

IndraStra Global. (2018, January 21). *Digital Identity - a gateway to all other use cases*. https://www.indrastra.com/2018/01/Digital-Identity- Gateway-to-All-Other-Use-Cases-004-01-2018-0034.html?m=1

IndraStra Global. (2018, January 21). *Digital Identity - a gateway to all other use cases*. https://www.indrastra.com/2018/01/Digital-Identity- Gateway-to-All-Other-Use-Cases-004-01-2018-0034.html?m=1

Initium Media. (2019, November 1). 張育軒：街頭抗爭、總理請辭，黎巴嫩的危機才剛剛開始. https://theinitium.com/article/20191101-opinion-lebanon/

Innovation in Textiles. (n.d.) *Radical alternative from simplifyber.* https://www.innovationintextiles.com/ radical-alternative-from- simplifyber/

Innovation Pioneers.(2019, February 13). *Commercializing the humanium metal - un goal 16*. https://www.innovationpioneers. net/the- humanium-metal

Intel. (n.d.) *"the age of ai" visits Kenya to see trailguard ai anti-poaching solution action*. https://www.intel. com/content/www/us/en/ newsroom/article/age-ai-visits-kenya-see-trailguard-ai-anti-poaching-solution-action. html

Interaction council. (n.d.) 世界人類責任宣言. https://www.interactioncouncil.org/sites/ default/files/Chinese%20tradional.pdf

International Labour Organization. (2019, May 1). Local Empowerment through Economic Development and Reconciliation (LEED+) Project. https://www.ilo.org/colombo/ whatwedo/projects/WCMS_714391/lang--en/ index.htm

International Labour Organization. (2021, June 30). *Our impact, their stories: Making a new wave*. https://www.ilo. org/colombo/info/ pub/features/WCMS_808885/lang--en/index. htm

International Partnerships. (n.d.) *Accelerating the transition from waste to energy with Sistema.bio*. https://international-partnerships.ec. europa.eu/news-and-events/stories/accelerating-transition-waste-energy-sistemabio_en

Interreg Europe. (2023, June 15). *Enaleia - protection of the marine environment through the education of Fishing Communities. Enaleia - protection of the marine environment through the education of fishing communities.* https://www.interregeurope.eu/good- practices/enaleia-protection-of-the-marine-environment-through-the-education-of-fishing-communities

IOM. (n.d.) *Electronic Personal Health Record (e-PHR).* https://eea.iom.int/electronic-personal-health-record-e-phr

Issuu. (2021, February 24). *GRO intelligence raises $85-million series B round.* https://issuu.com/aimediasynapse/docs/synapse_-_issue_11/s/11779514

Iype, J. (2019, December 11). *Designing breathable cities: Smog free project by Daan Roosegaarde.* STIRworld. https://www.stirworld. com/see-features-designing-breathable-cities-smog-free-project-by-daan-roosegaarde

Jaap. (2018, August 23). Tesco - The unforgettable bag. BrandActivation. https://brandactivation.com/tesco-unforgettable-bag/

Jabois, M. (2017, January 2). *Fundir cañones para hacer botones. EL Pais.* https://elpais. com/internacional/2016/12/30/actualidad/1483106960_864505.html

Jaeger, J., Banaji, F. & Calnek-Sugin, T. (2017, April 5). *By the numbers: How business benefits from the Sustainable Development Goals.* World Resources Institute. https://www.wri.org/insights/numbers-how-business-benefits-sustainable-development-goals

Jaramillo, M. (2015, January 13). *News latest news new technologies webcasts pro of the month.* ACR Latinoamerica. https://www.acrlatinoamerica.com/en/2015011312828/news/technology/food-storage-system-without-refrigeration.html

Jiang, G. (2018, February 6). 一帆不風順的經典案例 . Medium. https://medium.com/design-thinking-foundry/%E4%B8%80%E5%B8%86% E4%B8%8D%E9%A2%A8%E9%A0%86%E7%9A%84%E7%B6%93%E5%85%B8%E6%A1%88%E4%BE%8B-cdf0b979db8

Jiggins, J. (n.d.) *Gender issue in food and farming. Example 5. Incredible Edible Todmorden - and beyond.* Food Systems Academy. http://www.foodsystemsacademy.org.uk/videos/pages/jj5.html

Johnson, M. (2022, November 24). R*evolt creates brand identity for new concrete alternative Partanna.* Media Shotz. https://mediashotz.co. uk/revolt-consultancy-creates-brand-identity-for-new-concrete-brand-partanna/

Jones, R.(2015, March 31). *Meet Volunteers who feed Poverty Britain from supermarket skips.* Mirror. https://www.mirror.co.uk/news/uk- news/ros-wynne-jones-sheila-hounded-death-5437654

J-PAL. (n.d.) *The impact of reliable electricity on maternal and newborn healthcare in rural Uganda.* https://www.povertyactionlab.org/evaluation/impact-reliable-electricity-maternal-and-newborn-healthcare-rural-uganda

Jr, R. (2021, December 7). *Com dinheiro do BTG, Gran Cursos Online vai "prestar vestibular" para novas areas.* NeoFeed. https://neofeed.com.br/blog/home/com-dinheiro-do-btg-gran-cursos-online-vai-prestar-vestibular-para-novas-areas/

王佐銘 . (2020, October 31). 亞馬遜就靠程式碼守護 , 機器一到「地球之肺」就自動關機 . 蕃新聞 . https://n.yam. com/Article/20201031717096

Kaiser, T. (2022, June 21). *From rocket science, the start of a food delivery packaging revolution.* Franchise Times. https://www.franchisetimes.com/franchise_news/from-rocket-science-the-start-of-a-food-delivery-packaging-revolution/article_21f4c1d8-f19c-11ec- 8577-6b10d5e6f844.html

Kancil Awards. (n.d.) *Unforgettable bag.* https://www.kancilawards.com/winners/entry/2018/3241

Kaplan, M. (2018, June 20). Illegal guns are being melted down into fancy watches. New York Post. https://nypost.com/2018/06/19/illegal-guns-are-being-melted-down-into-fancy-watches/

Kart, J. (2021, June 16). *Plant A Million Project Hits 100,000 mark in mission to produce fast-growing, resilient corals*. Forbes. https://www. forbes.com/sites/ jeffkart/2021/06/16/plant-a-million-project-hits-100000-mark-in-mission-to-produce-fast-growing-resilient-corals/? sh=7837ec05706e&fbclid=IwAR1QfQlMr ksI_MWpxrFerTwJIQen8IASDz-Nvv0-_ xVogNt2huHoAZmMtM0

Kart, J. (2023, February 16). *The Ocean Cleanup Readies launch of System 03, with three times the plastic-collecting power.* Forbes. https://www.forbes.com/sites/ jeffkart/2023/02/15/the-ocean-cleanup-readies-launch-of-system-03-with-three-times-the-plastic-collecting-power/?sh=7f42e74b4d96

Kaser, R. (2023, May 27). *Gaming's direct-to-consumer pipeline is shifting to webstores*. VentureBeat. https://venturebeat. com/ games/gamings-direct-to-consumer-pipeline-is-shifting-to-webstores/

KEGER. (n.d.). *2030 calculator*. https://www. mrkeger.com/work/2030calculator

Kemp, A. (2022, June 22). *Michelob vows to save American agriculture, earns Grand Prix at cannes*. The Drum. https://www.thedrum. com/news/2022/06/22/michelob-vows-save-american-agriculture-earns-grand-prix-cannes

Kene-Okafor, T. (2022, March 9). *M-kopa raises $75M as it clocks 2 million customers across four African markets*. TechCrunch. https:// techcrunch.com/2022/03/01/m-kopa-raises-75m-as-it-clocks-2-million-customers-across-four-african-markets/? guccounter=1&guce_ referrer=aHR0cHM6Ly93d3cucGx1cmsu Y29tLw&guce_referrer_sig=AQAAACgPK 0ueNu6OWIAirEMqJxvoDEfPBxJtrw0OS AHuaQOE7HMZ2m2Sk3ypEjn1QQhZ7spr-Ch03kiAREIIlFufRELdfqryBwQvssKF-JT5D X3a6HdFtnsxpNTpzGIjlMKiIAwYybIdPQ_ WRtHje0uDBcOqpuG5sdjfJCb-zmAB-Hkbe

KHS. (2018, September 11). *More sustainable packaging: Carlsberg Launches Snap Pack*. https://www.khs.com/en/media/ press- articles/press-releases/detail/more-sustainable-packaging-carlsberg-launches-snap-pack

Kim, F. (2017, January 24). *Docthers: Remote patient care with female doctors at the fore*. DAWN. https://www.dawn.com/ news/1234694

Kimel, E. (2021, May 3). Scientist hopes to bring affordable land-based coral nurseries to the Caribbean. Herald-Tribune. https://www. heraldtribune.com/story/ news/environment/2021/05/03/former-mote-scientist-david-vaughn-develops-smaller-coral- nurseries/7379652002/

Kirby, P. (2021, December 7). *Optim energy - piezoelectric energy harvesting*. HES. https://harmonious-entrepreneurship. org/2021/11/30/optim-energy-piezoelectric-energy-harvesting/

KLOOP. (2018, December 11). *Я не говорила «да». Истории похищенных девушек, чьи жизни изменились навсегда*. https://kloop.kg/blog/2018/11/30/ya-ne-govorila-da-istorii-pohishhennyh-devushek-chi-zhizni-izmenilis-navsegda/

Knowledge for policy. (n.d.) *Electronic Personal Health Record (e-PHR)* platform. https://knowledge4policy.ec.europa.eu/ online- resource/electronic-personal-health-record-e-phr%C2%A0platform_en

Knowledge Hub. (n.d.) *Ecopost - building elements made from plastic waste to reduce deforestation in Kenya: Knowledge hub: Circle lab*. https://knowledge-hub.circle-lab. com/AfricanCAT/article/8219?n=Ecopost---Building-Elements-Made-from-Plastic-Waste-to-Reduce- Deforestation-in-Kenya

Knowles, M. (2015, January 21). *Storage tents keep fruit fresh for less*. Fruitnet. https://www.fruitnet.com/eurofruit/storage-tents-keep- fruit-fresh-for-less/163998.article

Koigi, B. (2022, February 11). *On tech, crypto and refugees*. FairPlanet. https://www.fairplanet. org/story/on-tech-crypto-and-refugees/

Kono, S., Sato, H., & Chen, S. (2022). SDG超入門：60分鐘讀懂聯合國永續發展目標帶來的新商機 . 東販出版 .

Krieger, B. (2022, November 25). *Liquid tree to combat air pollution in Belgrade*. Balkan Green Energy News. https://balkangreenenergynews.com/liquid-tree-to-combat-air-pollution-in-belgrade/

Krishnamurthy, V. (2023, April 20). *Liquid tree: An innovative solution to combat air pollution*.

Urban Mali. https://www.urbanmali. com/blogs/wisdom/liquid-tree-an-innovative-solution-to-combat-air-pollution

L. B. (2019, December 2). *Fueling profitability by Louise Bonnar. Aerospace Tech Review.* https://www.aerospacetechreview.com/fueling- profitability-by-louise-bonnar/

LA7EM. (2022, February 1). *SYMPLIFICA, LA COMPAÑÍA COLOMBIANA LIDERADA POR UNA MUJER QUE CONQUISTÓ FIRMA INVERSIÓN DE GEORGE SOROS.* https://la7em.com/symplifica-la-compania-colombiana-liderada-por-una-mujer-que-conquisto-firma-inversion-de-george- soros/

Latifundist. (2020, November 20). *How gro intelligence is revolutionizing the Agricultural Supply Chain.* https://latifundist.com/en/spetsproekt/725-big-data-v-pomoshch-kak-agrariyu-ispolzovat-dannye-dlya-povysheniya-effektivnosti

Lebleu, T. (2022, June 8). *Ecoloo, sustainable off-grid toilets.* Solarimpulse Foundation. https://solarimpulse.com/news/ecoloo-sustainable- off-grid-toilets

Lewis, S. (2019, February 1). V*ideo: Ford's innovative Accessibility Mat brings fresh approach to wheelchair ramp.* THIIS magazine. THIIS Magazine. https://thiis.co.uk/fords-innovative-accessibility-mat-brings-fresh-approach-to-wheelchair-ramp/

Little Black Book. (2018, December 7). *Reclameaqui launches facial recognition app that identifies corrupt politicians.* https://www.lbbonline. com/news/reclameaqui-launches-facial-recognition-app-that-identifies-corrupt-politicians

Little, J. (2019, April 5). *An Post launches postal address service for Homeless.* RTE Ie. https://www.rte.ie/news/ireland/2019/0405/1040797-address-point-homeless/

Living Seawalls. (n.d.) *Living seawalls.* https://www.livingseawalls.com.au/

Lo, L. (2021, June 19). 【圖輯】過度肥胖恐怕活不過18歲，墨西哥青少年深陷垃圾食物誘惑與糖尿病危機. The News Lens 關鍵評論網. https://www.thenewslens.com/article/152473

Local Futures. (2019, February 15). *Incredible edible todmorden.* https://www.localfutures.org/programs/global-to-local/planet-local/

food- farming-fisheries/incredible-edible-todmorden/

Locklear, M. (2018, May 8). *Google brings Morse code to gboard.* Engadget. https://www.engadget.com/2018-05-08-google-brings-morse- code-to-gboard.html

Lugo, A. M. (2021, April 13). *"Manta madre", La Nueva Campana de Ogilvy Colombia.* Copublicitarias. https://copublicitarias.com/manta- madre-la-nueva-campana-de-ogilvy-colombia/

MachineDesign. (2017, July 15). *Using wave power to desalinate seawater | machine design.* https://www.machinedesign.com/mechanical- motion-systems/article/21835729/using-wave-power-to-desalinate-seawater

Maher, C. (2020, March 18). *This minecraft library is making censored journalism accessible all over the world.* The Verge. https://www. theverge.com/2020/3/18/21184041/minecraft-library-censored-journalism-reporters-without-borders

Majewski, S. (2023, February 2). *Norwegian mint strikes a peace medal made from humanium.* CoinsWeekly. https://coinsweekly. com/norwegian-mint-strikes-a-peace-medal-made-from-humanium/

Makokha, T. (2018, December 7). *Sistema.bio awarded for promoting use of clean cooking gas in Kenya.* The Standard. https://www.standardmedia.co.ke/article/2001305426/sistema-bio-awarded-for-promoting-use-of-clean-cooking-gas

Malewar, A. (2022, June 21). *Generating light from gravity.* Tech Explorist. https://www.techexplorist.com/gravity-light-light-developing- countries/

Malik, S. (2016, April 6). 手機助力巴基斯坦出生登記工作. 聯合國兒童基金會. https://www.unicef.org/zh/%E6%95%85%E4%BA%8B/ E6%89%8B%E6%9C%BA%E5%8A%A9%E5%8A%9B%E5%B7%B4%E5%9F%BA%E6%96%AF%E5%9D%A6%E5%87%BA%E7%94%9F%E7%99%BB%E8%AE%B0%E5%B7%A5%E4%BD%9C

MARKETING Magazine Asia. (2018, April 5). *Save the ocean with Tesco's Unforgettable Bags.* https://marketingmagazine.com.my/save-the- ocean-with-tescos-unforgettable-bags/

Marketing-Interactive. (2023, July 28). *Tesco encourages recycling among consumers with the "Unforgettable bag."* https://www.marketing- interactive. com/tesco-encourages-recycling-among-consumers-with-the-unforgettable-bag

Marmalade. (2022, March 3). *African Clean Energy - Europe's highest scoring B-Corp, are on a mission to provide clean energy for rural households in the developing world.* https:// marmaladefilmandmedia.com/creative-agency-blog-leading-with-purpose/african-clean-energy

Mars. (n.d.) *Partnering to protect: The lion's share fund.* https://www.mars.com/news-and-stories/articles/lions-share

Mascaro, G. (2022, July 18). *The Palau Pledge for eco-sustainable tourism.* Rethinking Climate. https://rethinking-climate. org/2022/07/18/the-palau-pledge-for-eco-sustainable-tourism/

Masters, J. (2018, December 6) *Carlsberg has a new "snap pack" that dramatically cuts plastic waste.* CNNMoney. https://money. cnn. com/2018/09/06/news/companies/carlsberg-snap-pack-plastic/index.html

Mastroianni, B. (2015, October 22). *Low-cost baby incubator aims to boost infant health.* Fox News. https://www.foxnews.com/tech/low-cost-baby-incubator-aims-to-boost-infant-health

Materialise. (n.d.) *3D printing a more efficient food supply chain with Wakati.* https://www. materialise.com/en/inspiration/cases/3d-printing-efficient-food-supply-chain-wakati

Maxwell, A. (2022, December 2). *Harvesting Wave Energy for Fresh Water.* Now. https://now. northropgrumman.com/harvesting-wave-energy-fresh-water/

Mclaughlin, A. (2019, March 19). *Corruption detector: The app naming and shaming Brazil's politicians.* Creative Review. https://www. creativereview.co.uk/reclameaquis-corruption-detector-app-names-shames-brazilian-politicians/

McMahon, A. (2019, April 5). *"You don't exist without an address": New Postal Service for Homeless praised.* The Irish Times. https://www. irishtimes.com/news/social-affairs/you-don-t-exist-without-an-address-new-postal-service-for-homeless-praised-1.3850998

Media Monks. (n.d.) *The Uncensored Library.* https://media.monks.com/case-studies/uncensored-library

Metropoles. (2022, April 21). *Gran Cursos Online oferece oportunidade de estudos de forma acessível.* https://www.metropoles. com/conteudo-especial/gran-cursos-online-oferece-oportunidade-de-estudos-de-forma-acessivel

Miller, P. (2019, January 25). *Volvo creates the Living Seawall in Sydney to help with plastic pollution.* Inhabitat. https://inhabitat.com/volvo- creates-the-living-seawall-in-sydney-to-help-with-plastic-pollution/

MITSUI & CO. (n.d.) *Mitsui & Co. to invest in M-KOPA Solar to develop Solar Home System operations in Africa.* https://www.mitsui. com/jp/en/topics/2018/1226149_11241.html

M-Kopa. (2023, July 3). *Kopa: We finance progress.* https://m-kopa.com/

MMA. (n.d) *Reclame Aqui: Corruption Detector.* https://www.mmaglobal.com/case-study-hub/case_studies/view/50472

MMA. (n.d.) *Lifebuoy: Real-Time Infection Alert System.* https://www.mmaglobal.com/case-study-hub/case_studies/view/64065

MO. (n.d.) *Wakati: Een Andere Kijk op ontwikkelingshulp.* https://www.mo.be/interview/wakati-een-andere-kijk-op-ontwikkelingshulp

MoneyDJ (2021, September 15). 行動支付平臺 M-pesa 用戶超過 5 千萬人，獨霸非洲金融科技市場 . https://www.moneydj. com/kmdj/news/newsviewer.aspx?a=bc1a14e7-9c41-4383-a1d0-565c6ea978d3

MoneyDJ. (n.d.) 海水淡化 . https://www. moneydj.com/kmdj/wiki/wikiviewer. aspx?keyid=c939dc6c-e66d-4375-965a-fdf69350b952

Mongabay Environmental News. (2014, October 28). *The inconvenient solution to the rhino poaching crisis.* https://news.mongabay. com/2014/10/the-inconvenient-solution-to-the-rhino-poaching-crisis/

Mongabay Environmental News. (2017, October 20). *Smart and well-connected: Reserve patrol data system adds communications capacity.* https://news.mongabay.com/2017/10/smart-and-well-connected-reserve-patrol-data-system-adds-communications-capacity/

Morlin-Yron, S. (2016, June 3). *This solar-powered TV brings Global News to rural Africa.* CNN. https://edition.cnn.com/2016/06/02/africa/m-kopa-solar-tv-kenya/index.html

Morrama. (n.d.) *Mimica - Reducing food waste with real-time expiry labels.* https://www.morrama.com/mimica

Munford, M. (2017, March 30). *Refunite is using the cellphone to connect displaced people across the word.* Forbes. https://www.forbes.com/sites/montymunford/2017/03/30/refunite-is-using-the-cellphone-to-connect-displaced-people-across-the-word/?sh=3077f3aa5b90

Musings Magazine. (2020, December 16). A bright light in clean energy for Sierra Leone. https://www.musingsmag.com/a-bright-light-in-clean-energy-for-sierra-leone/

New CITYzens. (n.d.) *Echale a Tu Casa.* http://www.newcityzens.com/en/164/echale-a-tu-casa

Nexleaf Analytics. (2021, July 12). *Sistema.bio and Nexleaf: What can biogas and sensor monitoring tell us about clean cooking?* https://nexleaf.org/blog/sistema-bio-and-nexleaf-what-can-biogas-and-sensor-monitoring-tell-us-about-clean-cooking/

Nick, K. (2023, March 17). *What happened to the ocean cleanup - the system that would rid the oceans of plastic?* ABC News. https://amp.abc.net.au/article/102075810

Nien Hsing Textiles. (2019, September 22). 人道金屬跳脫傳統框架思考永續性 . https://www.nhjeans.com/%E6%B0%B8%E7%BA%8C%E7%99%BC%E5%B1%95%E8%88%87%E7%92%B0%E5%A2%83/%E4%BA%BA%E9%81%93%E9%87%91%E5%B1%AC%E8%B7%B3%E8%84%AB%E5%82%B3%E7%B5%B1%E6%A1%86%E6%9E%B6%E6%80%9D%E8%80%83%E6%B0%B8%E7%BA%8C%E6%80%A7/?lang=zh-hant

Nonwovens Industry. (n.d.) *Stayfree India organizes Project Free period.* https://www.nonwovens-industry.com/contents/view_breaking- news/2018-06-18/stayfree-india-organizes-project-free-period/

Norman Van Aken. (2021, May 26). *Forever Oceans interview.* https://normanvanaken.com/interviews/forever-oceans-interview/

Norrlid, F. (2016, November 7). *Bröder förenade i flyktingstöd.* Dagens industri. https://www.di.se/weekend/broder-forenade-i-flyktingstod/

Ochab, E. (2019, February 1). *Humanium metal shows a better use for illegal weapons.* Forbes. https://www.forbes.com/sites/ewelinaochab/2019/02/01/humanium-metal-showing-a-better-use-for-illegal-weapons/?sh=f0c8f66324d6

O'Dea, B. (2022, September 8). *UK company to bring its gender pay gap monitoring software to Ireland.* Silicon Republic. https://www.siliconrepublic.com/careers/gapsquare-gender-pay-gap-software-ireland

Odess. (2022, March 16). *Docthers: Connecting Women, improving health, transforming lives.* https://www.odess.io/en/initiative/docthers- connecting-women-improving-health-transforming-lives/

Ogilvy China. (n.d.) 数字出生登記—挪威電信 : Our work. https://www.ogilvy.com/cn/work/shuzichushengdengji

Ogilvy. (n.d.) *Last Tree Standing - Greenpeace: Our work.* https://www.ogilvy.com/work/last-tree-standing

OHCHR. (2022, November 4). *Brazil: UN experts urge new government to target violence against women and girls, repeal parental alienation law.* https://www.ohchr.org/en/statements/2022/11/brazil-un-experts-urgenew-government-target-violence-against-women-and-girls

One Earth. (n.d.) *Resolve: Trailguard ground sensors for advanced conservation monitoring.* https://www.oneearth.org/who-we- fund/science-policy-grants/resolve-trailguard-ground-sensors-for-advanced-conservation-monitoring/

One Planet Summit. (n.d.) *The lion's share.* https://oneplanetsummit.fr/en/coalitions-82/lions-share-204

Onukwue, A. (2021, January 22). *Ethiopia-born Sara Menker's GRO intelligence raises $85M in series B funding.* TechCabal. https://techcabal. com/2021/01/11/gro-intelligence-sara-menker/

OurFuture.E. (2022, November 16). *Light from salt.* https://www.ourfutureenergy.com/bright-idea/light-from-salt/

P, M. (2022, August 22). *Simplifyber is offering eco-responsible clothing made with additive manufacturing.* 3Dnatives. https://www. 3dnatives.com/en/simplifyber-eco-responsible-clothing-220820224/#!

P. J. (n.d.) *Motion of the ocean generates fresh water.* The Maritime Executive. https://maritime-executive.com/features/motion-of-the- ocean-generates-fresh-water

Packaging Europe. (2022, June 17). *Biodegradable moisture control pouch gives berries and lettuce extended shelf life.* https://packagingeurope.com/news/biodegradable-moisture-control-pouch-gives-berries-and-lettuce-extended-shelf-life/8364.article

Packaging Europe. (2022, October 7). *Finalist interview: Mimica Touch cap freshness indicator.* https://packagingeurope.com/finalist- interview-mimica-touch-cap-freshness-indicator/8851.article

Packaging Europe. (2023, April 3). *Borealis and ecopost work towards at-scale collection and recycling of plastic waste in Kenya.* https://packagingeurope.com/news/borealis-and-ecopost-work-towards-at-scale-collection-and-recycling-of-plastic-waste-in-kenya/9626.article

Pagano, J. (n.d.). *Red Sea Global and Partanna sign product supply agreement that could lay the future for carbon negative concrete in Saudi Arabia.* Red Sea Corporate. https://www.redseaglobal.com/-/red-sea-global-and-partanna-sign-product-supply-agreement-that-could-lay- the-future-for-carbon-negative-concrete-in-saudi-arabia

Palumbo, J. (2022, January 4). *Can seaweed help solve the world's plastic crisis?* CNN. https://edition.cnn.com/style/article/notpla-seaweed- single-use-plastics/index.html

Panganiban, R. (2015, August 22). *Spain's "Solidarity fridge" gives new life to leftovers.* Mental Floss. https://www.mentalfloss. com/article/67680/spains-solidarity-fridge-gives-new-life-leftovers

Panorama. (2023, February 3). *Living seawalls - bringing biodiversity back to coastal infrastructure.* https://panorama. solutions/en/solution/living-seawalls-bringing-biodiversity-back-coastal-infrastructure

Panthera. (n.d.) *Smart.* https://panthera.org/conservation-technology/smart

Pantsios, A. (2015, January 26). *Solar-powered tent keeps food fresh without a fridge.* Sun Connect News. https://sun-connect.org/solar- powered-tent-keeps-food-fresh-without-a-fridge/

Parker, O. (2019, May 2). *Bangladeshi farmers switch veg for First Bank Accounts: Advertising.* Campaign Asia. https://www.campaignasia. com/article/bangladeshi-farmers-switch-veg-for-first-bank-accounts/451438

Partanna. (n.d.) *Carbon negative concrete.* https://www.partanna.com/

Participedia. (n.d.) *I paid a bribe: Participatory website to combat corruption in India.* https://participedia.net/case/5579

Paymentgenes. (n.d.) *How NuBank became the world's largest neobank.* https://www.paymentgenes.com/all-about-payments-videos/how- nubank-became-the-worlds-largest-neobank

Peixoto, T. (2012, September 14). *I paid a bribe. so what? DemocracySpot.* https://democracyspot.net/2012/09/14/i-paid-a-bribe-so-what/

Peratello, G. (2023, March 6). What is Nubank? Wise. https://wise.com/us/blog/what-is-nubank

Perishable News. (2022, November 17). *Online Supermarket Jüsto Partners with SAVRpak to Deliver Longer-lasting Berries Straight to Consumer Doors.* https://www.perishablenews.com/produce/online-supermarket-justo-partners-with-savrpak-to-deliver-longer-lasting- berries-straight-to-consumer-doors/

Peters, A. (2017, April 10) T*his app helps refugees get bank accounts by giving them a digital identity. Fast Company.* https://www.fastcompany.com/40403583/this-app-helps-refugees-get-bank-accounts-by-giving-them-a-digital-identity

Peters, A. (2020, July 13). *This free tool helps brans caculate the carbon footprints of their products.* Fast Company. https://www.fastcompany.com/90527151/this-free-tool-helps-brands-calculate-the-carbon-footprints-of-their-products

Peters, A. (2022, July 6). *This biodegradable shoe doesn't need stitching because it pops out of a mold.* Fast Company. https://www.fastcompany.com/90766593/this-biodegradable-shoe-doesnt-need-stitching-because-it-pops-out-of-a-mold

PFO tech. (2013, April 4). *PFO are proud to announce their participation in the Natalia Project by Civil Rights Defenders.* https://news.cision.com/pfo-tech-ab/r/pfo-are-proud-to-announce-their-participation-in-the-natalia-project-by-civil-rights-defenders,c9427287

Phillips, B. (2016, July 21). 荷蘭霧霾淨化塔即將在中國開 啟戰霾之旅 . The New York Times. https://cn.nytimes.com/china/20160721/a-23-foot-tall-air-purifier-gets-a-tryout-in-smoggy-beijing/zh-hant/

Pickles, C. (2021, April 15). *The story behind the small Yorkshire Gardening Group with Worldwide Roots.* YorkshireLive. https://www.examinerlive.co.uk/news/local-news/incredible-edible-story-behind-

calderdale-20353304? int_source=amp_continue_reading&int_medium=amp&int_campaign=continue_reading_button#amp-readmore-target

Pointing, C. (2020, December 15). *Volvo has built a living seawall to protect Marine Life.* LIVEKINDLY. https://www.livekindly.com/volvo- living-seawall-protect-marine-life/

Pollution Solutions Online. (n.d.) *Air Pollution Solutions: What is the Smog Free Project.* https://www.pollutionsolutions-online.com/news/air-clean-up/16/breaking-news/air-pollution-solutions-what-is-the-smog-free-project/47775

Popular Mechanics. (2018, February 15). *Wave-powered water pumps could become a new source of clean energy.* https://www.popularmechanics.com/science/green-tech/news/a28767/water-pumps-driven-wave-energy-clean-energy/

Positive News. (2023, July 13). *The label you touch to know if your food's gone bad - and the woman pioneering it.* https://www.positive.news/society/the-label-you-touch-to-know-if-your-foods-gone-bad-and-the-woman-pioneering-it/

PositiveBlockchain. (n.d.) *Taqanu.* https://positiveblockchain.io/database/taqanu

PPAPER. (2021, June 13). 倫敦永續品牌 notpla：安心吃下會消失的包裝 . https://www.ppaper.net/page/1613

Press Trust of India. (2022, December 29). *Innovative biogas technology from Sistema. bio gets MNRE, Govt of India approval.* https://www. ptinews.com/pti/innovative-biogas-technology-from-sistema-bio-gets-mnre-govt-of-india-approval/59227.html

Pristine. (2023, April 26). *Palau pledge.* https://pristineparadisepalau.com/palau-pledge/

Public Health. (n.d.) *Guidance - MDCG endorsed documents and other guidance.* https://health.ec.europa.eu/medical-devices-sector/new- regulations/guidance-mdcg-endorsed-documents-and-other-guidance_en

Purwar, K. (2023, June 5). *Elsa Marie D'Silva: The woman who broke the silence around sexual harassment with SafeCity app.* HerZindagi English. https://www.herzindagi.com/inspiration/elsa-marie-dsilva-safecityapp-breaking-silence-around-sexual-harassment-article-231497

PYMNTS. (2019, October 7). Developing ethical chocolate via blockchain-based cocoa bean tracking. https://www.pymnts. com/news/retail/2019/ethical-chocolate-via-blockchain-tracking/

QMUCL. (2022, March 10). *The Electronic Personal Health and record system for migrants and refugees in Europe.* https://www.qmul.ac. uk/wiph/news/latest-news/items/the-electronic-personal-health-and-record-system-for-migrants-and-refugees-in-europe.html

Radarr Africa (2022, August 10). *Kenya's M-Pesa Mobile Money Service offset against the risk of non-payment.* https://radarr.africa/kenyas- m-pesa-mobile-money-service-offset-against-the-risk-of-non-payment/

Radiofrance. (2017, May 17). *Une application danoise permet aux réfugiés de retrouver leurs proches.* https://www.radiofrance. fr/franceinter/podcasts/l-esprit-d-initiative/une-application-danoise-permet-aux-refugies-de-retrouver-leurs-proches-1947298

Raj, A. (2023, April 19). *What is liquid tree and how does it work? know all facts about it.* News9live. https://www.news9live. com/knowledge/liquid-tree-know-about-a-better-solution-for-deteriorating-air-quality-au1321-2110330

Raj, R. (2023, March 24). *Liquid tree: Is this the ultimate solution to air pollution.* NewsBytes. https://www.newsbytesapp. com/news/lifestyle/science-s-solution-to-air-pollution-the-revolutionary-liquid-tree/story

Rasmussen, D. (2019, May 15). *South African reserve protecting rhinos by infusing horns with toxins, dyes.* CTVNews. https://www.ctvnews. ca/sci-tech/south-african-reserve-protecting-rhinos-by-infusing-horns-with-toxins-dyes-1.4423695?utm_campaign=trueAnthem%3A%2BTrending%2BContent&utm_content=5cdca82ddf42390001127a61&utm_medium=trueAnthem&utm_source=twitter

Rawlinson, R. (2023, July 18). *Caribbean carbon-negative concrete set for Saudi projects.* AGBI. https://www.agbi.com/articles/partanna- caribbean-carbon-negative-concrete-set-for-saudi-projects/

Reconome. (2022, July 7). *Ecovative design: Meet the start-up that's betting big on Mushrooms.* https://recono.me/ecovative-design-meet-the-start-up/

Red Dot. (2023, August 3). *The humanium metal initiative.* https://www.red-dot.org/project/the-humanium-metal-initiative-16831-16828

Red Havas Australia. (2023, February 20). The palau pledge. https://redhavas.com.au/portfolio/palau-pledge/

REEF DESIGN LAB. (n.d.). *Living seawalls.* https://www.reefdesignlab.com/living-seawalls

RELX SDG Resource Centre. (2023, January 26). *Purpose & Profit: How Tony's chocolonely is transforming the cocoa industry to address the risk of child labor in the supply chain.* https://sdgresources.relx.com/features/purpose-profit-how-tonys-chocolonely-transforming-cocoa- industry-address-risk-child-labor

RESOLVE. (n.d.) *Trailguard.* https://www.resolve. ngo/trailguard.htm

RI Global. (n.d.) *Huawei's new AI app enriches story time for deaf children.* https://www. riglobal.org/huaweis-new-ai-app-enriches-story- time-for-deaf-children/

Rights CoLab. (n.d.) *Symplifica.* https://rightscolab.org/case_study/symplifica/

Rincon, S. (2020, February 20). *Symplifica: la app para la gestión de las empleadas del hogar.* Forbes Mexico. https://www.forbes.com. mx/symplifica-la-app-para-la-gestion-de-las-empleadas-del-hogar/

Roxby, P. (2015, May 17). *Why an iron fish can make you stronger.* BBC News. https://www. bbc.com/news/health-32749629

Russell, M. (2023, January 5). *Ecovative acquisition to boost Leather Alternative Production.* Just Style. https://www.just-style. com/news/ecovative-acquisition-to-boost-leather-alternative-production/

S+T+ARTS PRIZE. (n.d.) *Code of conscience.* https://starts-prize.aec.at/en/code-of-conscience/

SafeCity. (n.d.) *SafeCity*. https://webapp.safecity. in/view-data

Salian, N. (2023, June 6). *Saudi's RSG, Partanna to promote use of sustainable concrete*. Gulf Business. https://gulfbusiness.com/ rsg- partanna-project-for-carbon-negative-concrete/

Salinas, S. (2018, January 9). *Headphone maker Yevo will start making pricey earbuds with metal from illegal guns, for a good cause*. CNBC. https://www.cnbc.com/2018/01/09/ yevo-wireless-headphones-will-soon-feature-metal-from-illegal-firearms.html

Sam, C. (2019, April 30). **【人道金製錶】time for peace 從非法軍火到腕錶**. 明周文化. https://www.mpweekly.com/ culture/%e6%99%82% e5%b0%9a/ humanium-metal-triwa-watch-76755/

Sanchez, R. (2019, November 12). *Echale a Tu Casa Crece a la par de proyectos sostenibles*. Inmobiliare. https://inmobiliare.com/echale-a-tu- casa-crece-a-la-par-de-proyectos-sostenibles/

Sandia Labs. (n.d.) *New Mexico firm uses motion of the ocean to bring fresh water to coastal communities*. EurekAlert. https://www. eurekalert.org/news-releases/509805

Sandia National Laboratories. (n.d.) *New Mexico firm uses motion of the ocean to bring fresh water to coastal communities*. https://newsreleases.sandia.gov/atmocean_ nmsba/

Sandigliano, T. (2021, May 6). *WATERLIGHT, the light powered by water (or urine)*. WeVux. https://wevux.com/waterlight0066221/

Saundalkar, J. (2023, January 9). *Is Partanna's cement alternative the key to carbon negative projects?* Middle East Construction News. https://meconstructionnews. com/56074/is-partannas-cement-alternative-the-key-to-carbon-negative-projects

Savage, S. (2022, August 1). *A new circular economy example: Closing the loop for poop*. Forbes. https://www.forbes. com/sites/ stevensavage/2022/07/28/a-new-circular-economy-example-closing-the-loop-for-poop/?sh=52123bb42b91

SAVRpak. (2022, May 24). *Savrpak launches world's first moisture control technology that can triple shelf-life of berries, leafy greens and cucumbers. CISION*. https://www.prnewswire.com/news-releases/savrpak-launches-worlds-first-moisture-control-technology-that-can-triple-shelf-life-of-berries-leafy-greens-and-cucumbers-301554412.html

SAVRpak. (2023, March 2). *Delivery solutions*. https://savrpak.com/delivery-solutions/

Schatz, R. (2016, January 8). *How a social entrepreneur overcame his "arrogant failure" and won kudos from Oprah*. Forbes. https://www. forbes.com/sites/ robindschatz/2015/10/18/how-a-social-entrepreneur-overcame-his-arrogant-failure-and-won-kudos-from-oprah/? sh=4f5828632044

Schneider, K. (2021, August 5). *The roots of David Milarch, archangel ancient tree saver*. MyNorth. https://mynorth.com/2021/03/the-roots- of-david-milarch-archangel-ancient-tree-saver/

Schultz, C.(2013, April 23). *Can cloning giant redwoods save the planet?* Smithsonian Magazine. https://www.smithsonianmag. com/smart- news/can-cloning-giant-redwoods-save-the-planet-39322304/

SDG Action Awards. (n.d.) *Safecity: Crowdmap for sexual violence?* https://sdgactionawards. org/safecity-crowdmap-for-sexual-violence/

SDG Knowledge Hub. (n.d.). *Economist Group joins partnership that uses advertising funds to support conservation: News: SDG knowledge hub: IISD*. https://sdg.iisd.org/ news/economist-group-joins-partnership-that-uses-advertising-funds-to-support-conservation/

SeafoodSource. (2023, March 15). *Forever Oceans making steady progress as it develops markets for its offshore-farmed seriola*. https://www. seafoodsource.com/news/ aquaculture/forever-oceans-making-steady-progress-as-it-develops-markets-for-its-offshore-farmed-seriola

SEED. (n.d.) *Ecopost*. https://seed.uno/enterprise-profiles/ecopost

Selim, L. (2019, December 10). **出生登記及其重要性**. 聯合國兒童基金會. https://www.unicef. org/zh/%E6%95%85%E4%BA%8B/%E5%

87%BA%E7%94%9F%E7%99%BB%E8%AE%
B0%E5%8F%8A%E5%85%B6%E9%87%8D%E
8%A6%81%E6%80%A7

Semana. (2021, January 23). *Dos plataformas que le ayudan a pagar la prima del servicio doméstico.* https://www.semana.com/trabajo-y- educacion/articulo/symplifica-y-apporta-las-plataforma-que-le-ayudan-a-pagar-la-prima-del-servicio-domestico/79800/

Shapiro, E. (2021, April 27). *Gro intelligence is one of the 2021 TIME100 most influential companies.* Time. https://time. com/collection/time100-companies/5950007/gro-intelligence/

Shapiro, E. (2021, February 21). *Gro intelligence CEO on how Save Climate and Food Supply.* Time. https://time.com/5940733/climate-change-gro-intelligence-ceo-sara-menker/

ShareAmerica. (2022, December 8). 美國公司在孟加拉提供清潔用水 . https://share.america.gov/zh-hans/us-company-delivers-clean-water-bangladesh/

Sharma, A. (2023, February 4). *Sustainable & Ethical humanium metal.* Agood company. https://www.agood.com/blogs/our-materials/humanium-metal

Shaun Chng. (2022, November 26). *Enabling village lengkok bahru.* https://www.shaunchng.com/places/enabling-village-lengkok-bahru

Sherwood, I.(2019, June 21). *"The Lion's share," a scalable fund to protect animals, wins Sustainable Development Goals Grand Prix at Cannes Lions.* Ad Age. https://adage.com/article/special-report-cannes-lions/lions-share-scalable-fund-protect-animals-wins-sustainable- development-goals-grand-prix-cannes-lions/2179546

Shultz, D. (2022, November 21). *Savrpak is set to keep fries and berries fresh with moisture absorbing pads.* dot. LA. https://dot.la/savrpak- fries-berries-moisture-absorb-2657906766.html?utm_campaign=post-teaser&utm_content=64d4y52v

Simon Haenni, G. (2023, April 19). *Traditions that harm children: What should be done?* Globaldev Blog. https://globaldev.blog/traditions- harm-children-what-should-be-done/

Simplifyber. (2022, July 6). *Simplifyber secures $3.5m seed investment to reinvent how clothing is made, with sustainable, Advanced Manufacturing.* CISION. https://www.prnewswire.com/news-releases/simplifyber-secures-3-5m-seed-investment-to-reinvent-how-clothing-is-made-with-sustainable-advanced-manufacturing-301581170.html

Simpson, C. (2021, August 17). *Northern Michigan tree archive restoring old growth forests nationally.* MyNorth. https://mynorth.com/2021/04/archangel-tree-archive-restoring-old-growth-forests-nationally/

Sistema.bio. (2021, September 30). *SDGs & sistema.bio.* https://sistema.bio/sistema-bio-sdgs/

SITA. (n.d.) *SITA Optiflight.* https://www.sita.aero/solutions/sita-for-aircraft/digital-day-of-operations/optiflight/

SMART. (n.d.) *Smart Technology transforms conservation at over 1,000 of the world's most important biodiversity sites.* https://smartconservationtools.org/News/All-Articles/ID/4/SMART-technology-transforms-conservation-at-over-1000-of-the-worlds-most- important-biodiversity-sites#.YTeBohJ6WKs.facebook

Smedley, T. (2022, February 24). *How to drink from the enormous lakes in the Air.* BBC Future. https://www.bbc. com/future/article/20180821-climate-change-may-force-us-to-conjure-water-from-thin-air

Snow, S. (2020, May 10). *What life-saving mothers teach us about how to lead through Hard Times.* Forbes. https://www.forbes. com/sites/shanesnow/2020/05/10/what-life-saving-mothers-teach-us-about-how-to-lead-through-hard-times/?sh=29318c664ebf

Social Life. (n.d.). *Green growth: The incredible edible effect.* http://www.social-life.co/blog/post/green-growth-the-incredible-edible-effect/

SOFII. (2014, February 12). *Civil Rights Defenders: the Natalia Project, the first assault alarm to protect defenders of human rights.*

https://sofii.org/case-study/civil-rights-defenders-the-natalia-project-the-first-assault-alarm-to-protect-defenders-of-human-rights

SOHU. (2019, March 11). 最有溫度的嬰兒產品：設計思維讓世界更美好. https://www.sohu.com/a/300553649_99901182

SOHU. (2020, November 10). 支持氣候行動的新碳足跡計算器 —聯合國. https://www.sohu.com/a/430938182_120060669

Solar Impulse (n.d.) Mimica - Efficient Solution. https://solarimpulse.com/solutions-explorer/mimica

Solar Impulse. (n.d.) *OptiFlight - Efficient Solution.* https://solarimpulse.com/solutions-explorer/optiflight

Somaiya, S. (2023, March 3). *Humanium metal accentuates the duality of jewelry through repurposed firearms.* Industrie Africa. https://industrieafrica.com/blogs/imprint/spotlight-humanium-metal-accentuates-the-duality-of-jewelry-through-repurposed-firearms-arild-links- triwa

Soros Economic Development Fund. (n.d.) *Symplifica.* https://www.soroseconomicdevelopmentfund.org/investments/symplifica

Sostav. (n.d.) *Канны — это спорт, к нему нужно готовиться: авторы KOSHOGO подробно рассказали о проекте и о специфике его создания.* https://www.sostav.ru/publication/koshogo-37789.html

Spikes Asia 2023. (n.d.) *NAMING THE INVISIBLE BY DIGITAL BIRTH REGISTRATION.* https://www2.spikes.asia/winners/2021/media/entry.cfm?entryid=305&award=99&order=0&direction=1

Spikes Asia 2023. (n.d.) *UCB AGROBANKING.* https://www2.spikes.asia/winners/2019/direct/

Spikes Asia 2023.(n.d.) *THE OPEN DOOR PROJECT.* https://www2.spikes.asia/winners/2019/promo/

Springwise. (2022, February 17). *Highly efficient "liquid trees" clean urban air.* https://www.springwise.com/innovation/sustainability/a-liquid-tree-for-urban-areas/

SSASS. (n.d.) *Trailguard ai.* https://www.ssass.co.za/trailguard-ai

Stachel. (n.d.) *We Care Solar Suitcase.* World Health Organization. https://innov.afro.who.int/page/59-we-care-solar-suitcase

Staff, F. (2020, March 4). *30 promesas 2020: El Departamento de Recursos Humanos de los hogares.* Forbes Colombia. https://forbes. co/2020/03/05/30-promesas-2020/30-promesas-2020-symplifica

Staines, M. (2019, April 5). *An Post launches Europe's first fixed address service for the homeless.* Newstalk. https://www.newstalk. com/news/an-post-fixed-address-homeless-845135

Storm. (2019, May 16). 沒有需求就沒有傷害！非洲保育專家出奇招防盜獵犀牛 ——在犀牛角注射有毒染料. https://www.storm. mg/lifestyle/1290818

Studio roosegaarde. (n.d.) *Smog free tower: Smog free project.* https://www.studioroosegaarde.net/project/smog-free-tower

Sustainable Brands. (2013, November 7). *Gravitylight: A people- and planet-friendly bright spot for many without electricity.* https://sustainablebrands.com/read/product-service-design-innovation/gravitylight-a-people-and-planet-friendly-bright-spot-for-many-without-electricity

Sustainable Brands. (2020, July 28). *Doconomy's 2030 calculator democratizes product carbon footprint labeling.* https://sustainablebrands.com/read/new-metrics/doconomy-s-2030-calculator-democratizes-product-carbon-footprint-labeling

Sustainable. (n.d.) *Nature represented.* https://www.sustainablygrey.com/nature-represented

Sustainablygrey. (n.d.) *The unforgettable bag.* https://www.sustainablygrey.com/the-unforgettable-bag

Symplifica. (n.d.) *Formaliza a Tus emplead@s del Hogar.* https://www.symplifica.com/

Taganu. (n.d.) *Digital Trust.* https://taqanu.com/digital_trust_program.html

Tapio. (n.d.) *Carbon Management Solutions.* https://www.tapioview.com/reduction/680/

Taylor, M. (2018, April 3). *With "unforgettable" bag, Malaysian shoppers paid to cut plastic waste.* Reuters. https://www.reuters.

com/article/us-asia-environment-plastic-idUSKCN1HA28K

Tech Nation. (n.d.) *Gapsquare*. https://technation. io/creating-a-smarter-future/enterprise-tech/gapsquare/

TechRound. (2021, July 27). *The wage gap: The tech turning brands' inclusivity hopes into reality.* https://techround.co.uk/news/gapsquare/

Tele2. (n.d.) *Connecting Human Rights Defenders.* https://www.tele2.com/sustainability/information-for-sustainability-professionals/privacy- and-integrity/connecting-human-rights-defenders/

Telenor Pakistan. (2019, January 2). *Digital Birth Registration.* https://www.telenor.com.pk/digital-birth-registration/

The Drum. (2017, December 8). *Palau legacy project: Palau pledge by host/Havas.* https://www.thedrum.com/creative- works/project/hosthavas-palau-legacy-project-palau-pledge

The Drum. (2019, May 21). *Samsung: Back to life by Cheil Worldwide.* https://www.thedrum.com/creative-works/project/cheil-worldwide- samsung-back-life

The Ecologist. (2017, November 17). *Incredible edible todmorden.* https://theecologist.org/2014/jan/01/incredible-edible-todmorden

The Economic Times. (n.d.) *Safecity founder & CEO- Elsa Marie D'Silva discusses women safety and why it's the need of the hour.* https://economictimes.indiatimes.com/safecity-founder-ceo-elsa-marie-dsilva-discusses-women-safety-and-why-its-the-need-of-the-hour/tomorrowmakersshow/61359394.cms

The Economic Times. (n.d.) *Unforgettable bag: Tesco's idea of fighting plastic pollution in Malaysia.* https://economictimes.indiatimes. com/news/international/business/unforgettable-bag-tescos-idea-of-fighting-plastic-pollution-in-malaysia/articleshow/63625642.cms

The FWA. (n.d.) *Insights... to the last tree standing.* https://thefwa.com/article/insights-to-the-last-tree-standing

The Good Startup. (n.d.) *Can mushrooms from this company reduce two of the planet's biggest threats?* https://www.thegoodstartup. com/post/can-mushrooms-from-this-company-reduce-two-of-the-planets-biggest-threats

The Guardian. (2012, December 14). *Gravitylight: The low-cost lamp powered by sand and gravity.* https://www.theguardian. com/artanddesign/architecture-design-blog/2012/dec/14/gravity-light-sand-powered-lamp

The Guardian. (2014, April 4). *Incredible edible: Reinvigorating the high street through gardening.* https://www.theguardian. com/lifeandstyle/2014/apr/04/incredible-edible-high-street-gardening

The Guardian. (2015, November 17). *Palau protects marine wealth to pay for its future.* https://www.theguardian. com/environment/2015/nov/17/palau-protects-marine-wealth-to-pay-for-its-future

The Guardian. (2015, November 17). *Palau protects marine wealth to pay for its future.* https://www.theguardian. com/environment/2015/nov/17/palau-protects-marine-wealth-to-pay-for-its-future

The Guardian. (2015, September 19). *World's first smog filtering tower goes on tour.* https://www.theguardian.com/sustainable-business/2015/sep/19/worlds-first-smog-filtering-tower-on-tour-daan-roosegaarde-air-pollution

The Guardian. (2019, March 30). *"More plastic than fish": Greek fishermen battle to clean a cruel sea.* https://www.theguardian. com/environment/2019/mar/30/plastics-waste-sea-greek-fishermen-recycling

The Guardian. (2022, May 1). *Killing us softly every day: Why the UK must wise up on air quality.* https://www.theguardian. com/commentisfree/2022/may/01/killing-us-softly-every-day-why-the-uk-must-wise-up-on-air-quality

The Guardian. (n.d.) . *'Explore lightly': Palau makes all visitors sign pledge to respect environment.* https://amp.theguardian.com/world/2017/dec/15/explore-lightly-palau-makes-all-visitors-sign-pledge-to-respect-environment

The Guardian. (n.d.) *Incredible Edible: Yorkshire town's food-growing scheme takes root worldwide.* https://amp.theguardian. com/world/2018/may/09/incredible-edible-

341

yorkshire-towns-food-growing-scheme-takes-root-worldwide

The Guardian. (n.d.). *Explore lightly palau makes all vistors sign pledge to respect enivronment.* https://amp.theguardian. com/world/2017/dec/15/explore-lightly-palau-makes-all-visitors-sign-pledge-to-respect-environment

The Helm. (2023, March 29). *Simplifyber.* https://thehelm.co/invest/our-portfolio/simplifyber/

The index project. (n.d.) *Awa.* https://theindexproject.org/award/nominees/7113

The index project. (n.d.) *Code of conscience.* https://theindexproject.org/award/nominees/7504

The index project. (n.d.) *Impact Stories: Refunite.* https://theindexproject.org/post/impact-stories-refunite

The index project. (n.d.) *Liquid3.* https://theindexproject.org/award/nominees/7109

The index project. (n.d.) *Mimica touch.* https://theindexproject.org/post/mimica-touch

The index project. (n.d.) *Optim energy.* https://theindexproject.org/award/nominees/7115

The index project. (n.d.) *Sehat Kahani.* https://theindexproject.org/post/sehat-kahani

The index project. (n.d.) Simplifyber. https://theindexproject.org/award/nominees/7421

The index project. (n.d.) *Snap Pack.* https://theindexproject.org/award/nominees/3155

The Index Project. (n.d.) *The Uncensored Library.* https://theindexproject.org/post/the-uncensored-library

The index project. (n.d.) *Wakati.* https://theindexproject.org/award/nominees/162

The index project. (n.d.) *Living seawall.* https://theindexproject.org/award/nominees/3480

The Irish Sun. (2019, April 5). *An Post launches free postal address and collection service for homeless people.* https://www.thesun. ie/news/3950591/an-post-address-point-homeless-people/amp/

The Reputations Agency. (n.d.) *An Post.* https://thereputationsagency.ie/work/an-post-address-point

The Uncensored Library. (n.d.) The Uncensored Library. https://uncensoredlibrary.com/en

Thelwell, K. (2019, December 30). *Refunite: Reuniting displaced refugees with their families.* The Borgen Project. https://borgenproject. org/reuniting-displaced-refugees/

Thompson, F. (2019, July 12). *An post's "address point" has secured addresses for 10% of Ireland's homeless.* LBBOnline. https://www.lbbonline.com/news/an-posts-address-point-has-secured-addresses-for-10-of-irelands-homeless

Thomson Reuters. (2020, September 4). *Fact check: Rhino horns and elephant tusks are not being dyed bright pink to deter poaching.* https://www.reuters.com/article/uk-factcheck-rhino-elephant-pink-dye-poa-idUSKBN25V1Y1

Tim Devine. (2022, July 10). *Code of conscience.* https://www.timdevine.info/portfolio/code-of-conscience/

Time. (2021, November 10). *Savrpak: The 100 best inventions of 2021.* https://time.com/collection/best-inventions-2021/6112712/savrpak/ TL

Team.(2020, May 25). *Volvo is fighting plastic pollution with a "living seawall."* TRENDLAND. https://trendland.com/volvo-is-fighting- plastic-pollution-with-a-living-seawall/

TNN. (2019, November 27). *1 in 2 Indians paid a bribe in 2019.* Times of India. https://timesofindia.indiatimes.com/india/1-in-2-indians-paid- a-bribe-in-2019/articleshow/72257889.cms

TodayShow. (2022, May 19). *Tommy Hilfiger's clothing line offers more choices for people with MS and other disabilities.* https://www.today. com/health/health/tommy-hilfigers-adaptive-clothing-line-offers-ease-fashion-clothes-dis-rcna29616

Tony's Chocolonely. (2023, January 9). *Celebrating 10 years of measuring impact – and the results are in.* https://tonyschocolonely. com/int/en/our-story/news/celebrating-10-years-of-measuring-impact-and-the-results-are-in

Torontomu. (n.d.) *Carrot City - Incredible edible todmorden.* https://www.torontomu.ca/carrotcity/board_pages/city/IET.html

Travel PR News. (n.d.) *Sita Ewas pilot with OptiFlight deployed in Bombardier's newly launched Challenger 3500 Business Jet.* https://travelprnews.com/sita-ewas-pilot-with-optiflight-deployed-in-bombardiers-newly-launched-challenger-3500-business-jet-885855/travel- press-release/2021/09/17/amp/

TTR Weekly. (2020, September 22). *Sita makes flights more sustainable.* https://www.ttrweekly.com/site/2020/09/sita-makes-flights-more- sustainable/

Twilio Customer Stories. (n.d.) *Nubank is pioneering the new "digital-first" era of banking with Twilio.* https://customers.twilio.com/nubank/

UNDP. (2020, September 25). *Cartier joins the Lion's Share Fund to tackle Global nature crisis: United Nations Development Programme.* https://www.undp.org/press-releases/cartier-joins-lions-share-fund-tackle-global-nature-crisis

UNDP. (2021, September 9). *The first algae Air Purifier in Serbia: United Nations Development Programme.* https://www.undp. org/serbia/news/first-algae-air-purifier-serbia

UNDP. (2023, February 9). *UNDP and the ocean cleanup team up to tackle plastic pollution: United Nations Development Programme.* https://www.undp.org/press-releases/undp-and-ocean-cleanup-team-tackle-plastic-pollution

Unep. (n.d.) *Lefteris Arapakis.* https://www.unep.org/youngchampions/bio/2020/europe/lefteris-arapakis

UNESCO. (n.d.) Address pollution. https://www.unesco.org/en/articles/address-pollution

Unfccc. (n.d.) *New carbon footprint calclator to support climate action.* https://unfccc.int/news/new-carbon-footprint-calculator-to-support- climate-action

Unfoundation. (2018, August 27). *Local entrepreneurs leading the way on the sustainable development goals.*

https://unfoundation. org/blog/post/local-entrepreneurs-leading-the-way-on-the-sustainable-development-goals/?platform=hootsuite

Unfoundation. (2018, August 27). *Local entrepreneurs leading the way on the sustainable development goals.* https://unfoundation. org/blog/post/local-entrepreneurs-leading-the-way-on-the-sustainable-development-goals/?platform=hootsuite

UNFPA The Gambia. (2021, October 11). *Circumcisers drop their knives to abandon FGM in 25 communities.* https://gambia.unfpa. org/en/news/circumcisers-drop-their-knives-abandon-fgm-25-communities

UNICEF Indonesia. (2021, July 19). *Meet the "Pad man" breaking taboos and transforming lives in Papua.* https://www.unicef. org/indonesia/stories/meet-pad-man-breaking-taboos-and-transforming-lives-papua

United Nations. (2020, December 2). *SDG Good Practices-A compilation of success stories and lessons learned in SDG implementation* (First Edition).

United Nations. (2021, March 14). *SDG Good Practices- A compilation of success stories and lessons learned in SDG implementation* (Second Edition).

United Nations. (2022, August 1). *Bringing Data to Life? SDG human impact stories from across the globe.*

United Nations. (2022, July 7). *The Sustainable Development Goals Report 2022.*

United Nations. (2022, June 1). *The Sustainable Development Goals Progress Chart 2022.*

United Nations. (n.d) *"Ardi Ardak".* https://sdgs.un.org/partnerships/ardi-ardak

United Nations. (n.d.) *Ágata returns to school in Brazil during the pandemic.* https://www.un.org/en/coronavirus/%C3%A1gata-returns- school-brazil-during-pandemic

United Nations. (n.d.) *Consolidating Social and agricultural approaches with Advanced Nutrition.* https://sdgs.un. org/partnerships/consolidating-social-and-agricultural-approaches-advanced-nutrition

United Nations. (n.d.) *Ecoloo - Cleaner Water and Sustainable Sanitation for Greener*

and healthier future. https://sdgs.un. org/
partnerships/ecoloo-cleaner-water-and-
sustainable-sanitation-greener-and-
healthier-future

United Nations. (n.d.) *Light every birth.*
https://sdgs.un.org/partnerships/light-every-birth

United Nations. (n.d.) *Mediterranean cleanup
(MCU).* https://sdgs.un.org/partnerships/
mediterranean-cleanup-mcu United

Nations. (n.d.) *Optiflight.* https://sdgs.un.org/
partnerships/optiflight

United Nations. (n.d.) *Simplifyber.* https://sdgs.
un.org/partnerships/simplifyber

United Nations. (n.d.) *The electronic - personal
health record (e-PHR) to foster access
to health and integration of migrants.
contribution to sdgs 3, 8, 10 and 17.*
https://sdgs.un.org/partnerships/electronic-
personal-health-record-e-phr-foster-access-
health-and-integration- migrants

United Nations. (n.d.) *UNDP announces the
lion's share fund to tackle crisis in wildlife
conservation and Animal Welfare.*
https://www.un. org/sustainabledevelopment/
blog/2018/06/undp-announces-the-lions-
share-fund-to-tackle-crisis-in-wildlife-
conservation-and-animal- welfare/

Unreasonable Group. (n.d.) *ECOPOST - an
unreasonable company.*
https://unreasonablegroup.com/ventures/
ecopost

Uplink. (n.d.) *ECOLOO Group: ECOLOO:
The Sustainable Toilet Revolution that
Saves Water and Environment!* https://
uplink.weforum. org/uplink/s/uplink-
contribution/a012o00001pTxjqAAC/ecoloo-
the-sustainable-toilet-revolution-that-saves-
water-and-environment

Uplink. (n.d.). *Plant a Million Corals Foundation.*
https://uplink.weforum.org/uplink/s/uplink-
contribution/a012o000001OSkNFAA1/Plant%
20a%20Million%20Corals%E2%9C%AA

Us18.campaign. (n.d.) *AddressPollution.org
relaunches with New Data & Rating System.*
https://us18.campaignarchive.com/? u=025d
4dd0e68c19e8d7c022317&id=2ce5d1472c

V+L. (n.d.) *Ford: Accessibility Mat.* https://vinny-
lucas.com/FORD-accessibility-mat

Vargas, N. (2023, February 17). *Symplifica lanza*

*aplicación para las empleadas domésticas y
niñeras de Colombia.* La Republica.
https://www. larepublica.co/empresas/
symplifica-lanza-aplicacion-para-las-
empleadas-domesticas-y-nineras-de-
colombia-3548990

Vegconomist. (2022, September 14). *Simplifyber:
"we are fundamentally changing the entire
process of making shoes and clothes".*
https://vegconomist.com/interviews/
simplifyber-we-are-fundamentally-
changing-the-entire-process-of-making-
shoes-and-clothes/

VentureWell. (2021, May 5). *Ecovative: Building
materials from nature for sustainable design.*
https://venturewell.org/ecovative-design-
video/

Vergara, C. (2021, Jun 22). *Mother Blanket: La
campaña de Ogilvy Colombia que brilló con
dos Leones de oro y uno de plata .*PRODU.
https://www.produ.com/noticias/otro-oro-
para-ogilvy-colombia-con-mother-blanket

Villafranco, G. (2014, January 9). *Las Casas Que
Revolucionaron Al Emprendimiento.* Forbes
Mexico. https://www.forbes.com.mx/tener-
una- vivienda-digna-es-posible-echale-tu-
casa-lo-demuestra/

Vincent, J. (2019, January 3). *AI-equipped cameras
will help spot wildlife poachers before
they can kill.* The Verge. https://www.
theverge. com/2019/1/3/18166769/ai-cameras-
conservation-africa-resolve-intel-elephants-
serengeti

Vizard, S. (2020, January 28). *How Huawei helped
deaf children learn to read.* Marketing Week.
https://www.marketingweek.com/huawei-
storysign-app/

Volvo Car Australia. (n.d.). *Living Seawall - An
Ocean Conservation Project.* https://www.
volvocars.com/au/l/living-seawall/

WARC. (2022, October 23). *How carrefour beat
the "big bad wolf" syndrome.* https://www.
warc.com/newsandopinion/news/how-
carrefour-beat-the-big-bad-wolf-syndrome/
en-gb/44251

Wardlow, T. (2014, August 21). *Altering the horn,
saving the Rhino.* The Dodo. https://www.
thedodo.com/altering-the-horn-to-save-the--
683699363.html

Warren, L. (2021, March 29). *Tommy Hilfiger*

adaptive offers spring styles for differently abled shoppers. Sourcing Journal. https://sourcingjournal.com/denim/ denim-brands/tommy-hilfiger-adaptive-disabilities-modifications-velcro-inclusivity-nike-270291/

Webb, J. (2015, August 16). *Bug-killing book Pages clean murky drinking water.* BBC News. https://www.bbc.com/news/science-environment-33954763

Webcore. (2023, February 7). *Code of Conscience - Webcore Interactive: We bring digital experiences to life.* https://webcore. digital/ en/case/code-of-conscience/

Weiss, S. (2023, May 4). *The harmful side effect of cleaning up the Ocean.* WIRED UK. https://www.wired.co.uk/article/ocean-cleanup- habitat-destruction

Well+Good. (2022, October 11). *8 accessible fall style essentials for people with disabilities from Tommy Hilfiger's adaptive line.* https://www. wellandgood.com/adaptive-clothing-tommy-hilfiger/

Wells, P. (2019, March 14). *GRO intelligence looks to reap rewards from crop data.* Financial Times. https://www.ft.com/content/ e6530830- 2b9f-11e9-9222-7024d72222bc

Westmeath Independent. (2019, April 12). *An Post launches postal address for homeless people.* https://www.westmeathindependent. ie/2019/04/12/an-post-launches-postal-address-for-homeless-people/

WG. (n.d.) *Volvo - living seawall.* https://whitegrey. com.au/case-studies/living-seawall/

Wikimedia. (2009, March 23). 聯合國人 類環境宣言 （1972 年斯德哥爾摩宣 言 . https://zh.wikisource.org/zh-hant/%E8%81%94%E5%90% 88%E5%9B%BD %E4%BA%BA%E7%B1%BB%E7%8E%AF%E 5%A2%83%E5%AE%A3%E8%A8%80%EF%B C%881972%E5%B9%B4%E6%96%AF%E5%B E%B7%E5%93%A5%E5%B0%94%E6%91%A9 %E5%AE%A3%E8%A8%80%EF%BC%89

Wikimedia.(2023, July 6). *Brundtland Commission.* https://en.wikipedia.org/wiki/Brundtland_ Commission

Wilson, G. (2023, June 4). *The future of carbon negative concrete in Saudi Arabia.*

Construction Digital. https://constructiondigital. com/articles/ the-future-of-carbon-negative-concrete-in-saudi-arabia

Wolf, M. (2023, March 15). *Are deep sea fish farms the future of aquaculture? Forever Oceans thinks so.* The Spoon. https://thespoon. tech/are-deep-sea-fish-farms-the-future-of-aquaculture-forever-oceans-think-so/

WomenMobilizeWomen. (1968, January 1). *Keeping women safe with Elsa Marie D'Silva.* https://womenmobilize.org/keeping-women-safe- with-elsa-marie-dsilva/

Wong, H. (2021, January 12). *Could a smarter expiration label combat the Food Waste Crisis?* Design Week. https://www.designweek.co. uk/issues/11-17-january-2021/mimica-touch/

Woodyatt, A. (2020, March 13). *Minecraft hosts uncensored library full of banned journalism.* CNN business. https://edition.cnn. com/2020/03/13/tech/minecraft-uncensored-library-scli-intl/index.html

World Bio Market Insights. (2022, January 6). *A liquid tree? scientists in Serbia make incredible innovation.* https://worldbiomarketinsights. com/ a-liquid-tree-scientists-in-serbia-make-incredible-innovation/

World Economic Forum. (n.d.) *How solving air pollution can boost Indian economy and saves lives.* https://www.weforum. org/agenda/2021/06/air-pollution-india-economy-business/

World Economic Forum. (n.d.) *Refugees United (REFUNITE).* https://www.weforum.org/ organizations/refugees-united-refunite

World Pumps. (n.d.) *Atmocean brings its wave-energy ocean pumps to Copenhagen.* https://www.worldpumps. com/content/ news/atmocean-brings-its-wave-energy-ocean-pumps-to-copenhagen/

Worrell, T. (2023, March 8). *This mind-blowing new technology sucks pollution out of the air and turns it into jewelry: "improve daily life in urban environments." The Cool Down.* https://www.thecooldown.com/green-tech/smog-free-tower-air-pollution-engagement-rings/

WowAfrica. (2015, December 25). 非洲公益／一本 濾紙做成的 「淨水書」，給一個人四年乾淨的

飲用水 . 公益交流站 . https://npost. tw/archiv es/22278#:~:text=%E6%B7%A8%E6%B0%B4 %E6%9B%B8%E8%A3%A1%E5%8F%96%E5 %87%BA%E7%9A%84%E6%AF%8F,%E8%BF %914%E5%B9%B4%E7%9A%84%E9%A3%B2 %E7%94%A8%E6%B0%B4%E3%80%82

WowAfrica. (2017, April 19). 別笑！這是一本傳遞健 康的「淨水書」. i 創科技 . https://itritech.itri. org.tw/blog/drinkable-book-water-is-life/

WPP. (n.d.) *Accessibility Mat.* https://sites.wpp. com/wppedcream/2019/advertising/promo_ and_activation/accessibility-mat/

WPP. (n.d.) *Nature represented.* https://sites.wpp. com/wppedcream/2018/public-relations- public-affairs/business-to-business/nature- represented

WPP. (n.d.) *Ogilvy: Telenor Pakistan's naming the invisible by digital birth registration.* https://www.wpp. com/featured/ work/2021/06/ogilvy-telenor-pakistans- naming-the-invisible-by-digital-birth- registration

WPP. (n.d.) *StorySign.* https://sites.wpp. com/wppedcream/2019/media/ storysign?c=9938e8fc-ae4f-45d3-bc78- 7ac2e14db8f2

WPP. (n.d.) The colour of corruption. https://sites. wpp.com/wppedcream/2017/digital/the- colour-of-corruption/

WPP. (n.d.) *The infection alert system.* https://sites.wpp.com/wppedcream/2019/ media/the-infection-alert-system

WPP. (n.d.) *The unforgettable bag: How do we turn something the world.* https://sites. wpp.com/wppedcream/2018/design-and- branding/retail_-_pos/the-unforgettable- bag-how-do-we-turn-something-the

WPP. (n.d.) *To the last tree standing.* https://sites. wpp.com/wppedcream/2018/advertising/ promo_and_activation/to-the-last-tree- standing

WPP. (n.d.) whiteGREY: Volvo's Living Seawall. https://www.wpp.com/en/featured/ work/2019/06/grey---volvo-living-seawall

WPP. (n.d.) *Wunderman Thompson New York: Tommy Hilfiger Tommy adaptive.* https://www.wpp. com/en/featured/

work/2019/05/possible---tommy-hilfiger- tommy-adaptive

Wunderman Thompson. (n.d.) *Address point.* https://www.wundermanthompson.com/ work/address-point

Wunderman Thompson. (n.d.) *The Clean Energy Revolution Is Here.* https://www. wundermanthompson.com/work/ waterlight

Yahoo! (n.d.) *The disabled community is the world's third-largest economic power.* https://finance.yahoo.com/news/disabled- community- world-third-largest-113005019. html

Yahoo! (n.d.) 世界最老最巨大樹木逾 7 千棵遭燒毀， 擬複製基因延續後代 . https://tw.news.yahoo. com/%E4%B8%96%E7%95%8C%E6% 9C%80 %E8%80%81%E6%9C%80%E5%B7%A8%E5 %A4%A7%E6%A8%B9%E6%9C%A8%E9%8 0%BE7%E5%8D%83%E6%A3%B5%E9%81% AD% E7%87%92%E6%AF%80-%E6%93%AC %E8%A4%87%E8%A3%BD%E5%9F%BA%E5 %9B%A0%E5%BB%B6%E7%BA%8C%E5%B E%8C%E4%BB%A3-043951812.html

Yahoo! (n.d.) 動保組織使用 AI 辨識鏡頭，守護非 洲動物不被盜獵 . https://tw.news.yahoo.co m/%E5%8B%95%E4%BF%9D%E7%B5%84% E7%B9%94%E4%BD%BF%E7%94%A8-ai- %E8%BE%A8%E8%AD%98%E9%9F%A1%E9 %A0%AD%EF%BC%8C%E5%AE%88%E8%A D%B7%E9% 9D%9E%E6%B4%B2%E5%8B%9 5%E7%89%A9%E8%B8%8D%E8%A2%AB%E7 %9B%9C%E7%8D%B5-230039971.html

Zhang, R. (2022). SDGs 與台灣教育場域實踐 . 全華圖書 .

ZSL. (n.d.) *Smart (Spatial Monitoring and Reporting Tool).* https://www.zsl.org/what- we-do/conservation/protecting-species/ monitoring- and-technology/smart-spatial- monitoring-and-reporting-tool

人人焦點 (n.d.) 創意包裝減塑，啤酒行業再行動 . https://ppfocus.com/0/fo32b2c7c.html

中央社 . (2022, July 11). 斯裡蘭卡為何經濟崩潰？盤 點原因與下一步 . https://www.cna.com.tw/ news/aopl/202207110149.aspx

公益時報網 . (2014, July 9). 設計，讓生活更美 好 . http://www.gongyishibao.com/html/ shehuichuangxin/6717.html

公益時報網 . (2021, December 16). 格莱珉银 行：消融阻碍贫困人口发挥自身价值的冰

山 . http://www.gongyishibao. com/html/qiyezixun/2021/12/19704.html

王子瑜 . (2015, July 19). 不冰也能保鮮？有別於傳統靠冷保鮮， Wakati 透過「熱和潮濕」，讓食物保鮮一整週 . 社企流 . https://www.seinsights.asia/article/3155

王茜穎 . (2022, Augest 24). 搶救沙拉大作戰，阿宅用火箭科技與熱力學打造爆紅的「食物尿布」. 環境資訊中心 . https://e-info.org.tw/node/234848

台灣世界展望會 . (2021, December 3). 面對氣候協定也救不了的環境，蒙古孩子的沉痛抗議：「我呼吸時肺會痛！」換日線 Crossing. https://crossing.cw.com.tw/article/15591

未來手帖 . (2020, Augest 7). 最適化商業的可能性 . https://tungjen.designband.org/%E6%9C%80%E9%81%A9%E5%8C%96%E5%95%86%E6%A5%AD%E7%9A%84%E5%8F%AF%E8%83%BD%E6%80%A7/

何日生 . (2021, December 28). 一間「只借窮人、不須抵押物」的銀行，如何賺錢？倡議家 . https://ubrand.udn. com/ubrand/amp/story/12117/5993641

吳旻樺 . (2022, December 29). 人稱「瘋狂白人農夫」，深耕非洲 17 年，喚醒上帝創造的「地下森林」. 基督教今日報 . https://cdn-news. org/News.aspx?EntityID=News&PK=0000000020b5191daca455772675794b8b6d927ead18d9f0

吳雁婷 . (2015, December 20). 世界上最遙遠的距離，是我們吃不完的食物進了垃圾桶，卻送不到那些需要的人手中 . 社企流 . https://www.seinsights.asia/article/3748

屈婧 . (2014, November 13). 潔淨能源公司匯集舊金山，希望改善世界 . 大紀元 . https://cn.epochtimes.com/b5/14/11/14/n4295467.htm

林于豪 . (2015, December 12). 當熱血市民碰上行動派市長，聯手促成西班牙第一個「共享冰箱」！ 社企流 . https://www.seinsights. asia/article/3793

林以涵 . (2012, June 18). 救早產兒的百元睡袋 . 社企流 . https://www.seinsights.asia/article/577

林以涵 . (2018, October 29). 全球首座為身障者設計的社區活動中心—新加坡 enabling village 以通用設計打造兼容環境 . 社企流 .https://www.seinsights.asia/article/5820

林珮芸 . (2015, November 16). 一個可以吃的小鎮 . 綠建築 . https://www.ta-mag.net/green/

News.php?id=789

社企流 . (2022, Decmber 23). 給居民一座健康生活城市—「液態樹」問世改善汙染，獲聯合國開發署最佳創新肯定 . 未來城市@天下 . https://futurecity. cw.com.tw/article/2898

社會創新平台 . (2021, December 9). 肯亞「獵豹世代」 ecopost 把綠色大地帶回非洲 . https://si.taiwan.gov. tw/Home/citizensSay/view/1068

金靖恩 . (2018, February 12). 從一份課堂作業到拯救 20 萬新生兒，embrace 創辦人：「為一個大於自己的願景而努力，你就能無所畏懼」. 社企流 . https://www.seinsights.asia/article/5323

故事 StoryStudio. (2021, November 3). 【changemakers】一條小魚就能拯救百萬人的貧血？從柬埔寨游向全球的「幸運小鐵魚 .」 https://www. storystudio.tw/article/s_for_supplement/ashoka-lucky-iron-fish/

故事 StoryStudio. (2021, October 29). 【changemakers】在喝水等於喝毒藥的孟加拉，他想成為世界級的過濾專家——解決二十五萬烏腳病的提水 ATM. https://storystudio.tw/article/s_for_supplement/ashoka-drinkwell

郁子 . (2019, September 27). 用非法槍枝製成！ Triwa 和平錶，讓時間長河截斷暴力、撫平傷痕 . 群眾觀點 . http://crowdwatch. tw/post/4209/

食力 foodNEXT. (2018, October 2). 限塑新包裝問世！嘉士伯啤酒用口香糖膠水有效節省 76% 塑料使用 . https://www.foodnext. net/science/packing/paper/5616140464

唐桁塋 . (2019, September 18) 北京霧霾問題成誘病，荷蘭設計師發明淨化塔首度亮相 . The News Lens 關鍵評論網 . https://www.thenewslens.com/article/50370

時時 . (2018, November 1). 傳統手機發簡訊就能轉帳，肯亞最強電子支付 M-pesa. DQ 地球圖輯隊 . https://dq.yam.com/post/10198

高敬原 . (2019, June 10). 免年費、憑手機就能辦卡，巴西純網銀 Nubank 為何讓軟銀、騰訊搶著投資？ 數位時代 . https://www.bnext.com.tw/article/53579/nubank-softbank-valuation-brazil-banking-funding

張方毓 . (2021, July 21). 這款 App 成保護大象的功臣！肯亞研究中心:盜獵行為幾乎消失 . 社企流 . https://www.seinsights. asia/article/8015

張方毓 . (2021, May 6). 疫情加劇童婚問題！ 5 個行動讓女孩決定自己的未來 . 社企流 .

https://www.seinsights.asia/article/7859

張品萱 . (2021, August 17). **滑手機、走路也能發電！未來人人都是「行動」電源？** 未來商務 . https://fc.bnext.com.tw/articles/view/1621

梅格 . (2016, July 26). **殺出血路──東尼先生的寂寞巧克力** . 民傳媒 . https://www.peoplemedia.tw/news/8c06689f-efd1-4da1-b75e-aba3372f7b8e

郭家宏 . (2019, September 6). **守護亞馬遜叢林的程式碼：Code of conscience，工程機械一進去就「讓它關機」** . Techorange. https://buzzorange.com/techorange/2019/09/06/code-of-conscience-protect-forest/

郭潔鈴 . (2018, April 16). **無需電力、一秒上手的濾水器──只要將汙水倒進這款竹纖維濾紙中，即可獲得乾淨飲用水** . 社企流 . https://www.seinsights.asia/article/5416

陳芝余 . (2020, July 31). **老技術帶來新價值！「生物分解科技」在印度重振旗鼓，提升小農耕種與婦女烹飪效益** . 社企流 . https://www.seinsights.asia/article/7247

琪拉 . (2016, June 7). **太陽能電視──照亮非洲肯亞，草根影響力新視野** . 科技報橘 . https://grinews.com/news/%E5%A4%AA%E9%99%BD%E8%83%BD%E9%9B%BB%E8%A6%96-%E7%85%A7%E4%BA%AE%E9%9D%9E%E6%B4%B2%E8%82%AF%E4%BA%9E/

程士華 . (2023, January 21). **三個動作就能復育植被？一項農民參與的氣候行動** . 公益交流站 . https://npost.tw/archives/68219

黃虹妏 (2021, April 18). **守護亞馬遜！用這款程式救森林，工程機具一進入就「被關機」** . 行銷人 . https://www.marketersgo.com/marketing-trend/201909/mk3-code-of-conscience/

黃敬翔 . (2020, January 31). **年收 18 億！東尼巧克力紅什麼？搶下荷蘭市占第一的它，玄機全藏在包裝下** . 經理人 . https://www.managertoday.com.tw/articles/view/59164

黃敬翔 . (2021, November 7). **童工與奴隸的惡夢！巧克力夢工廠背後的血汗真相** . 食力 foodNEXT. https://www.foodnext.net/news/newstrack/paper/5111637417

黃煒盛 . (n.d.) **濾水書濾出新世界** . 科技大觀園 . https://scitechvista.nat.gov.tw/Article/c000003/detail?ID=5dee5574-2af0-48e5-9f8f-2e143c88d210

黃維萱 . (2019. June 3). **共織財務安全網：突破身份、階級或地緣限制，創新解方讓金融服務更普及** . 社企流 . https://www.seinsights.asia/article/6313

黃維萱 . (2021, July 21). **在伐木機裡安裝「良心」，防止亞馬遜森林遭濫砍** . 社企流 . https://www.seinsights.asia/article/8005

煎蛋網 . (2014, April 13). **如何有效的幫助非洲人民：可以從稀薄空氣中獲取飲用水的塔** . http://jandan.net/p/51585

維京人酒吧 (2017, December 22) **還在害怕使用行動支付嗎？看看肯亞的行動支付如何發展得比台灣還成功** . The News Lens 關鍵評論網 . https://www.thenewslens.com/article/38438/page2

遠見 . (2018, December 17). **他花 30 年的時間，用 2.4 億棵樹復甦 600 萬公頃荒地** . https://www.gvm.com.tw/article/55318

劉仕傑 . (2019, September 2). **城市圖書館｜「不傷害我的事物，我不會傷害」帛琉在觀光客護照印上孩子寫的生態誓詞** . 未來城市@天下 . https://futurecity.cw.com.tw/article/904

劉翰謙 . (2013, January 2). **Gravitylight──不用電池，抬起放下就能發光的「重力燈」** . 社企流 . https://www.seinsights.asia/article/881

鄭博仁 . (2022, December 28). **全世界最「髒」產業，水泥為碳排大戶 PropTech 初創建千間負碳房屋，望帶來改變** . BusinessFocus. https://businessfocus.io/article/217670/%E6%B0%B4%E6%B3%A5-proptech-%E8%B2%A0%E7%A2%B3%E6%88%BF%E5%B1%8B

徵徵 . (2015, Auguest 18). **她想拯救 6 億人，加拿大博士發明神奇「濾水書」** . DQ 地球圖輯隊 . https://dq.yam.com/post/4485

簡育柔 . (2022, May 18). **性別平等還要 100 年？英國新創以科技工具加速職場性別同酬** . 未來城市@天下 . https://futurecity.cw.com.tw/article/2681

蘇郁晴 . (2020, March 5). **取代水瓶、番茄醬包的生質包裝──「notpla」不只可堆肥，還可吞下肚** . 社企流 . https://www.seinsights.asia/article/6869

BIG 424

用今天拯救明天：SDGs 改變世界實踐指南，永續發展 100+ 經典行動方案

作　　者—李盈、李小敏
責任編輯—陳萱宇
特約主編—陳映霞
行銷企劃—鄭家謙
美術設計—李林

董 事 長—趙政岷
出 版 者—時報文化出版企業股份有限公司
　　　　　108019 台北市和平西路三段 240 號 7 樓
　　　　　發行專線— (02)23066842
　　　　　讀者服務專線— 0800231705
　　　　　　　　　　　 (02)23047103
　　　　　讀者服務傳真— (02)23046858
　　　　　郵撥— 19344724 時報文化出版公司
　　　　　信箱— 10899 台北華江橋郵局第 99 信箱
時報悅讀網— http://www.readingtimes.com.tw
法律顧問—理律法律事務所 陳長文律師、李念祖律師
印刷—勁達印刷有限公司
初版一刷— 2023 年 10 月 27 日
初版二刷— 2024 年 1 月 10 日
定價—新台幣 480 元
缺頁或破損的書，請寄回更換

用今天拯救明天：SDGs 改變世界實踐指南，永續發展 100+ 經典行動方案
/ 李盈，李小敏著 .
-- 初版 . -- 台北市：時報文化出版企業股份有限公司 , 2023.10
　　面；　公分 . -- (Big ; 424)
ISBN 978-626-374-302-1(平裝)
1.CST: 永續發展 2.CST: 社會發展
541.43　　　　　　　　　　　　　　　　　　　　112014445

ISBN 978-626-374-302-1
Printed in Taiwan